어느 망상장애 공무원의 사랑이야기

특별[악성·고질]민원이 주는 행복

이 용 범 지음

(주)초이스디자인
Choice Design
happy day

이 책을 읽어야 할 이유

제2의 새로운 삶을 주신 하늘에 대한 감사와 보답의 마음으로 지방행정직 9급으로 공직에 발을 들인 지 어언 34년 이상의 시간이 지나가고 있다.

시간이 워낙 빠르게 지나가다 보니 지금 몇 년째 공직생활을 하고 있는지 조차 가물가물하다. 정년퇴직을 목전에 두고 지난 공직생활을 돌아보니 물론 공직생활이 어렵고 힘들 때도 있었다. 하지만 힘들었던 그때를 포함하여 지금까지 나의 삶은 오직 축복 그 자체가 아니었나 생각된다. 가볍고 환한 미소가 마음에 가득해진다.

34년여 공직기간 중 마지막 10여 년 기간 동안 나는 우리나라 민원 처리 최종 기관인 국민권익위원회에서 특별민원전문관으로의 소임을 수행하였다. 소위 악성민원, 고질민원 등으로 불리며 비이성적 행태로 일관함으로써 최근 들어 사회문제로까지 크게 부각된 특별민원[1]을 전담 하는 업무이다. 10여 년간 수천 명의 특별민원을 직접 상담은 물론 민원 처리부서 등에서 특별민원을 직접 인계 받아 진단 처리하고 관리하는 업무를 수행하였다.

우리 사회에는 언제부터인지 가장 가까워야 할 공직자와 고객인 국민 사이에 넘을 수 없는 큰 장벽이 생긴 것을 어렵지 않게 볼 수 있다.

공직자에 대한 강한 불만의 감정을 이기지 못하고 공기총을 가지고 와 공무원을 쏘아 죽이는가 하면, 경찰관서를 방문하여 상담 경관의 얼굴에 황산을

---

1) 엄밀한 의미에서 특별민원과 특별민원인은 사전적 의미가 다르지만 일반적으로 고질민원, 악성민원, 특별민원이란 의미가 민원 내용보다 사람의 행태에 맞추어져 있기에 이 책에서는 별도로 구분하지 않고 문맥에 따라 혼용함을 양해 바란다.

뿌리기도 하고, 화난 감정을 다스리지 못한 나머지 자신의 차량을 부숴버리고는 행정기관을 방문하여 복받치는 감정을 쏟아붓기도 하며, 자신의 피해는 아랑곳하지 않고 차량을 돌진하여 관공서를 부숴버리는 민원 그 밖에도 자신의 건전하고 행복한 삶을 포기한 채 삶 전체를 방문이나 전화, 문서 등의 방법으로 장기간에 걸쳐 반복민원을 제기하는 등등의 국민들이 있다. 얼마나 억울하였으면, 얼마나 화가 났으면 그러한 행동이 이어질까!

그런데 어찌된 영문인지 그 반대되는 공무원들 또한 고객인 국민들 때문에 힘들어 더 이상 공직생활을 못 하겠단다. 높은 경쟁을 뚫고 어렵게 들어온 공직에 아무런 미련 없이 사표를 내거나, 참아내고 참아내다 정신과 진료를 받는 이들이 늘어나는가 하면, 도저히 참을 수 없고 삶에 희망도 더 이상 없다는 생각에 휩싸여 자신의 소중한 생명을 끊을 정도의 극한 선택을 하는 공직자들이 주위에서 그리 어렵지 않게 발견할 수 있다는 것이다. 서로 존경과 감사의 공생 관계가 되어야 할 공직자와 국민 사이가 어찌하여 이렇게 되었단 말인가!

더욱 안타까운 것은 이러한 현상이 국민과 공직자와의 관계에서 뿐만이 아니라는 것이다. 사랑과 배려로 넘쳐나야 할 가장 가까운 '0촌'인 부부관계도 그렇고, '1촌'인 부모자식 관계도 그렇고 2촌, 3촌, 4촌 등 가족, 친지, 이웃 그리고 선생님과 제자는 물론 동료 등 세상 모든 관계에서 어렵지 않게 볼 수 있다.

생뚱맞겠지만 참고로, 나는 그간 나의 삶에 그리 열정을 다하여 생활해 본 기억이 별로 없다. 시골 작은 마을에서 누나 3명 다음의 아들로 태어난 덕분에 부모님과 주위로부터 특별한 대우를 받으며 성장할 수 있었다. 그래서 주위로부터 공부하라거나 이거 해라 저거 하라는 등의 소리를 들어본 적도 거의 없다. 그저 그렇게 그럭저럭 생활해 오다 보니 내세울 것이라고는 아무것도 없다.

학력이라고는 시골 촌 동네에서 태어나 이리저리 뛰놀다 보니 학교에 갈

나이가 되어 초등학교 입학을 하였고, 초등학교에서도 공부보다는 동네 형, 동생, 친구들과 뛰어놀기에 바빴다. 당시 고등학교는 시험 성적에 따라 자신이 원하는 학교와 학과를 선택하여 진학해야 했는데 다행히도 나뿐만이 아니라 친구들 역시 공부보다는 매일 농사짓고 소를 키우는 것이 우선인 친구들이 많아 겨우겨우 가까운 읍내 종합고등학교에 진학할 수 있었다. 인문계는 갈 실력이 되지 않아 농과에 진학하였는데 농과는 사실 교실 수업보다 농장에 나가 호미와 삽으로 김매고 땅을 파는 시간이 더 많았다.

이후 내 생각보다는 주위의 권유로 학원 재수를 거쳐 우여곡절 끝에 대학에 진학하여 우스운 성적으로 겨우 졸업한 후, 생각지 않은 우연한 기회로 일명 SKY 대학원까지 졸업하게 되었다. 하지만 워낙에 고등학교 시절 김매고 땅 파는 일과를 보냈기에 기초 지식이 턱없이 부족했다. 이에 대학교와 대학원 공부는 오로지 시험 통과만을 위한 암기 위주의 단편적인 지식뿐이었기에 시험이 끝남과 동시에 이미 내 머릿속에서 희미해진 지 오래된 터이다.

상황이 이러하다 보니, 교과서 이외에 다른 책을 본다는 것은 상상조차 할 수 없는 일이었고 그간 책이라는 것이 베고 잠을 자는 정도의 용도로밖에 안 되었었음에도 불구하고 감히 내가 책을 집필해야겠다는 마음을 먹게 되었다.

나는 어렵사리 진학한 대학교 졸업을 앞두고 특별한 계기로 인하여 지방의 한 자치단체에 9급 행정직으로 공직에 입문하여 동사무소, 구청, 시청 등을 거쳐 우리나라 민원 행정의 최종 처리기관인 국민권익위원회에 이르기까지 34년여 모든 공직 생활을 최일선에서 남녀노소 다양한 직업군, 다양한 의식 수준 그리고 다양한 생활환경 등에서 개개인별로 각각 차별화되어 독특한 행태를 보이는 이루 헤아릴 수 없는 수많은 국민들을 직접 만나 대화하며 업무를 수행하였다.

그중에 특히 그저 내가 공직자라는 이유 하나만으로도 참! 행복하고 축복받은 삶이라는 것을 몸소 일깨워 주신 소중한 분들이 있다. 그들은 다름 아닌 특별한 감정과 비이성적 행태로 일관함으로써 현재의 시대 상황에서 '악의 한 축'으로까지 불리며 사회적 문제로까지 내몰린 소위 특별민원인들이다.

비록 짧은 글솜씨지만 지금의 공직자와 고객인 국민들 간의 왜곡된 갈등과 반목의 차디찬 깊은 골이 다소나마 따뜻하게 메워졌으면 하는 작은 바람을 전하고픈 마음이 들었다. 내가 왜 공직자이기에 행복한지 그리고 공직자를 넘어 한 자연인으로서 삶을 살아가면서 가정에서, 학교에서, 직장에서, 사회에서 만나야 하는 가족, 친지, 이웃, 동료 등과의 수많은 관계에서 내가 왜 그저 행복할 수밖에 없는지를 소개해 보고자 큰맘을 먹고 펜을 들어 본다.

다만 걱정은, 이 책을 읽으면서 이미 인식하신 분들도 계시리라 생각되지만, 나의 이 책을 읽으면서 내용상으로나 문장상으로나 수준이 너무 낮아 화가 날지도 모르겠다는 생각이 들기도 하고, 어디쯤에서는 글을 쓰고 있는 내가 정말 무식하고 미친놈이 아니냐고 생각할 수도 있을 것이다. 나름의 변명할 부분도 없지 않지만, 구차한 변명보다 그때 만일 화가 나면 나에게 전화하거나 찾아와 욕을 실컷 퍼부어도 좋은데, 기왕에 책을 사는 데 돈도 들었고 얼마간 책을 읽느라 시간도 허비하여 아까울 수 있으니 그저 겉으로 표현된 글자에 관심을 두기보다는 작가가 '왜 쪽팔림을 무릅쓰고 책을 쓰려고 했을까? 대체 어떤 것을 표현하고자 했던 것일까?'를 한 번쯤 생각해 볼 수 있는 기회가 되었으면 좋겠다.

사실 내가 그간 만나왔던 수많은 특별민원인 모두는 나와 같은 우리나라 국민들이었다. 그중 적지 않은 수의 민원인은 나의 유사한 지식과 글쓰기 수준이었고, 또 다른 민원인 중에는 배우지 못하여 글로써 자신의 의사를 표현할 수 없어 비이성적인 말과 행태로써 답답한 마음을 표현할 수밖에 없는 분들도 많았다. 그렇지만, 내가 알고 있는 그들 대부분은 겉으로 드러나는 행태가 어떠할지라도 그 근본 마음은 나와 조금도 다르지 않았다. 나와 마찬가지로 각자 나름의 방식으로 아름다운 삶을 꿈꾸며 열심히 살아가고 있었기 때문이다. 그러한 특별민원인들의 삶을 바라보며 얼마든지 그들과 더불어 함께 행복할 수 있는 따뜻한 세상을 만들어 갈 수도 있겠다는 생각이 스쳤다.

혹시라도 나의 생각과 다른 특별민원인이나, 얼굴만 그려도 짜증과 증오가 올라오는 누군가가 눈앞에 그려진다면 이 책을 끝까지 한 번 읽어 보았으면 한다. "비록 현란하고 멋진 문장이나 비유 등이 많이 부족하지만 그래도 진정성은 있는 것 같다"라는 정도의 작은 평가 정도를 기대해 보며 비이성적 특별민원인들이 내게 주신 큰 행복을 함께 공유해 보고자 한다.

어느 망상장애 공무원의 사랑 이야기

- 특별(악성,고질)민원이 주는 행복 -

제**1**장

사랑하는 원수들과의 일상

나는 특별민원전문관

나는 34년 공직생활 마지막 10여 년의 기간 동안 국민권익위원회 고충처리국에서 우리나라 전역에서 내로라하는 유명(?)한 민원인들 소위 악성, 고질, 특이, 비이성적, 블랙 등의 단어가 붙는 특별민원을 전담하여 상담은 물론 직접 그들의 민원을 처리하고 관리하는 특별민원전문관으로서의 소임을 수행하였다.

참고로 앞서 언급한 국민권익위원회는 우리나라 국민이라면 누구라도 꼭 알고 있을 필요가 있는 국민의 생활과 밀접한 행정기관이고 이후 글에서도 국민권익위원회, 고충처리국, 특별민원, 특별민원전문관 등에 대한 용어가 자주 소개되는 관계로 간략하게나마 위 용어를 소개코자 한다.

먼저 국민권익위원회는,

과거 우리나라 최종적 민원 처리기관이었던 대통령 소속의 국민고충처리위원회와 우리나라의 반부패 총괄기관으로 반부패 관련 정책개발 추진, 부패행위 신고 접수 처리, 부패 신고자 보호 및 보상 등을 통하여 투명하고 깨끗한 국가와 사회풍토 조성을 위해 설치되었던 대통령 소속의 국가청렴위원회 그리고, 국가, 지방 행정청의 위법하거나 부당한 처분으로 인한 국민의 침해된 권익을 사법부가 아닌 행정부 스스로 신속하고 간편하게 구제하는 업무를 수행하였던 국무총리 소속의 중앙행정심판위원회 등 3개의 기관이 국민 서비스의 품질 향상과 정부의 효율성 제고를 위해 하나로 통합하여 출범한 기관이다.

고충처리국이란,

과거 국민권익위원회로 통합되기 전의 국민고충처리위원회가 수행하던 업무인 고충민원 즉 '행정기관의 위법 부당한 행정처분이나 행정제도 등으로 인하여 국민으로서의 권익을 침해받아 억울함을 유발한 민원'을 국민으로부터 접수 받아, 피해 국민의 입장에서 사실 관계를 조사하고 법률관계 등을 세부적으로 검토하여 국민의 억울함을 해소해 주는 역할을 수행하는 국민권익위원회의 하부조직이다.

우리나라에 거주하고 있는 국민 등 누구라도 살아가면서 어떠한 이유에서 이건 공공행정기관과 밀접한 관계를 맺으며 생활하기에 향후에 나와 내 주위에서 발생할 수 있는 억울함을 해소할 방법을 알고 있으면 도움이 될 것으로 판단되기에 간략히 고충처리국 업무 절차를 소개해 본다.

국가나 지방 행정기관으로부터 어떠한 억울한 피해를 보았다고 판단될 경우 그 억울함을 해소해 달라고 국민권익위원회에 도움을 요청하는 민원을 '고충민원'이라고 한다. 먼저 피해를 입은 국민이 그 억울함이 어떤 내용인지를 알 수 있도록 간략히 문서로 작성하여 국민권익위원회에 인터넷이나 우편, 팩스 또는 직접 방문하는 방법으로 민원을 신청하면 된다. 신청서 쓰는 방법도 간단하다.

제일 먼저 신청인 이름과 전화번호 주소를 적은 후 내가 어떠한 억울한 피해를 입었으며, 내가 원하고 주장하는 내용을 명확하고 간략히 적은 후 증거자료가 있으면 함께 제출하면 된다. 이때 주의하여야 할 점은 그간 맺힌 한을 모두 풀어내겠다고 세부적으로 수십 장에 걸쳐 구구절절이 써서 접수할 경우 정작 요구하는 것이 무엇인지도 잘 알 수 없고 또한 워낙에 조사관들이 바쁘다 보니 여유롭게 읽을 수도 없어 잘못하면 소홀히 취급될 수가 있다. 그러니 필요하다면 나중에라도 얼마든지 민원을 보완할 수 있으니 맨 처음 고충민원을 신청할 때는 1매 이내가 가장 좋고 아무리 길어도 3매 이내로 민원 내용을 작성한 후 증거 자료를 덧붙여 신청하는 것이 좋다.

이렇게 국민이 신청한 고충민원은 고충처리국 내 분야별로 구분된 10개 민원처리부서 즉 행정 분야, 문화 분야, 교육 분야와 관련된 민원을 처리하는 행정문화교육민원과를 비롯하여 국방보훈민원과, 경찰민원과, 재정세무민원과, 복지노동민원과, 산업농림환경민원과, 주택건축민원과, 도시수자원민원과, 교통도로민원과 등으로 분류된 후 각각의 조사관에게 배정이 된다.

고충민원을 배정받은 조사관은 억울함을 호소하는 민원인의 주장을 검토하여 필요시 민원 현장을 직접 방문하여 사실관계를 확인함은 물론 민원 신청인의 세부적 의견 수렴, 관련 행정기관 조사 등 행정처분과 관련한 제반 사실관계 등을 충실히 조사한 후 그 내용을 결과보고서로 작성하여 법조계, 학계, 사회단체 등에서 신뢰와 명망을 받고 있는 다수의 위원으로 구성된 위원회에 상정하게 되고,

위원회에서는 상정된 각각의 민원에 대하여 위원들은 물론 조사관 등 관계자 모두가 참여하여 심도 있는 검토와 논의를 거쳐, '행정청의 위법하거나 부당한 행정처분으로 인하여 억울함이 발생하였다'는 민원인의 주장에 타당한 이유가 있다고 인정될 경우, 이후 다양한 방법을 통하여 그 억울함이 해소될 수 있도록 도움을 주는 절차로 고충민원 처리가 진행된다.

특별민원전문관은,

국민권익위원회 고충처리국 내 10개 민원 처리부서에서 비이성적 행태로 인한 행정력 누수와 직무 스트레스 등 심각한 부작용을 초래하는 민원인들을

인계받아 그들을 전담 해결하고 사후관리하는 전문조사관을 말하는데 간혹 국민의 안전에 심각한 위해가 우려되거나 첨예한 갈등으로 조기에 해결이 필요한 경우 외부 기관의 도움요청을 받아 해결하기도 한다.

　고충민원 처리 절차를 소개하면서 고충민원의 처리가 조사관의 세부적인 사실관계 조사와 전문가들의 심도 있는 검토 과정을 통하다 보니 대부분의 민원인은 자신이 제기한 민원에 대한 결과가 원하는 대로 나오든 원하는 결과가 나오지 않든 그 결과를 인정하고 받아들이지만, 일부 민원인의 경우는 자신의 기대와 다른 결과를 통보받을 경우 조사 과정과 처리결과에 대한 강한 불만을 나타내며 유사한 내용의 반복민원을 수십에서 수십만 번에 이르도록 집착적으로 신청하는가 하면 이와 함께 폭언, 협박, 시위, 기물 파손, 상급자 면담 요구, 고소·고발 등의 비이성적인 행태를 지속하는 경우가 있다.

　이와 같은 비이성적 행태는 제한된 행정력으로 불특정 다수의 모든 국민을 위하여 공평하고 품질 좋은 행정서비스를 제공해야 할 조사관들에게 과다한 행정력 낭비와 함께 강한 스트레스를 초래하여 결국에는 국민 전체에 대한 피해로 이어지는 심각한 부작용을 초래하게 된다.

　이에 대한 대책으로 고충처리국 민원 처리부서 등에서 요청한 비이성적 행태를 보이는 민원인들만 별도로 구분하여 효과적으로 전담관리 함으로써 행정효율을 제고하고 나아가 특별민원의 삶의 질을 개선해 주기 위하여 도입된 직책이 특별민원전문관이다.

본래부터 나쁜 사람은 없다

특별민원이란? 일반적인 민원인과 대비되는 비이성적 민원인을 지칭하는 명칭이다. 외부 행정기관이나 일반 사기업체 등에서는 이들을 부정적인 의미로 일명 악성민원, 고질민원, 특이민원, 비이성적 민원, 블랙 민원 등으로 이름을 지어 부르고 있다. 이와 같이 비이성적 행태를 보이는 민원인들만 전담하여 직접 만나 상담하고 민원을 처리하는 과정에서 내가 알 수 있었던 것은, 겉으로 드러난 그들의 비이성적 행태가 민원인 개개인이 처한 차별화된 경제·사회적 삶의 환경이나 개인의 성격, 정신상태의 강약 등이 원인이 되어 다양하게 표출이 되고 있는 것도 사실이다.

하지만 그에 못지않게 간과할 수 없는 것은 그간 그들이 살아가면서 관계를 형성하고 있던 공무원은 물론 그의 가족, 친지, 이웃, 동료 등 할 것 없이 대부분의 사람들이, 왜? 어째서? 그들이 그렇게 비이성적인 행태를 보이며 어렵게 생활하고 있는지에 대하여 그들의 입장에서 깊이 생각해 보려고 하지 않았다는 것이다. 그저 겉으로 드러난 행태만을 보고 늘 나를 힘들게 하는 없어져야 할 사람, 남의 말은 듣지 않고 자기 생각만을 주장하는 이해할 수 없는 사람, 매사에 즉흥적이고 감정적인 사람, 언제 어떠한 행동을 보일지 모를 폭발물처럼 위험한 사람이라는 등의 선입견과 편견에 사로잡혀 무시하고 미워하고 경멸하며 악성·고질민원이란 꼬리표를 달아 제도권 밖으로 몰아내고 있었다.

그러나 수백수천 명의 일명 악성·고질민원을 공무원으로서의 내가 직접 대하면서 가장 강하게 느낀 것이 있다면 그것은, 이들이 비록 현실적으로 곤란한 여건에 처하여 밖으로 표출되는 행태가 보통의 범주에서 크게 벗어난다 할지라도, 이들 역시 분명 대한민국 국민의 한 사람이고 처음부터 나빴던 사람은 단 한 명도 없었으며, 하나 같이 다른 어느 누구 못지않게 마음 마음마다 금방이라도 밖으로 터져 나오고 싶어 하는 따뜻함과 사랑이 가득한 사람들이라는 것이었다. 이러한 이유에서 나는 '이들이야말로 일반 국민들보다 좀 더 적극적이고 따뜻한 국가와 사회의 보호와 관심이 필요하다'고 메아리를 치고 있다.

이에, 우리나라 민원 처리 최종 기관인 국민권익위원회, 그중에서도 각각의 분야별 민원조사과에서 비이성적 행태로 인하여 대응하기에 곤란하여 인계를 받아 전담하여 응대하고 관리하는 전문 조사관마저도 이들을 악성·고질민원으로 치부하여 대응하는 것은 잘못이라는 판단으로 이들을 악성·고질민원이 아닌 특별민원 즉 '일반 민원과 달리 좀 더 특별한 관심과 배려가 필요한 민원'이라는 의미로 '특별민원'이란 호칭을 사용하게 되었다.

세상을 보는 나의 관점만 바꾸면 곧바로 내 세상이 달라진다

'악성·고질민원이나 특별민원이나 단순히 용어만 다를 뿐이지 무슨 소용이 있겠는가?' 의문을 가질 수 있다. 그러나 악성·고질민원이 아닌 특별민원이라는 시각과 마음가짐은 특별민원을 응대하고 관리하는 과정에서 민원 처리 담당자 본인은 물론 도움을 받아야 할 특별민원 모두에게 민원 해결의 근본적 실마리로 작용하였다.

일례로, 비이성적 행태를 보이며 여러 차례에 걸쳐 자기주장만으로 일관하고 있는 민원인을 응대해야 하는 두 사람의 공무원이 있다. 한 사람은 그와 같은 민원인을 특별민원이라고 생각하고 있고, 또 다른 한 사람은 악성민원이라고 생각하고 있었다.

> '어느 날 두 명의 공무원 각각은 똑같은 민원인으로부터 전화를 받았다. 전화상으로 한두 시간에 걸친 장시간 민원을 응대하는 과정에서 감정이 올라올 대로 올라온 민원인이 갖은 욕설과 협박 폭언을 해대고는 분이 풀리지 않았던지 직접 찾아가겠으니 기다리라며 일방적으로 전화를 끊어버렸다'

위와 같은 상황에 직면하게 되었다면 각각의 공무원의 심리나 반응은 어떠할까?

만일 악성민원이라고 생각하는 사람이라면 곧바로 부정적인 생각과 함께 강한 스트레스로 작용하게 될 것이다. "바빠 죽을 지경에서 2시간이나 욕설 폭언을 참아가며 민원을 응대하였는데 그것도 모자라 감정이 폭발하여 찾아온다고 하니 어떻게 해야 하나?"

"아프다는 핑계로 병원엘 가야 하나?"

"급한 일이 생겼다고 하고 조퇴해야 하나?"

"내가 이러려고 공무원 된 것이 아닌데 그냥 공무원을 때려치울까?" 등등 온통 걱정과 스트레스로 상황을 모면할 궁리만 할 것이고 실제 민원인이 강한 감정으로 찾아와 비이성적 행태를 보이게 되면 극한 스트레스를 참아 내거나 참다못하여 같이 화내며 맞대응하게 된다.

반면, 특별민원이라고 생각하는 사람이라면 그 사람이 전화를 끊고 방문하건 방문하지 않건 그리 관심도 없을뿐더러 실제 민원인이 강한 감정을 가지고 방문하더라도 두려움이나 스트레스를 받기보다는 민원인을 반갑게 맞이할 수 있다. "어이쿠, 어서 오세요. 정말로 찾아오셨네요. 참 잘 오셨어요. 그렇지 않아도 선생님과는 전화가 아닌 직접 얼굴을 마주하고 좀 더 대화하고 싶었는데 제가 다른 바쁜 업무 때문에 시간을 낼 수 없었거든요. 잘 오셨어요. 이리 오셔서 앉으세요. 커피 드릴까요? 아니면 녹차를 드릴까요? 싫다고요! 그럼, 물이라도 한잔 드세요."하며 상대의 감정적 상황을 이해하여 논리적이고 이해하기 쉽도록 상대의 눈높이에 맞는 대화를 진행하게 될 것이다. 이와 같은 응대는 결국 민원인의 강한 감정을 누그러뜨려 이성적인 대화를 할 수 있도록 분위기를 이끌 가능성이 높아지게 된다.

이와 같이 상대 민원인을 악성·고질민원 혹은 특별민원으로 보는 민원 담당자의 마음가짐과 관점은 곧 민원인을 향한 나의 행태에 반영이 되어 민원인의 격앙된 감정을 낮추는 동시에 민원인이 요구하는 도움을 줄 가능성도 높아지게 된다. 설령 도움을 주지 못하더라도 민원인의 마음을 이해하기에 최소한 민원인의 비이성적 행태에서 받을 수 있는 스트레스를 예방하는 효과까지 얻을 수 있어 끝내는 민원인과 신뢰와 친밀관계로까지 이어질 수 있다. 이것이 내가 일반적으로 불리는 '악성·고질민원'을 '특별민원'이라고 그리도 메아리치는 두 번째 이유이다.

　이러하듯 작은 관점의 변화에서 오는 용어 하나의 차이가 끝내는 이렇게 극명한 결과를 보일 수 있었기에 현대사회와 같이 각자의 개성이 존중되고 개인 및 집단 이기주의 행태가 널리 퍼진 세상을 살아가는 사람 특히, 늘 자신과 다른 생각 다른 행태를 보이는 불특정 다수의 민원인을 담당해야 하는 공무원이나 고객관리를 하는 직장인 나아가 지금의 세상을 살아가는 어느 누구일지라도 한 번쯤 생각해 볼 필요가 있지 않을까 싶다.

사랑하는 나의 웬수들과의 일상

아침 9시 싱그런 하루의 시작을 알리는 힘찬 전화벨 소리가 요란하다! 아니나 다를까, 벨 소리만큼이나 성질 급한 용산 사는 형님의 큰 목소리가 예사롭지 않다. '39년여 전에 구청 및 등기소의 잘못으로, 여러 명이 공유로 되어있는 빌딩의 소유권 등기에 착오가 발생하여 개인 간 소유권 분쟁이 발생하였으니 구청의 잘못된 행정 처리를 바로잡아 달라'는 민원이다. 구청의 잘못이 없다는 법원 판결이 이미 확정된 사건이다. 법원 판결 내용이나 기타 근거를 들어 그의 주장이 잘못된 것임을 재차 안내하고 설득도 해보지만 전부 허사이다.

게다가 2번 이상 그의 주장에 토를 달거나 이의를 제기한다면 바로 감정이 폭발하여 이내 민원 내용은 온데간데없어지고 전화 응대 태도가 불량하다느니 자신을 무시한다느니 하는 등의 이유로 갈등이 증폭되고 변경되어 이내 내가 아닌 과장, 국장실, 감사실, 위원장실 등으로 확산하기 일쑤인 소위 악성 고질민원이다. "어제 전문관과 민원 관련 대화 내용을 밤새 조목조목 연구하고 검토해 보았는데 아무리 생각해도 자신의 주장과 다른 전문관의 설명을 이해할 수 없어 통화를 하고 싶었으나 일과 시작 전이라 업무가 시작되는 9시만 기다리고 있었다"며 자신만의 기울어진 지식과 입장만으로 밤새 억지로 끼워 맞춰 만들어 낸 자신의 주장을 설명하느라 애를 쓴다.

용산 형님의 전화가 끝나기가 무섭게 기다렸다는 듯 1층 민원실에서 긴급 출동을 요청하는 전화가 이어진다. 부산에 살고 있는 여자 민원인 한 분이 찾아왔는데 위원장을 만나게 해달라며 아우성이란다. 서둘러 1층 민원실에 방문하니 고성으로 소리를 질러대는 통에 민원실이 아수라장이다. 민원실 안에 설치되어있는 다른 여러 상담창구에서도 시끄러워 더 이상 상담이 불가했던 지 소리치는 민원인을 구경만 하고 있다. '아파트 건설사업과 관련하여 건설 회사에서 사업 지구에 편입된 건축물과 대지를 보상하면서 보상 물건이 실제 자신의 소유이지만 부득이 자기 아들 명의로 하였기에 건설사에서는 자신과 협의하여야 하는데 약속과 달리 자신이 아닌 아들과 저렴한 금액으로 보상 협 의를 마쳐 피해를 보게 되었다는 것. 억울하여 시청에 아파트 건설사업 중단 을 요구하였는데 시청에서는 건설사 편만 들고 방관만 하고 있어 위원회에 민 원을 제기하자 위원회 조사관도 건설사와 시청의 말만 듣고 제대로 조사조차 하지 않고 민원을 종결하였다'며 위원장을 만나게 해 달라고 민원실이 떠나가 라 소리치고 있다.

이 밖에도 꼬리에 꼬리를 물며 민원인의 비이성적인 행태가 이어진다. 전 철 급정거로 인하여 넘어져 머리를 바닥에 부딪치는 바람에 뇌 기능의 현저한 손상을 입어 자신이 매일 행하던 일상적 활동조차 하기 어려울 정도로 피해가 심각한데 관할 공단에서는 피해보상은 보험회사와 협의하라며 모든 책임을 보험사로 전가하고 있고, 보험회사에서는 터무니없는 금액을 제시하며 합의 만을 강요하고 있으며, 국토부나 법원에서도 자신이 증거물로 제시한 뇌 단층 촬영 사진에서 누가 보아도 피해 사실이 명확히 확인됨에도 불구하고 병원의 사와 보험사의 말만 듣고 피해를 인정하지 않고 있단다.

모든 기관 모든 공무원이 서로 짜고 자신에게 피해를 주고 있어 위원회에 도움을 요청했는데 조사관들마저도 똑같은 행태를 보인다며 자신이 원하는 조사 결과가 나올 때까지 지속하여 조사관 변경을 요청하겠다며 강한 욕설과 떼쓰기로 일관하고 있는 비록 험상궂어 보이지만 착한 구석도 많은 나보다 나 이가 많은 강북에 살고 있는 동생,

산지를 개발하고 있는 사업자가 자신의 조상 묘지를 훼손하고 경관을 위법하게 해쳐 신고하였는데 시청, 도청, 경찰 등 모든 관계기관 간 떠넘기기로 일관하여 마지막 희망을 걸고 국민권익위원회에 민원을 제기하였는데, 마찬가지로 반복민원 종결이나 엉뚱한 답변으로 일관하여 화가나 담당자를 혼내주니 이젠 전화도 안 받는다며, 직무유기로 일관하고 있는 공무원들의 자세를 반드시 바로잡고야 말겠다는 강한 의지를 가지고, 우리 위원회 감사실이며 비서실은 물론 경찰, 검찰, 국가수사본부, 행정안전부, 법제처, 공수처 등 할 것 없이 민원 대상을 무한정 확산시키며 악의 없는 욕설로 소리쳐대는 광주 형님 그리고 멀쩡하게 걸어서 병원에 방문하여 수술을 받았는데 하반신 마비가 되어 걸을 수 없게 되었다며 진상을 밝혀 달라고 한도 끝도 없이 민원을 제기하는 경주 삼촌, 자기 고조할아버지의 제적등본을 숨겨놓고 발급을 거부하는 읍장을 조사하여 처벌해 주고 제적등본을 발급해 달라며 수십 년 동안 한 번 방문하면 일주일씩 1인 시위와 폭언을 이어가는 대구 작은 엄마, 아파트 건설사업 편입 지역 보상과 관련하여 법원에서 패소한 것은 판사가 국가 입장에서만 생각하여 잘못 판결한 것이니 대통령께서 자신의 억울함을 해결해 달라며 10년 이상을 매일 빠지지 않고 대통령께 친필 편지를 보내는 청주 형님,

겨우겨우 힘들게 생활하고 있는 영세한 단체를 국가에서 보호하지 않는다며 화장실에서 자신의 대변을 비닐봉지에 넣어 민원실로 가져와 흩어 뿌리는 행동대장 민원인, 학생들로부터 인기로 자신의 능력을 인정받고 있음에도 대학교에서 부당하게 차별 대우하여 대학 총장을 고소했는데 검찰이 임의로 무혐의 처분하였다며, 수천 매에 달하는 민원서류를 준비하여 주기적으로 큰 상자에 담아 힘들게 끌고 와서는 민원을 접수하며 억울함을 호소하는 교수님, 탄소배출로 인한 지구온난화를 없앨 수 있는 수소나 지구자기장을 이용하여

신에너지를 개발하였다며 국제 특허를 받아 세상을 구할 수 있도록 도와 달라거나, 코로나바이러스를 일시에 퇴치할 수 있는 신약을 개발했다며 정부의 지원을 요구하는 전국의 연구소장 민원인들,

그 밖에도 중국, 호주, 브라질 등 해외에서 억울하게 범죄에 연루되어 도움이 필요한데 대사관 등에서 무시로 일관하며 국민을 우습게 생각한다며 억울함을 호소하는 해외동포 등에 이르기까지 이루 열거할 수조차 없을 정도로 다양한 민원, 다양한 행태, 다양한 직업, 다양한 정신 수준을 가지고 시도 때도 없이 직접 찾아오거나 사무실 전화, 개인 핸드폰, 메시지, 인터넷 메일, 카카오톡 등 수단 방법을 가리지 않고 나를 찾는 이들이 이어진다.

나의 소중한 고객들이다. 믿을 수 없겠지만 나는 이들로 인하여 1년 365일 24시간 내내 아! 내가 살아있구나. 하는 생동감을 느낄 수 있을 뿐만 아니라 내가 늘 행복하고, 보람이 넘치며, 대한민국 공무원으로서의 긍지와 즐거운 마음으로 살아갈 수 있도록 큰 힘을 주는 감사한 분들이라는 것이다. 미치기 이전이 아니라면 어떻게 그럴 수 있겠냐 생각할 수 있지만 사실이 그런 것을 어떻게 하랴!

제**2**장

세상 흐름의 판세

내가 그렸던 공직사회는 그저 꿈?

세상에는 수없이 많은 종류의 직업이 있다. 그중 공직에 몸을 담는 이유는 개인별로 다양하리라 본다. 안정된 직장이라는 생각으로, 남들이 좋다고 하니까, 힘들고 어려운 이를 돕는 보람 있는 업무를 수행하기에 등등. 나 또한 비록 9급 말단이지만 나름의 꿈과 이상을 품고 다양한 직업 중에서 공직을 선택하여 몸을 담았다.

그러나 막상 내가 선택한 공직에 입문하여 공직사회에 대한 실망과 함께 잘못된 직업 선택에 대해 스스로 자책하기까지 그리 긴 시간이 필요하지 않았다. 한 달이 지나고 서너 달이 지나면서 내가 외부에서 보고 생각했던 공직사회에 대한 나의 이상과 눈앞의 현실은 약간의 차이가 아닌 180도 완전히 다르다는 것을 실제로 체험할 수 있었기 때문이다. 하는 업무에서는 보람보다는 실망투성이고, 급여 수준은 초라하기 짝이 없었으며, 9 to 6 업무시간은 공무원이 아닌 잘 알지 못하는 다른 사람들이 6 to 9을 거꾸로 보고 한 말이었다. 지금으로부터 약 34년여 전의 일이다.

세상이 많이 발전되고 바뀌었으니 공직사회 또한 많이 달라지지 않았을까 생각을 해 볼 수 있다. 그렇다. 적지 않은 변화를 실감할 수 있다. 문제는 그 변화가 공직자들에 대한 처우개선이나 근무 여건 등의 개선이라기보다는 국민들의 교육 수준이나 소득수준이 점점 높아지고 사회가 발달하다 보니 자연적으로 공동체 사회가 개인주의화 되면서 국민 개개인의 요구수준이 복잡해지고 다양해졌으며 보다 적극성을 띠게 되었다는 것이다. 이와 같은 변화는 국민 전체에 대하여 고르고 형평성 있는 행정을 추진하여야 할 공공분야의 업무 성격과 정면 대치가 되다 보니 그만큼 국민과 공직자 간 갈등의 수준이 예전과 비교할 수 없을 만큼 높아졌다는 것을 의미하는데 이것을 공직사회 최대의 변화로 꼽을 수 있겠다.

높아진 갈등은 그만큼 서로를 바라보는 차가운 시각을 의미하지만, 국민 만족을 최우선으로 하는 현행 행정체계에서 공직자의 책임은 국민의 권리 증대만큼 무한히 커진 데 반하여 공직자의 권리 주장은 한낱 메아리에 불과한 실정이라고 하여도 과언이 아니다.

코로나·메르스와 같은 전염병, 고령화 사회, 청년실업, 빈부격차, 각종 대형 사건 사고 등 국가 사회적 모든 문제의 원인은 공직자들의 무책임과 방관에서 촉발되었다며 근본적 문제에 대한 해결 방안보다 공직자에 대한 책임 묻기로 귀결되다 보니 공직사회가 국민에게 무시와 외면을 당할 수밖에 없다. 이와 함께 공무원 연금 삭감이나 최저 생계비 수준의 급여, 다른 동료보다 성과를 높이기 위해 국민들에게 구걸해야만 하는 공직 풍토 등은 멋모르고 시작한 신규 공직자들의 경우 자신이 생각했던 공직사회에 대한 이상과 전혀 다른 현실에 봉착하고는 어쩔 줄 몰라 어렵게 공부하여 입문한 공직사회를 과감히 버리고 떠나거나 아니면 스트레스가 되어 참고 또 참다 끝내 극한 선택까지 하는 안타까운 상황이 연출되고 있는 것이 지금의 공직사회 현실이다.

영혼 없는 무아의 경지

요즘 어렵지 않게 적지 않은 공무원들의 얼굴에서 안타까운 모습을 발견할 수 있다. 아무런 표정이나 영혼조차 없는 사람처럼 컴퓨터 앞에 앉아 쌓여 있는 자신의 업무를 하나, 둘, 셋, 넷 처리해 나가는 모습을 보면, 마치 자동차 공장 컨베이어 시스템의 공정별 조립로봇처럼 매일 정형화된 생활을 이어가고 있다는 느낌이 들기 때문이다.

신규자나 고참이나, 실무자나 관리자나, 남자 직원이나 여자 직원이나, 감사 담당 직원이나 일반직원이나 대부분이 다 그렇다. 물론 처리하여야 할 업무가 많아서 다른 생각할 여유가 없기 때문이기도 하겠지만 사실 쌓여 있는 업무의 대부분이 내외부의 비효율적 업무 환경에 따른 것이기에 더 그렇다. 다시 말해 무엇을 위해 일하는지를 명확히 모르기 때문이다.

공직 내부적인 비효율을 보자면, 제일 먼저 업무를 추진하기 위해서 통과해야 할 전지전능한 상급자들이 너무 많다. 어떠한 업무를 처리하여야 하는 실무자는 자신의 업무에 대하여 나름 국가의 발전과 국민의 안정 그리고 편익을 생각하며 현장 상황을 꼼꼼히 확인하고, 이해관계자들의 의견을 경청하기도 하고 그 밖에도 관련 규정 확인, 사례 검토, 재정과 인력 등 활용할 수 있는 행정력 등을 종합 검토하여 추진하게 된다.

그런데 불행하게도 그 업무를 실제 추진하기 위해서는 반드시 통과해야 하는 과정이 있다. 그것은 어마어마한 지식을 탑재하고 있어 가만히 책상에 앉아서도 과거, 현재, 미래 세상의 모든 상황은 말할 것도 없고 모든 사람의 생각을 표정이나 표현 글귀 하나만 보아도 훤히 꿰뚫어 알 수 있는 능력을 갖춘 층층시하 상급자나 이해관계인들이다. 이제 겨우 들어온 신규자들은 전지전능한 상급자가 '개구리에게 돌 던지기 식'으로 그냥 툭툭 던지는 지시일지라도 어쩔 수 없이 모두 이행하여야만 하다 보니 바쁘기만 할 뿐 일의 성과는 없고 이래저래 또 다른 당면업무와 스트레스만 쌓여간다. 그뿐만 아니다, 수많은 지시로 인하여 얼룩덜룩해진 계획을 추진한 결과에 대해서는, 오직 잘못된 결과에 대해서만 선택적으로 실무자가 책임을 져야만 한다.

외부적으로는 어떠한가. 국민의 교육 수준과 의식 수준, 생활 수준이 높아지고 사회관계망 등이 발전되다 보니 그에 따른 국민의 요구사항과 행태가 복잡하고 다양해졌을 뿐만 아니라, 주변인과의 단순 비교를 통하여 조금이라도 행정에 부당함과 차별적 대우를 받았다는 판단이 들 경우 예전과 같이 "그러려니" 또는 "그럴 수도 있겠다"하고 그냥 넘어가지 않고 자신의 침해된 권리 보호를 위하여 강하고 계획적인 불만을 표현하게 되는데 워낙에 다양한 민원창구가 있다 보니 각각의 민원창구를 통하여 무차별 제기하는 유사하거나 동일한 내용의 민원에 일일이 대응하여야 한다.

뿐만 아니라, 적지 않은 국민 중에는 국가나 사회, 타인 등 공동의 이익을 생각하기보다 자신만의 이익에 치중되어 조금이라도 침해를 받았다고 생각될 경우 자신의 권리 확보가 곧 삶의 목적이라고 생각하고는, 설령 국가 사회적 시각에서 보아도 일반적 기준을 초과하는 비이성적이고 부당한 민원이라고 판단될지라도 언제 끝날지 모를 투쟁을 이어가는 민원인 등도 있다.

그러니 실무자인 내가 살고자 한다면 국민이 뭐라 하든, 상급자가 뭐라 하든, 허공을 떠돌 내 생각을 주장하며 스트레스를 받느니 자연의 이치에 따라 흘러가는 물과 같이 그때그때 아무런 생각 없는 무아의 경지로, 각각의 업무별로 층층이 형성된 복층형 뫼비우스띠 위를 그저 흐르고 흘러가는 것이 나를 위한 최고의 선택이고 현실적이며 자연스러운 것이다.

문득 "제법무아(諸法無我)"라는 단어가 스친다. 제법이 무아인 경지를 얻기 위해서는 다년간 수도를 한 수행자나 느낄 수 있는 그런 경지인데…, 참 아이러니하다!

공직자는 아무나 할 수 있는 직업군이 아니라고 한 말이 이를 두고 한 말인가 싶다! 수년간 아무도 없는 첩첩산중 작은 암자에서 자신과 피나는 인내 끝에 얻어내는 것이 도의 경지이고 무아의 경지인데 공직자는 일상에서 도의 경지인 무아를 경험할 수 있기에 그러하다. 안타깝다고 해야 할지 도의 경지에 이르렀으니 환영하고 기쁨에 젖어야 할지 모르겠다!

군인이 적군을 무서워하여 벌벌 떤다면

어느 특수부대 선발시험에 온통 근육질 몸매에 그 몸의 재빠르기가 다람쥐 같고, 각종 무술은 물론 외국어 실력에 컴퓨터 능력까지 탁월하여 타의 추종을 불허하는 홍길동이란 사람이 지원하여 합격하였다.

아무나 특수요원이 될 수 있는 것이 아니기에 홍길동은 만인의 우상이 되고, 가문의 영광을 가져왔을 뿐만 아니라, 자신이 좋아하는 무술을 운동 삼아 훈련하면서 돈까지 벌 수 있게 되었으니 일석이조, 일석삼조인 꿈의 직장을 얻었다며 기쁨으로 가득했다.

하루하루 기쁘고 즐거운 마음으로 직장 생활을 하고 있던 어느 날 갑자기, 어떤 한 테러범이 부대에 침입하였다는 이유로 길동에게 긴급 출동 명령이 떨어졌다. 그런데 들리는 정보에 의하면 그 테러범은 칼을 잘 쓰거나 무술을 잘하는 것보다는 총을 잘 쏘는 최고의 저격수라는 것이었다.

길동은 갑자기 두려움이 몰려왔다. 훈련이야 얼마든지 이겨낼 수 있겠는데 직접 적군과 맞닥뜨려 생명을 걸고 싸워본 실전경험이 아예 없었고 더욱이 테러범이 무술이 아니고 총을 잘 쏘는 최고의 저격수라니 '아무리 날고 기는 무술 실력을 갖추었더라도 총탄을 피해낼 수는 없지 않은가?'라는 생각이 들었기 때문이었다. 그때부터 길동은 자신이 죽을 수도 있다는 생각에 공포가 물밀듯이 밀려오고 출동 명령이 강한 스트레스가 되어 각종 생각이 머릿속에 주마등처럼 떠올랐다가 사라진다. '이제라도 특전사를 그만둘까?', '아프다고 해야 하나?', '병원에 입원할까?' 등 도망갈 궁리만 한다.

결국 이것도 저것도 실제 이행하기에 곤란하다고 판단한 길동은 일단 죽음은 피하고 보자는 생각으로 부대장을 찾아가 "아무리 무술을 잘한다고 하더라도 총을 잘 쏘는 테러범을 대적할 수 없으니, 우리의 진영에서도 무술을 잘하는 본인보다는 총을 잘 쏘는 동료 꺽정이가 출동하거나 아니면 총을 이길 수 있는 포병이나 미사일부대에서 대적하는 것이 좋겠다"고 말하고는 부대장의 부당한 명령에는 복종할 수 없다며 당당히 출동을 거부하였다.

길동이의 의견을 접한 명령권자는 나름 그의 권리도 생각하여야 하고 문제를 키울 수도 있다는 생각에 꺽정이에게 출동 명령을 내리자, 꺽정이는 길동이가 자신에게 위험을 떠넘기는 꼴도 괘씸하고 부대장의 줏대 없는 지휘 능력에도 화가 치밀어 부당하게 위험을 떠넘기는 것에 강한 이의를 제기하며 출동을 거부하였다. 결국 테러범 응대 책임이 포병부대, 미사일부대를 돌고 돌며 떠넘기기를 하다 다시 길동이 부대로 돌아오는 동안 길동의 부대는 이미 전멸이 되고 말았다.

지금의 적지 않은 공직 기관이나 공사·공단, 사(私) 기업체 등의 대민서비스 부서가 처한 상황이다.

고양이 목에 방울 달기

최근 들어 쥐들이 고양이로 인한 피해의 심각성이 커지자, 대책을 마련한다는 취지로 전체 회의를 개최하였다. 회의장에 둘러앉은 쥐들이 저마다 앞다투어 고양이로 인한 피해의 심각성을 이구동성 이야기하고는 대책 마련이 필요함을 강하게 주장한다. 문제는 모두가 공감하는데 고양이가 때와 장소, 시간을 가리지 않고 날카로운 이빨로 달려들다 보니 솔선하여 문제를 해결하겠다고 하는 쥐는 한 마리도 없었다. 모두가 자신은 힘이 약해 할 수 없으니, 힘이 조금이라도 세 보이는 쥐들에게 힘 좀 써 달라고 아우성칠 뿐이었다.

어쩔 수 없이 모든 쥐가 머리를 맞대고 앉아 브레인스토밍을 통하여 다양한 의견들을 모아 보자고 자리를 마련하였다. 수많은 의견들이 제시 되었고 그 의견들 하나하나 심도 있게 논의한 끝에 2가지 방안을 시행하기로 결정을 하고는 모든 쥐가 기쁨에 들떴다. 그 방안은 첫째, 고양이의 천적인 독수리나 매 등에게 조공을 바치고 고양이를 근본적으로 없애달라고 요청하는 방법이었고, 두 번째는, 고양이 목에 방울을 달아 방울 소리가 나면 즉시 도망을 가자는 대안이었다. 그러나 그 기쁨은 잠시뿐이었다. 실행빙법을 논의하나 보니, 천적에게 조공을 바치고 부탁하려니 배보다 배꼽이 더 크고, 고양이 목에 방울을 달려고 하자니 목숨 걸고 고양이 목에 방울을 달겠다는 쥐가 하나도 없는 것이었다. 이것도 저것도 할 수 없게 되자 모두가 풀이 죽은 채로 서로에게 책임만 미룰 뿐이었다. 그러나 어떠하든 대책을 마련하기 위해 모든 쥐가 어렵게 함께 모였으니 반드시 성과가 필요했다. 결국은 끝장토론으로까지 이어져 완전한 해결 방법은 아닐지라도 기어코 결과물을 만들어 내기에 이른다.

그 결과물은 첫째, 쥐 나라 법령에 고양이가 쥐를 잡아먹을 경우 강력한 처벌 규정을 만들어 감옥에 가둘 수 있게 하자는 것이었고, 둘째는 처벌 증거를 수집하기 위해 쥐구멍을 비롯한 고양이들이 자주 출몰하는 장소에 CCTV를 설치하고 이와 같은 사실을 대외에 홍보하여 고양이들이 스스로 조심할 수 있도록 하자는 것 그리고 만일 그러함에도 고양이가 나타나게 되면 피해를 보고 있는 쥐 한 마리만 스트레스를 받아 가며 응대하지 않도록 전담팀을 만들어 여럿이 함께 대응하는 것이었다. 이와 같은 결론에, 참석한 쥐들의 만장일치로 찬성하고 세부적인 시행 방침 등은 별도로 만들어 적극 시행에 들어가기로 했다.

얼마 지나, 최선의 노력을 기울인 끝에 쥐 나라 법령에 고양이 처벌규정을 마련하고, 그 밖에도 세부적 시행 방침을 만들어 증거 수집을 위한 CCTV까지 곳곳에 설치하고 사각지대 해소를 위해 각각의 쥐들에게 웨어러블 캠도 보급했다. 이와 함께 고양이에 대한 홍보는 물론, 쥐들이 거주하는 지역별로 고양이 대응 전담팀까지 만들었다. 그래서 이제부터는 고양이에게 피해를 보고 있거나 피해를 볼 것으로 예상되어 극심한 스트레스를 받는 쥐가 있다면, 구체적 피해 사례와 내역, 고양이가 어디서 언제 어떻게 출현하는지, 어떠한 방법으로 피해를 주는지, 다른 쥐의 유사 피해 사례가 있는지, 피해를 보지 않으려고 어떠한 노력을 기울였는지 등등에 대하여 제반 자료나 정보 등을 수집하여 '악성·고질 고양이 이관요청서'를 작성한 후 전담팀에 이관할 경우 일정 부분 도움을 받을 수 있게 되었다.

뿐만이 아니다. 고양이가 나타나면 일반 쥐 이외에도 경찰 쥐와 검찰 쥐까지 합세하여 대응하기로 하고, 고양이가 없는 안전한 곳에서 얼마간 쉴 수도 있도록 하였으며, 고양이 트라우마에서 벗어날 수 있도록 정신적 치료도 받을 수 있도록 하는 등등 눈물겹도록 다양하고 피나는 노력을 기울였다. 이와 같은 노력에 힘입어서인지 대책의 시행과 동시에, 이후 더 이상 고양이로 인하여 극심한 스트레스와 피해를 보았다며, 공식적으로 호소하거나 전담팀에 악성·고질 고양이를 이관하는 쥐는 한 마리도 없게 되었다.

지금 나, 너, 우리, 모두가 이러한 상황에 부닥쳐 있고 또한 사회, 국가, 전 세계 등 모든 곳에서 공직사회는 물론 일반 민간 사회생활 전반에서까지 벌어지고 있는 현실이 아닐까 싶다.

국가 사회에 일명 비이성적 악성·고질민원이라고 이름 붙여진 사람들로 인한 피해의 심각성이 더해가면서 이를 퇴치하여 밝고 가벼운 사회를 만들기 위하여 안간힘을 쓰고 있다. 그래서인지 최근 들어 외부로 표출되는 사건·사고나 특별민원에 대한 대책 마련 요구가 전에 비하여 부쩍 줄어든 느낌이다. 하지만 주위에서 어렵지 않게 들을 수 있는 공직자들의 불만이 대부분 특별민원으로 인한 어려움이라는 것이 아이러니할 뿐이다.

특별민원인들에 대한 대책의 증가와 함께 행태가 더욱 과격해지고 다양해지는 경향을 보이고 있다. 상황이 이와 같다면 이제는 악성·고질민원을 따끔히 처벌하여 퇴치하는 방법도 물론 중요할 수 있겠지만 일반민원과 달리 좀 더 특별한 관심과 배려가 필요한 특별민원으로 그 시각을 돌려 응대 방법을 달리해보면 어떨까 싶다.

제**3**장

작은 촛불의 포근함

특별민원과의 만남과 소회

나는 보통의 일반 직원들과 마찬가지로 나의 장점이나 희망 여부와 관계없이 그때그때 인사 명령에 따라 운영지원과나 법무감사실 등의 지원 부서나 민원 처리부서 등에서 근무를 하다가 2014년 2월 주위의 추천과 나의 희망이 합치되어 국민권익위원회 고충처리국 특별민원조사관으로 선발되어 특별민원 업무를 전담하기 시작한 이래로 2025년 6월 30일 정년퇴직을 앞두고 1년간 퇴직 준비교육 명령을 받아 사실상 공무원으로서의 직무가 종료된 2024년 6월 30일까지 10여 년 이상의 기간 동안 특별민원 관리 업무를 전담하였다.

그러나 지금에 와서 생각해 보면 사실 내가 2014년 특별민원 전담 조사관으로 임무를 부여받기 훨씬 이전에도 나는 악성·고질민원이라고 이름 붙여진 비이성적 특별민원을 응대하고 관련 업무를 처리하는 업무에 관심이 깊었고 좋아했던 것 같다. 특별히 내가 왜 영양가(?) 없는 특별민원 업무를 선호했는지는 명확하지 않지만 아마도 내가 1990년 공무원이 되겠다고 마음먹을 당시의 공무원에 대한 이상이 잘못된 것이 아니라는 것을 느낄 수 있게 해준 것이 특별민원이기 때문이라는 생각이 든다.

과거든 현재든 모두가 힘들어하고 꺼리는 특별민원 업무를 수행하면서 사실 나 자신을 포함하여 아무도 그들이 변화되리라는 것은 기대하지 않았다. 그런데 그들과 함께하는 시간들이 지나면서 어느 순간부터인가 하나둘씩 그 특별민원의 변화된 사고와 행태를 접할 수 있게 되었고 비록 아무도 알아주는 사람은 없었지만, 그때마다 그들이 내게 가져다주는 벅찬 보람과 긍지 그리고 즐거움과 행복은 무엇과도 비교할 수 없는 축복 그 자체였다.

특히, 내가 2014년 2월 이래로 특별민원 업무를 전담하던 중, 2019년 '국민들께서 다수의 기관이 관련되어 있는 민원 업무가 있을 때, 각 기관을 일일이 방문하며 어렵게 민원 업무를 처리할 것이 아니라 한 곳에서 한 번에 처리할 수 있는 곳이 있으면 좋겠다'라는 정부 시책에 따라 정부합동민원센터가 설치되었다. 설치 방법은 국민권익위원회가 서울 서대문에 있다가 세종청사로 이전하면서 그 자리에 수도권 지역 등의 국민들에게 민원 편의를 제공한다는 목적으로 일부 남겨졌던 국민권익위원회 서울 민원사무소를 확대 개편하여 위치를 서울 광화문 정부중앙청사로 이전하는 방법으로 설치되었다.

의례적인 일이지만 새로운 정부, 새로운 기구가 출범하게 되면 어느 정도 정착되기까지는 국민이 원하는 모든 것을 다 해 줄 듯한 조금은 과장된 표현으로 대국민 홍보를 하게 된다. 이에 따라 과거의 정부나 현재의 조직에서 억울한 피해를 보았다고 생각하는 멋모르는 국민들은 과장된 홍보만큼 커진 기대 심리로 과거와 다른 결과를 기대하며 찾아오기 마련이다. 하지만, 사실 헌법이나 법률을 소급하여 개정하기 이전에는 새로운 정부나 새로운 기구라 할지라도 권한의 한계로 특별한 도움은 줄 수 없다 보니 초기 단계에서는 민원인들의 강한 불만과 감정 표현에 직면하게 된다.

이와 같은 우려에 따라 정부합동민원센터 설치를 준비하고 있던 추진단 지인의 도움 요청에, 좀 더 폭넓고 다양한 특별민원 경험해 보고 싶은 개인적 희망이 더해져 우려를 무릅쓰고, 2019년 9월부터 6개월 내지 길어야 1년 정도면 정부합동민원센터 민원실이 안정될 것이라는 판단으로 특별민원 전담 관리 담당자로 지원 근무를 시작하였다. 그런데 우려가 현실로 이어져 특별민원으로 인한 문제 상황이 길어지는 바람에 결국 2년 6개월이 지난 2022년 3월에야 정부합동민원센터 특별민원 지원 근무를 마치고 다시 위원회 고충처리국 특별민원전문관으로 복귀할 수 있었다.

민원인들이 워낙에 특별하였기에 어느 누구도 그들과 연계되는 것을 원치 않는 덕분에 나는 10년 이상의 기간 동안 특별민원을 정식으로 인계를 받아 민원 처리에서부터 사후관리에 이르기까지 외부로부터 특별한 간섭 없는 전적인 책임으로 특별민원 전담자로서의 역할을 수행 할 수 있었다.

그동안 내가 특별민원을 상대하였던 인원은 공식적인 통계자료에서 확인되는 민원인만 2,117명인데 그들을 좀 더 세부적으로 살펴보면, 2014년 2월부터 2024년 6월까지 특별민원조사팀 소속 전담 조사관으로 근무하면서 총 308명의 특별민원을 위원회 고충처리국 10개 민원 처리부서와 직접 처리권한이 미약한 외부 기관 요청에 따라 정식으로 인계를 받아 전담하여 상담에서부터 처리 및 사후관리 등에 이르는 일체의 업무를 수행하였다.

그 308명의 특별민원을 행위 유형별로 구분해 보면, 특별한 위협적 행태는 보이지 않은 채 수십에서 수백, 수천, 수만 건에 이르는 유사한 내용의 민원을 장기에 걸쳐 지속적으로 제기하는 반복민원 유형 134명과 반복민원을 제기하면서 동시에 폭언과 협박으로 일관하는 폭언 협박 유형 83명, 시위 난동 유형 28명, 고소 고발 유형 38명 기타 소위 좌표 찍기식의 집단민원이나 지역갈등 민원 25건 등이었다. 이들을 행태 유형별로 구분해 보면 물량공세 유형 27명, 생계 유형 49명, 전문가 유형 44명, 지능형 31명, 막무가내 유형 83명, 정신장애 유형 17명, 읍소형 18명, 공공갈등 유형 25명 등등으로 나누어 볼 수 있다. 이와 함께 서울 광화문 정부합동청사 내 정부합동민원센터에서는 센터 출범과 함께 2년 6개월 동안 특별민원 전문 상담관으로서 역할을 수행하면서 민원실을 찾아오거나 전화로 비이성적 행태를 보이는 특별민원 총 1,809명 5,879회를 상담한 바 있다.

　　정부합동민원센터는 말 그대로 국민이 분야를 불문하고 정부 행정기관으로부터 억울한 일이 있을 경우 전화나, 우편, 팩스, 방문 등 어떠한 방법으로든 민원을 제기하면 국민의 입장에서 해결해 주겠다고 출범 당시부터 이를 국민들에게 대대적으로 홍보를 하였기에 민원인들의 기대가 그만큼 큰 상태였다. 게다가 정부합동민원센터가 자리하고 있는 곳이 광화문 정부서울청사이다 보니 주위 가까운 곳에 청와대, 경찰청 본청, 서울경찰청, 대검찰청, 대법원, 국가인권위원회, 서울시청, 기타 수많은 기관 사회단체 등이 소재하고 있고 광화문 정부서울청사 내에도 각종 행정부처가 있다 보니 각각의 기관 단체에서 대책 없는 비이성적 행태의 민원을 응대하다 도저히 안 될 경우 공식적으로 떠넘길 수 있는 곳이 바로 정부합동민원센터였다. 이렇다 보니 과거에는 듣지도 보지도 못했던 상상조차 할 수 없었던 다양한 행태, 다양한 분야의 특별민원과 소중한 만남을 가질 수 있었다.

　　이와 같이 정부합동민원센터 민원실 근무 당시 실로 다양한 유형의 특별민원 상담 및 처리 경험은 위원회 고충처리국에서 특별민원을 깊이 있게 전담 처리한 경험과 어우러져 어떠한 유형, 어떠한 요구, 어떠한 비이성적 행태를 보이는 민원인일지라도 흔들리지 않고 능히 설득하고 해결할 수 있도록 개인적 민원 처리 역량을 크게 제고하는 특별한 기회가 되었고 지금 와서 생각해 보면 실로 선물이고 축복이었다는 생각이 스친다.

특별민원인과 나 그리고 우리

많은 특별민원인들과의 일상을 살아가면서 무엇보다 강하게 내 마음속에 깊이 인식되어 자리한 것은 '특별민원과 내가 전혀 다르지 않은 똑같은 생각과 마음을 가지고 있다'는 것이다.

내가 어떤 일을 하면서 그것이 사실이든 나만의 오해에서 발생한 것이든 간에 내가 누군가에게 배신을 당했다거나, 사기를 당했다거나, 이유 없이 폭행을 당하고 나의 정당한 이익을 가로채여 빼앗겼다고 생각될 경우라면 분명 나에게서 억울한 마음에 감정이 복받치고 화가 치밀어 오를 것이다. 이와 같은 감정은 누구라도 그러할 것이기에 특별민원인 또한 예외는 아니지 않을까 싶다. 다만 개인별 살아온 다양한 삶의 환경과 배경 그리고 생활 습관이나 매일 만나 관계하는 주변 사람의 개성과 특성의 영향에 의하여 누구에게나 똑같이 주어진 상황일지라도 그에 반응하여 겉으로 나타나는 행동양식은 전혀 다를 수 있다. 다를 수 있는 것이 아니라 장담하건대 유사할 뿐 같은 사람은 단 한 사람도 없다. 나도, 너도, 우리 모두가 하나 같이 다르다는 것 또한 특별민원인과 내가 가지고 있는 공통점이다.

그러니 특별민원이 보이는 비이성적 행태나 행동양식이 어떠하더라도 그것은 국가와 사회 그리고 공직자나 어느 누군가에게 불만이나 억울함이 있다는 것이다. 그래서 그는 그간 자신이 살아온 방식대로 어려운 상황에 처한 현실을 벗어나고자 불만이나 억울함을 표현하였을 뿐인 것이다. 그런데 이들과 달리 안정되고 풍요롭고 행복한 생활환경에서 축복된 삶을 살아온 보통의 사람들이 그들만의 기준을 만들어 놓고 기준에 맞지 않는 행태를 보고는 비이성적이라 단정하여 특별민원이란 이름을 붙여주었을 뿐이다.

특별민원인이 원하는 것은 나와 내 가족 그리고 우리 평범한 국민 모두가 원하는 것과 똑같은 '안정과 풍요와 행복'이다. 그런데 우리는 특별민원인이 나와 마찬가지로 똑같은 것을 원한다는 것에는 별 관심이 없고 그의 겉으로 드러난 비이성적 행태만을 고쳐야 한다며 소리만 높이고 있다. 소리가 커지면 커질수록 나의 목만 쉬고 서로의 감정은 그에 맞춰 높아지기만 할 뿐이다.

특별민원인도 국가의 보호와 사회의 따뜻한 배려가 필요한 국민의 한 사람이다. 그런 그들을 우리 사회 그리고 공직사회가 겉으로 드러난 행태에만 사로잡혀 선입견과 편견의 색안경을 쓰고 이웃이나 고객이 아닌 악의 한 축으로 바라보고 내치려 하기보다는 지금부터라도 그가 보이는 비이성적 행태가 아닌 나와 같은 것을 원하는 그의 마음과 소망에 관심을 가져보면 어떨까 싶다.

죽지 않고도 살아볼 수 있는 지옥

최근 들어 공직자들이 특별민원인으로 인한 괴로움 때문에 퇴직을 하고 극한 선택으로까지 이르는 소식을 여기저기서 어렵지 않게 접할 수 있다. 이와 같은 상황은 끝내 사회문제로까지 부각되어 이에 대한 대책 마련이 시급하다는 우려의 소리가 높아지고 있다. 이는 비단 공직사회뿐만이 아니다. 우리 사회 전체적으로 만연된 상황이라는 것을 각종 매스컴 등에서 확인할 수 있다. 이와 같은 이유로 비이성적이고 특별한 행태를 보이는 민원인이나 일부 국민들로 인한 걱정과 불안이 커가면서 끝내는 그들과 거리를 두어야 한다는 사회 분위기까지 조성되고 있다.

실제 일반 공무원이나 선량한 국민들이 이와 같이 실로 제각기 다양한 이유와 감정, 습성, 성격과 인성, 교육·생활 수준, 성별, 나이, 직업 그리고 다양한 정신장애 유형과 지적 수준을 가지고 제각각 일반적이지 않은 행태를 보이며 생활하는 특별민원인들을 응대 한다는 것은 그리 호락호락한 것은 아니다.

그런데 내가 오랜 기간 하루도 빠짐없이 수많은 특별민원인과 함께하며 느끼고 알 수 있던 것은 특별민원인들이 최근 각종 매스컴이나 언론 매체를 통하여 발표되고 소개되는 것처럼 우리 사회에서 퇴치돼야 할 악의 한 축으로서가 아닌, 얼마든지 나와 내 가족 모두가 함께 더불어서 행복할 수 있는 우리 사회를 구성하고 있는 보통의 한 일원일 뿐이라는 것이다.

단지 그들과 내가 다른 것이 있다면 이들에게서는 내가 살아가면서 느낄 수 있는 소소한 행복이나 온전한 일상을 찾아보기 힘들다는 것뿐이다. 물론 특별민원인 모두가 다 그런 것은 아니지만 대체로 내가 마음만 먹으면 당장이라도 할 수 있는 것들을 그들의 삶에서는 꿈도 꿀 수 없다. 다시 말해 그들에게서 멋진 곳을 여행하거나, 맛있는 것을 먹으러 가거나, 사랑하는 이들과 밝은 웃음으로 행복한 생활을 하거나, 괴로운 일상에서 벗어나 보겠다며 명상을 한다거나 하는 것은 상상할 수 없는 신세계의 일이다. 온통 억울함으로 한이 맺혀 답답해 터질 것 같은 가슴뿐이다. 어떤 이는 자신의 현실적 어려움을 벗어나 보기위해, 어떤 이는 억울한 마음을 해결하기 위하여 나름 국민에게 도움을 주는 일을 생업으로 하는 공직자를 찾아와 어렵게 억울함을 털어놓으며 도움을 요청해 보기도 한다.

하지만 돌아오는 것은 핑퐁과 무시와 냉대뿐이다. 어디를 가나 똑같다. 하루, 이틀 그리고 한 달, 일 년 길게는 30년 이상 민원 행태가 이어가다 보니 근본적 민원 내용은 온데간데없고 자신을 무시하고 소홀히 대하는 공직자들에 대한 불만뿐이고, 생산적인 일은 할 수도 없어 생계조차 곤란할 정도로 가세는 기울고 건강도 잃어버려 오로지 세상에 대한 불만과 화뿐이다. 이성적인 대화 자체가 불가하다 보니 주위에는 가족도, 이웃도, 동료도 모두 떠나버리고 아무도 없어 그의 마음에는 따뜻한 곳이라고는 눈 씻고 찾아봐도 찾아볼 수 없는 황폐해진 마음뿐이다.

내가 이들을 보고 문득 생각났던 것은 '이늘은 숙기노 선에 이미 살아서 지옥 생활을 하고 있구나!' 하는 것이었다. 높아진 감정 이외에 웃음도, 희망도, 만족도, 따뜻함도 전혀 찾아 볼 수 없었다. 아마도 지옥 생활이 그러하지 않을까 싶다.

이렇게 매일매일 순간순간을 지옥 생활을 하며 살아가는 많은 특별민원인들에게 행정적으로 문제를 해결해 줄 수 있는 것은 극히 드물다. 그저 내가 할 수 있는 것이라고는 '내가 그들을 대하는 시간만이라도 그들에게 웃음이라도 한

번 줘봐야지'하는 마음이었고, 좀 더 나아가 그냥 모든 것을 내려놓고 지옥 생활에서 벗어나 '평범한 일상의 소중함을 느낄 수 있도록 해보자'는 생각뿐이었다.

오로지 그러한 마음뿐이었는데 결과는 놀라웠다. 억울함에 한이 맺혀 여기저기 답답한 마음을 하소연하며 다니던 민원인들 중 어떤 이는 단 한 번의 상담만으로 모든 것을 내려놓고 밝은 모습을 찾는 이도 있었고, 어떤 이는 한 달, 일 년, 십여 년 이상이 지나도록 수평선만을 이어가는 민원인도 있었지만, 중요한 것은 단 한 번에 해결이 된 특별민원이든, 장기간에 걸쳐 극한 감정의 행태로 소리 지르고 성내며 지옥 생활을 하고 있던 특별민원이든, 누구 할 것 없는 모두가, 한 번 두 번 만남이 이어지는 동안 언젠가부터 인지는 몰라도 오히려 나에게 웃음과 행복을 주고 있었다는 것이다.

매일매일 지옥 생활을 하던 특별민원의 얼굴에 하나둘 웃음꽃이 피어나고, 강한 고성과 욕설이 밝고 환한 음성으로 바뀌고, 민원 제기로 온 삶을 일관하던 분들이 어느 때부터인가 그간의 삶의 행태를 내려놓고 자신과 가족의 생계를 위한 활동을 시작하는 등의 변화된 삶을 살아가는 그 모습은 내가 그간 그들로부터 받아야 했던 형언할 수 없었던 다양한 욕설, 저주 등과는 비교될 수 없는 어마어마하게 큰 보람과 행복으로 다가왔다.

나의 특별민원인들은 그런 분들이다. 비록 겉으로 드러난 행태가 좀 그럴지라도.

생각해 보기

- 지금 내가 살아가는 세상은 지옥인가? 천국인가?
- 내 삶의 환경은 누가 바꿀 수 있는가?

불만이라는 진리

이 세상에 불만이 없는 사람이 있을까? 이 세상에 태어나서 늙어 죽을 때까지 가정에서 학교에서, 사회에서 수많은 사람들과 관계와 관계를 맺어가며 생활한다. 내가 싫어하고 원하지 않는 일이지만 의무적으로 해야 할 때도 있고 혹은 내가 바라고 원하던 것을 할 수 없을 때도 있다. 이와 같이 우리는 다양한 원인에 의하여 다양한 유형의 당면한 일을 하면서 살아간다.

다행하게도 내가 하는 일이 내가 좋아하고, 하고 싶었던 일이라면 불만 없이 행복하게 이행할 수 있겠지만 내가 싫어하고 원하지 않았던 것들을 어쩔 수 없이 해야 한다면 아무런 불만 없이 행하기는 쉽지 않다. 일부 깨달음을 얻은 성직자나 극한 고통을 이겨내는 것을 목적으로 매진하는 수행자나, 나처럼 뇌회로의 일부 고장으로 스트레스를 크게 받지 못하는 망상장애 정신질환자 등 일부의 사람들 이외에 이 세상에 불만 없이 살아가는 사람이 있을까 싶다! 이처럼 특별한 경우를 제외한 대부분의 사람은 이런저런 이유로 불만과 스트레스를 쌓아가면서 생활하는데 그중에서 가장 불만이 많은 집단은 특별민원 집단이라고 나는 서슴지 않고 답할 수 있다. 내가 오죽하면 그들을 죽지도 않고 이미 살아서 지옥 생활을 하는 사람들이라고 하였을까.

사실 따지고 보면 우리도 살아가면서 내가 하고 싶고 원하는 일보다는 어쩔 수 없이 마지못하여서 해야 하는 일들이 더 많다. 즉 불만이 이만저만이 아니다. 더 자고 싶은데 생계를 위하여 일찍 일어나야 하고, 직장가기 싫지만 가야 하고, 만나고 싶지 않은 사람을 만나야 하고, 하기 싫은 일을 해야 하고, 이것저것 눈치를 보며 힘겨운 하루를 보내고는 지친 몸과 정신으로 집에 돌아오면 만사가 귀찮아 꼼짝하지 않고 쉬고 싶은데 그럴 수도 없다. 잠을 자고 싶은 데 온갖 생각이 떠올라 잠을 잘 수도 없다, 취미생활도 해야 하는데, 나의 목표 를 이루기 위하여 능력 개발도 해야 하는데, 집 안 청소도 해야 하고, 대충이라 도 끼니를 때워야 하고 가족이라도 있다면 행복한 가정생활도 해야 하고… 등 등 수많은 걱정과 불만이 꼬리에 꼬리를 물고 떠올라 잠을 이룰 수가 없다.

직장 생활이 너무 힘들어 이러다 죽을 것 같아 에라 모르겠다! 하고 과감 하게 때려치우니 온통 내 세상이다. 내가 하고 싶은 것도 하고, 먹고 싶은 것도 먹고, 가고 싶은 곳도 가서 좋다. 다만 시간이 지나면서 수입이 없으니 모아 놓 은 돈이 점점 떨어져 이제는 하고 싶은 것도, 먹고 싶은 것도 원하는 만큼 할 수 는 없다. 그래도 돈 들이지 않고 매일매일 뒷동산에 올라가 맑은 공기를 한껏 마시며 세상 일을 잊고 살 수 있어 다행이라 생각한다. 그런데 뒷동산을 올라 가는 것까지는 좋은데 기간이 길어지면서 남들의 시선이 따가워 눈치를 보게 한다. 설령 가진 돈이 무한하여 내가 싫어하는 것은 하지 않고 오직 하고 싶은 것들만 할 수 있다고 하더라도 건강이나 인기나 명예 등 내가 좋아하는 것들을 유지하려면 나 아닌 다른 사람들의 눈치를 보아야 하고 비유를 맞춰야 하다 보 니 결국은 스트레스와 불만으로 귀결된다.

이와 같이 우리는 싫든 좋든 살아가면서 언제까지라도 즐겁고 행복할 수 만은 없다. 늘 행복과 불행, 즐거움과 괴로움이 교차하는 삶을 살아야만 한다. 그런데 특별민원인들은 다르다. 이들의 일상에서는 행복과 즐거움을 찾아보 기 곤란하다. 오직 성냄과 불만으로 가득한 괴로움뿐이다. 신께서는 모든 사 람에게 모두 똑같은 양의 행복과 불행을 주신다고 하는데 그 말도 잘못된 것이 아닐지 생각될 정도로 오직 화내고 소리치는 불만뿐이다. 우리는 누구라도 무 엇인가를 기대하고 있고, 삶의 목표가 있으며, 그 성패에 따라 언제라도 나의 일상에서 행복과 기쁨 이외에도 불행이나 괴로운 상황을 맞이할 수 있다. 분명 나에게 오는 행복과 불행의 양과 강도는 다른 사람들과 다르지 않다고 보며 특별민원인들이 맞이하는 일상도 내가 보기에는 나와 그리 다르지 않을 것이라 생각한다.

그럼에도 굳이 온통 괴로운 일상을 헤매는 특별민원과 나의 차이점을 말한다면, 나는 특별민원인들보다 목적의식이 낮아서인지는 몰라도 내가 원하는 것이 있으면 한두 번 해 보다 안 되면 포기할 수 있는데, 특별민원인들은 그 불행과 괴로움에 사생결단의 각오로 민감하게 대응한다는 것이다. 그 사생결단을 내야 하는 일이 인류를 구제하거나 지구를 보호하거나, 남북의 통일과 같은 크고 높은 이상을 실현하겠다는 것도 물론 있지만, 대부분은 공무원이 나를 무시해서, 다른 사람과 차별 대우해서, 자신에게 피해를 주고도 나몰라라로 일관하고, 먹고살기 힘들어 도움이 필요한데 내가 원하는 만큼의 도움을 주지 않아서, 내 말이 진리인데 자꾸 변명과 억지로 일관할 뿐 자신이 원하는 것을 해주지 않아서 등등의 이유를 붙여 불만을 토로한다. 시간의 경과와 함께 민원이 지속될수록 피해의식이 점점 커지게 되고 결국은 자신만의 피해의식에 편집적으로 몰입되어 사생결단의 각오로 임하게 되는 것이다. 이와 같이, 강한 감정과 스트레스를 먹이 삼아 위태위태 살아가는 비이성적 생활을 하는 것이 특별민원이라는 것을 어렵지 않게 알 수 있다.

그리고 나와 또 다른 특별민원인의 차이점 하나는, 사람이며 동물이며 모든 생명체는 모두 원하는 것이 있고 이를 이루는 것이 행복이라 생각하며 생활한다. 그렇다면 자신이 원하는 모든 것을 이룰 수 없다는 것도 진리라 할 수 있기에 이 세상 누구라도 반드시 불만을 가지고 있다고 할 수 있다.

다만, 특별민원인들의 경우 일반인들보다 자신이 원하는 것을 얻을 수 없다는 것에 대하여 유독 민감하게 반응한다는 것이다. 공무원 등 주위에서 자신이 원하는 것과 다른 소리를 듣게 되면 상상할 수 없을 정도로 민감하게 반응하여 이내 주위를 아수라장으로 만들어 버리는 탁월할 능력을 갖추고 있다.

그런데 어찌된 영문인지 나와 다른 비이성적 행태로 일관하여 어느 누구라 할지라도 꺼리고 싫어하는 수많은 특별민원인을 365일 24시간 전담하여 관리하는 나는 성직자도, 수행자도 아닌데 믿거나 말거나지만, 하루하루 순간순간을 살아가면서 그리 큰 불만이 없다. 나도 분명 사람이고 남들과 비교하여 특별히 다른 능력이 있는 것도 아니고, 다른 사람에 비하여 소유한 것이 많은 것도 아니고 내세울 것 하나 없는데 아니 오히려 동료나 다른 사람들에 비하여 부족한 점이 한없이 많은 것이 사실임에도 그렇다.

대체 왜일까? 생각해 본 적이 있는데 내가 내린 결론은 내가 늘 대해야 하는 특별민원인들 때문이었다.

일반인들에 비하여 무식해서이든 아는 것이 너무 많아서이든 특별민원인들은 매사가 불만 덩어리다. 불만을 해결하기 위하여 노력하면 할수록 더 깊은 수렁으로 빠져들어 허우적거리며 온 삶을 살아간다. 끝내는 공무원 등 주위 사람들이 자기 생각과 다른 의견과 행태로 자신을 괴롭히고 있다는 피해의식으로까지 번져 직접 눈으로 보이지도 않고 잡히지도 않는 특정 인물이 자신을 죽이기 위하여 미행하고 집에 몰래 잠입하여 음식물이나 생활용품에 독약을 뿌리고, 가스를 살포하여 숨을 쉬지 못하게 하고, 전파를 쏘아 정신을 교란하는 등등의 방법으로 자신을 못살게 괴롭히고 있다며 시도 때도 없이 문제의 해결을 강하게 요구하는 일상으로까지 이어지기도 한다.

누구든 불만이 전혀 없을 수는 없다. 다만 불만에 사로잡혀 삶을 고통스럽게 생활할 수도 있고, 불만이 있으면 다시 같은 불만이 생겨나지 않도록 주의를 기울일 수도 있고, 불만은 누구에게나 있을 수 있는 별거 아닌 일로 가볍게 받아들이고 대수롭지 않게 생활할 수도 있을 뿐이다.

그런 면에서 본다면 특별민원인들은 그들 스스로 불만에 집착하여 힘들게 살아가는 어리석은 삶의 행태를 나에게 몸소 실천으로 강하게 보여줌으로써, 내가 어리석은 불만이라는 집착이나 편견에 그리고 피해의식에 빠지지 말고 현실을 너그러이 받아들이라는 슬기로운 교훈을 주었기 때문이지 않았나 하는 생각이 따뜻하게 전해진다.

 생각해 보기

- 불만은 언제 어떠한 경우에 생기는가?
- 내 삶에서 불만을 아예 없애버리거나 낮추려면 어떻게 하면 될까?
- 지금의 나와 특별민원인과의 유사한 정도는 몇 %쯤 될까?

제**4**장

망상장애 공무원

지금 이대로의 보람과 행복

사람을 포함하여 모든 생명체는 생을 살아가면서 안전하고 풍요롭고 행복하길 원한다. 그렇다면 행복이라는 것이 무엇인가. 행복이란 돈이 많아 언제라도 펑펑 쓸 수 있다거나, 권력이 많아 힘 좀 꽤나 쓸 수 있다거나 인기가 많아 추종자들을 많이 거느릴 수 있다거나 하는 현재의 상태라고 생각할 수도 있다. 주위에서 어렵지 않게 들을 수 있는 행복의 조건들이다. 그래서인지 많은 사람들이 그 길을 택하고는 그렇게 되기 위해 노력하며 살아가다가 비로소 그렇게 되었을 때 행복을 느낀다.

그런데 중요한 것은 너무 많은 사람들이 그렇게 생각하고 같은 행동을 하다 보니 그렇게 되기가 쉽지 않다는 것이 문제이다. 그러한 것들은 반드시 남과의 경쟁을 통해서 상대를 밟고 올라서거나 그가 가진 것을 빼앗아 내 것으로 만들어야 얻을 수 있다. 그러니 그들에게 있어 안전과 풍요와 행복은 공유할 수 없고 독점을 해야만 얻을 수 있는 것이 된다.

반면에 맨날 타인과의 관계에서 욕을 얻어먹고, 삐끗 잘못하면 뺨따귀를 얻어맞거나 심하면 칼을 얻어맞아 목숨을 잃을 수도 있는 불안전한 상황 속에서 살아가야 하는 조건이라면 불행밖에는 찾아볼 수 없을 것이라고 생각할 수 있다. 그러나 그렇지 않다. 이와 같은 상황에서도 얼마든지 그리고 충분히 행복할 수 있다.

이와 같은 환경 속에서는, 살아남기 위해 작은 실적을 크게 포장하거나 튀겨 내세워 다른 사람을 밟고 일어서지 않고도 얼마든지 충분한 보람과 행복을 얻을 수 있다. 믿어지지 않겠지만 사실이다. 이러한 상황에서의 행복은 다른 사람과 경쟁할 필요가 없다 보니 다른 사람이 가진 것을 빼앗을 필요도, 밟고 올라설 필요도 없다. 행복의 양도 무궁무진하다 보니 나도 행복하고 너도 행복하고 우리가 모두 행복할 수 있다. 그런 세상이 어디 있나 의문이 들 수 있겠지만 그런 세상이 있다.

내가 그리고 당신이 또한 우리가 모두 그러한 세상에서 지금 살아가고 있다. 단지 우리는 그것을 모르고 있을 뿐이다. 세상을 살아가면서 겉으로 보이는 세상이 모든 것인 양 착각하며 살아가는 내 주위의 다른 사람들의 말만을 선택적으로 듣고는 나도 그들과 똑같이 그저 겉으로 드러나 직접 볼 수 있는 것들만을 스쳐 지나가듯 보고는 나도 그렇게 생각했을 뿐이다.

다시 한번 강조하여 말하지만 나와 당신 그리고 우리는 모두 지금 이 모습 그대로 행복 가득한 세상을 이미 살아가고 있다. 눈치 빠른 사람이라면 이미 앞에서 대략 소개한 글에서 알 수도 있겠지만 그것이 사실이라는 것을 증명하기 위해서 지금부터는 어떻게 불안전하고 많이 가진 것도 없고 나를 알아주는 이 하나 없는 상황에서도 보람과 행복으로 가득할 수 있는지 좀 더 세부적으로 이야기해 보고자 한다.

생각해 보기

- 나는 지금 행복한가?
- 행복하지 않다면 무엇 때문인가?

정신적 문제아로서의 나

나는 주위로부터 정신적 문제가 있는 것이 아닌지 걱정하는 소리를 여러 사람에게서 가끔 들을 때가 있다. 내가 생각하여도 그 말이 맞을 수도 있겠다는 생각에 비록 그 말이 크게 와닿지는 않지만 주의는 기울여야겠다는 다짐을 해보기는 한다.

우리는 살아가면서 산속에서 홀로이 생활하는 자연인 등 일부를 제외하면 거의 대다수의 사람은 매일매일 이런 사람, 저런 사람, 내 마음에 드는 사람, 괜히 목소리나 얼굴만 떠올라도 나쁜 감정이 일어나는 사람 등 실로 다양한 사람들과 이런저런 관계를 맺어가며 생활한다.

내 일상이 행복한 시간인지 불행한 시간인지는 결국 내가 일상에서 만나는 타인과의 관계에 달려있다고 해도 과언이 아닐 것이다. 신뢰와 친밀한 느낌이 있는 사람이라면 만나거나 전화로 대화를 하거나 아니면 일정을 잡아 만나기로 약속만 해도 만남의 시간이 가까워질수록 마음이 가벼워지고, 즐거워지는 것을 느낄 수 있는 반면에,

서로 불신과 배신 그리고 싫은 감정이 있거나 싫지는 않더라도 아무런 의미 없는 무덤덤한 업무적 관계라면 그들과의 관계에서는 기쁨이나 기다려짐과 같은 즐거움을 찾을 수 없을 것이고 나의 일상은 그저 무미건조하거나, 힘들고 괴로운 일상일 수밖에 없을 것이다.

결국 나의 행복은 늘 만나 무엇인가를 함께하는 대상들을 바라보는 나의 시각과 감정이 가장 크게 작용하지 않나 싶다.

그렇게 본다면 나는 행복한 사람이 분명하다!

나는 공무원이라는 직업적 특성상 가족이나 친지, 이웃 등과의 관계는 물론 직장에서도 수많은 불특정 국민들과 관계를 맺으며 일상을 살아간다. 국민들의 요구에 부응하여 무엇인가 도움을 주거나 설령 국민들이 하기 싫어하는 것일지라도 공동생활을 영위하기 위한 어쩔 수 없는 것임을 이해시키고 설득하여 함께 같이 할 수 있도록 이끌어 주기도 한다.

그런데 국민 중에는 마땅히 자신이 부담하여야 하거나 참여하여야 할 국민의 의무에 대하여 저항 없이 당연하게 받아들이는 사람이 있기도 하지만, 편익분석을 통하여 자신에게 실익이 없다는 판단으로 강하게 저항하는 국민들도 있고, 또 어떤 이는 도저히 이해할 수 없을 정도의 정신적 장애 또는 특정 부분에 대하여 지나친 피해의식에 휩싸여 비이성적 행동으로 일관하는 특별민원인들도 만만치 않게 많다.

최근 들어 사회문제로까지 불거진 특별민원인들의 비이성적 행태가 심각성을 더해가고 있음을 각종 매스컴을 통하여 어렵지 않게 대할 수 있다. 지나온 시간들을 되돌아볼 때 전에 비하여 시간이 지나면서 비이성적 행태를 보이는 국민의 수가 늘어가고 있다는 것을 느낄 수 있어 다소 걱정이 앞서기도 한다.

다행한 것은 나의 소임이 특별민원 전담이다 보니 자연스럽게 실로 다양한 득별민원인들과 많은 시간을 함께하는데, 그들의 사고와 그에 따른 행태를 직접 대하여 본 바에 의하면, 일명 악성·고질민원이라고 낙인찍혀 외부의 무시와 냉대를 당하는 특별민원인들이 일반 민원인들보다 오히려 단순하고 가슴 따뜻한 분들이 대부분이라는 것이다. 사실 내게 공직자로서의 긍지와 행복과 보람, 즐거움을 더 많이 주는 사람들도 일반민원인들 보다 남들이 모두 꺼리고 스트레스를 받고 있는 특별민원인들이다.

특별민원인을 상대하는 것은 일반민원인과는 조금은 다르기 때문일 수 있다. 겉으로 드러난 개별적인 민원 내용보다는 특별민원인의 생각과 마음 깊이 자리하고 있는 다양한 불신과 불만의 응어리까지 생각하여 응대하여야 하다 보니 나도 모르게 일반민원인들보다 더 많은 관심과 이해, 정성 등을 쏟게 된다. 그런 기울임 때문인지는 모르겠지만 시간의 흐름과 함께 특별민원인들의 변화된 모습은 나에게 무엇과도 비교할 수 없는 벅찬 감동과 보람과 긍지와 풍요로 다가왔다.

그러니 이와 같은 보람과 긍지로 인한 기쁨을 느껴보지 못한 누군가라면 충분히 특별민원과 재미있게 눈높이 대화를 하는 나를 보고 '정신적 문제가 있다'라고 하는 일부의 의견을 이해할 수도 있겠다.

🗨️ 생각해 보기

- 행복의 조건이란 것이 나의 주변 환경에 의한 것인가? 아니면 나의 의지에 의한 것인가?

나는 망장장애 공무원!

내가 늘 응대하여야 할 그 특별민원을 중에는 실제 국가 및 지방행정상의 문제로 인하여 발생한 것도 있지만 행정상의 문제라기보다는 민원인의 개인적 사생활과 관련되거나, 객관적이고 현실적인 실제상황보다는 특별민원 개인의 무지, 열악한 생활환경, 개인적 욕심 등에서 유발된 것들 또한 무시할 수 없을 정도로 많고, 이들 중에는 물론 자신은 절대 부정하지만, 실제 조울증, 공황장애, 망상장애, 조현병에 이르기까지 정신과적 진단을 받아 치료 중이거나 치료가 필요한 분들도 적지 않다.

그런 정신적 환자분들이나 집착된 자신의 개인적 생각, 생활환경에 따라 자기주장으로만 일관하는 민원인과의 관계에서 가장 중요한 것은 내가 그들의 생활환경과 생각 수준을 빨리 이해하고 그들의 생각과 동일하거나 최소한 유사한 수준으로까지 나의 눈높이를 낮추어야 의사소통이 가능하다는 것이다. 내가 냉철한 이성적 사고를 가지고 그들의 주장에 대하여 일일이 특정 기준이나 규정 등을 제시하며 이의를 제기하거나 도움이 불가하다는 의견을 내놓을 경우 더 이상의 대화 진행은 불가하게 된다.

그래서 나는 특별민원인을 만나게 되면 최우선적으로 이행하여야 하는 것은 나를 내려놓은 것이다. 내 생각, 내 주장은 일단 보류다. 그리고 그들의 세계로 들어간다. 그들의 언어로 말하고, 그들의 감정으로 듣는다. 실제로 나와 특별민원과의 대화 내용을 주위에서 듣던 동료들은 나를 보고 내가 너무 특별민원과의 가까운 관계로 인하여 끝내 정신적 문제가 발생한 것 같다며 심각한 모습으로 걱정 어린 소리를 하곤 한다. 사실 내가 생각하여도 조현병처럼 기

이한 행태를 보이지는 않지만 일정 부분 보통 사람들과 차별화되는 약간의 망상장애 정도의 정신질환을 가지고 있다는 데 대해서는 나도 공감이 되는 부분이 없지 않다.

최근 들어 특별민원으로 인하여 많은 공직자들이 심한 스트레스로 정신적 고통을 받고 있기도 하고 심지어 퇴직이나 극단적 선택까지 하는 것을 매스컴을 통하여 어렵지 않게 대할 수 있다. 그런 시대적 상황 속에서, 나는 오히려 스트레스가 아닌 행복과 보람, 긍지와 즐거움을 느낀다. 이해하기 어려운 상황이지만, 나에게는 현실이다.

세상은 예전과 다르게 점점 더 날카롭고 위험해지고 있다. 길을 걷다 흉기를 휘두르는 사람을 만날 수도 있고, 다짜고짜 욕설과 폭행을 당할 수도 있다. 앞을 예견할 수 없는 세상을 살아가면서 꽉 짜여 정해진 틀 속에서 기계적인 나의 생각으로 열올려 소리치며 힘들게 살아가는 것보다, 남에게 피해를 주지 않을 정도의 가벼운 망상장애를 가지고 헐겁고 즐겁게 살아가는 것도 나쁘지 않다고 생각한다.

문득 이런 생각이 든다. 나 혼자만 망상장애에 빠져 자긍심을 가지고 자유롭게 살아가기보다는 다른 사람들도 나처럼 머리의 나사 하나를 조금 풀고, 망상장애인으로서 동병상련하며 나와 함께 건강한 모습으로 기쁘게 생활해 보면 어떨까? 싶다.

물론 주의는 필요하다. 망상장애에도 여러 유형이 있기 때문이다.

누군가 자신을 미행 또는 감시한다거나 자신을 죽이기 위하여 음식에 독을 탔다거나, 전파 등을 이용하여 자신의 정신을 교란하고 있다고 믿고 신고와 소송, 하소연으로 일관하는 피해망상 유형이 있는가 하면, 자신의 지위나 능력을 과장하여 사실로 믿고는 마치 못 할 것 없는 신처럼 생활하는 과대망상

유형, 그 밖에도 색정형망상, 질투망상, 신체망상, 기타 혼합형과 불특정형 등 여러 가지 유형이 있다.

　과연 특별민원전문관인 내가 어떠한 망상에 빠져있는지 신중히 생각해 보고 되도록 나와 동일한 망상장애 유형 그리고 나와 유사한 정도의 망상장애에 빠져야지 혹시 다른 망상유형이나 과도한 망상장애에 빠질 경우 예기치 않은 낭패를 볼 수 있다는 것에 주의를 기울였으면 한다.

생각해 보기

　– 특별민원인을 내 마음대로 할 수 있는 방법이 있다면?
　– 정신질환자와 즐겁게 대화할 방법이 있다면?

내가 해야 할 일

이 세상을 살아가다 보면 다양한 사람, 사람 이외에도 애완용 동물이나 가축 등에 이르기까지 살아있는 다양한 종류의 생명체를 만날 수 있다. 이들은 저마다 자신만의 독특한 특성을 가지고 삶을 살아간다. 그러다 보니 제각각 자신만의 삶의 방식이나 생각과 행태를 가지고 있는 것이 사실이고 어쩌면 그렇게 다른 것이 자연스럽고 당연하다.

내가 공무원으로서 수많은 지역을 방문하여, 수많은 국민을 한 명, 한 명 또는 수십, 수백 명을 한꺼번에 만나도 보았지만, 명확한 것은 똑같은 사람은 단 한 명도 없었다. 같은 목적으로 모여 함께 행동하는 집단조직에서조차, 같은 뱃속에서 태어난 쌍둥이조차도 만나는 개개인 모두가 같아 보이지만 제각기 다른 생각과 특성이 있었다. 이 세상 모든 사람은 생각하고 행동하고 표현하는 방법이 제각각이라 비록 같은 상황일지라도 각각의 사람이 보이는 행태는 예측할 수 있는 획일적인 공통점이 없다. 그러하기에 나 이외의 어느 사람도 내 생각대로 그들의 삶을 살아주지 않고 오로지 자신들만의 특성에 따라 제각기 다르게 생각하고 바라고 행동한다.

중요한 것은 그러한 수많은 다름의 상황들과 관계 속에서 내가 찾은 의미 있는 공통점이 있었는데 그것은 '내 주위의 모든 사람이 내가 원하고 바라는 그대로 움직이고 행동해 주길 바란다는 것이고, 남들 또한 내가 그들이 바라고 원하는 그대로 해주기를 바란다'는 것이었다.

이는 곧 내가, 나 이외의 모든 사람이나, 어떠한 모양 어떠한 행태를 가진 생명체들이건 간에 그들과 좋은 관계로 화합하고 행복해지고자 한다면 내가 남들이 원하는 그대로를 먼저 그들에게 보여주면 되는 것이다. 서로 먼저 얻기를 원한다면 어렵고 갈등뿐이지만 내가 먼저 그가 원하는 것을 해주기는 어렵지 않다.

　마찬가지로 특별민원 또한 나와 다른 제각각의 이유와 생각과 행태로 삶을 살아가다 보니 내 생각대로 그들이 움직여 주지 않고 오로지 그들만의 생각과 판단으로 제각기 다른 독특한 행태를 보이는 것 또한 지극히 당연하다. 그러하기에 나와 특별민원이 서로 나쁜 감정 없이 화합하여 같이 살아갈 방법은 오로지 내가 먼저 그들이 원하고 바라는 모습이 되어주면 되는 것이다.

　적지 않은 기간 동안 내가 만나왔던 제각각의 수많은 특별민원에게서 나와는 다른 그들만의 공통점을 발견할 수 있었는데 그것은, 그들 모두는 적어도 지금의 나보다는 삶의 무게에 짓눌려 어렵고 힘들게 살아가고 있다는 것이었다. 실제 특별민원이 생활하고 있는 곳을 방문해 보고 느낄 수 있었던 것은 그들 모두가 하나같이 살아서 지옥 생활을 하고 있었기 때문이다. 대부분 생계가 곤란할 정도로 가난하였고, 설령 먹고 살만하다고 할지라도 과다한 욕심을 가지고 있어 절대 자신이 조금이라도 피해를 보는 것을 용납하지 못하는 좁은 마음을 가진 사람이 대다수였다.

　자신의 가난이나 욕심을 해결하고 채우기 위해서는 나름 스스로 열심히 정당한 노력을 기울여야 하고, 노력을 기울여도 원하는 것이 이루어지지 않을 경우 다른 방법을 찾아보거나 더 많은 노력을 기울이려고 하지 않고 오직 모든 원인을 내가 아닌 다른 사람 또는 국가와 사회의 탓으로 돌리고 있었다. 그렇다 보니 그들의 삶에는 행복, 기쁨, 즐거움, 안정과 같은 것은 찾아볼 수 없었고 온통 불만과 적개심으로 가득 차 괴로운 생활만을 지속하고 있었다.

　힘들고 어렵게 생활하고 있는 그들은 자신의 억울함과 괴로움을 더 이상 어디다 하소연할 곳도 없다. 아무리 하소연을 해 보아도 돌아오는 것은 무시와 냉대뿐이다. 그러니 공무원이나 힘없는 서비스업 종사자들 특히 눈앞에 보이지 않아 얼마든지 마음대로 화를 내고 욕을 해댈 수가 있다고 생각하는 콜센터 직원 그리고 설령 눈앞에 있더라도 감히 자신에게 대들지 못하는 어린이나 말 못하는 힘없고 작은 동물들에게 분풀이할 수밖에 없는 불쌍한 사람들이 특별민원이다.

특별민원을 응대하여야 하는 나는 이렇게 생각할 수도 있다. "아무리 그렇다 해도 왜 하필 내가 그들의 화풀이의 대상이 되어야 하는데? 사람이 말이야 자존심이 있지! 내가 무엇이 부족해서!"라고. 그에 대한 답은 간단하다.

나는 어렵고 힘들어하는 작은 사람들에게 도움을 주는 봉사자인 공무원이기 때문이고, 절망적일 정도는 아닌 나름 봉사료를 받고 있기 때문이기에 그러하며 또한 내가 선택했고, 내가 느끼기에는 내가 그리 크고 위대해 보이지는 않지만 남들 특히 특별민원이 보기에는 그래도 돈 많고 힘깨나 있어 보이는 사람들도 공무원 앞에서는 깨갱대는 것을 보니 나에게 권한도 있어 보이기 때문이다.

특별민원인들이 나타내 보이는 비이성적 행태는 이와 같이 자신 보다 크고 힘 좀 있어 보이는 사람에게 도움을 요청하는 또 다른 방식에 불과한 것이다.

그러니 공무원인 내가 해야 할 일은 나보다 힘들고 어렵게 살아가고 있는 사람들에게 최소한 그들보다는 좀 더 풍요롭고, 행복하고, 안락하고 그래서 그들보다 큰마음을 가지고 있는 내가 "그들이 내 생각에 맞추어 주길 바라지 말고 내가 먼저 그들이 원하는 모습으로 바꿔보려 힘쓰는 것이다."

사실 경험에 따르면 특별민원을 응대하는 것은 별로 어렵지도 않고 얼마든지 즐겁고 재미있게 그들을 상대할 수도 있다.

겉으로 보기에 이들은 언제 터져버릴지도 모르는 강한 감정을 가지고 있고, 자기밖에 모르고 욕심쟁이고 눈앞의 이익에만 집착하는 어리석은 사람들이라는 외부적 편견을 가지고 상대하기 힘들다고 생각할 수도 있지만, 다른 한편으로는 자기를 조금만 인정해 주고 조금만 자기를 좋아하는 것처럼 보이는 사람들에게는 간이며 쓸개며 자신의 모든 것을 다 내어 주는 또 다른 공통점도 가지고 있다!는 것을 잊지 않았으면 좋겠다.

생각해 보기

- 내가 생각하는 특별민원인은 어떤 사람인가?
- 나는 누구인가?
- 내가 해야 할 일은 무엇이고 어떻게 해야 하는가?

제5장

행복 만들기 - 특별민원 응대 요령

이 세상에는 나와 생각이 맞지 않고 나에게 해만 끼치는 사람도 있다. 그들은 생각만 해도 온통 스트레스다. '내 눈앞에서 없어지면 좋겠는데 아니 이 세상에서 사라져 버렸으면 좋겠다'는 생각마저 들게 한다. 그러나 안타깝지만 내가 살아가려면 어쩔 수 없이 그들과 함께 동행을 해야만 하는 것이 현실이다. 그렇다면 어떻게 해야하나? 그들과 함께 행복하게 살아갈 수 있는 방법은 과연 없는 것일까?

있다! 방법이, 내 생각과 다른 사람들과 다투지 않고 친하게 지낼 수 있는 방법, 정신질환자는 물론 말도 안 통하는 그 어떤 생명체와도 행복하게 공존할 수 있는 방법이…

이번 장에서는 나와 다른 상대와 갈등 없이 함께 공존할 수 있는 방법, 즉 상대를 응대하는 요령에 대해 소개를 해 보고자 한다.

'응대 요령'을 이해하고 실제 적용하기 이전에 먼저 '요령(要領)'이란 단어의 사전적 의미를 먼저 알아둘 필요가 있다. 이유는 요령이란 단어를 어떤 의미로 내가 이해하고 받아들였느냐에 따라 그 끝의 상황이 전혀 다르게 나타나기 때문이다.

● **요령의 사전적 의미 (표준국어대사전)**

1. 가장 긴요하고 으뜸이 되는 골자나 줄거리
2. 일을 하는 데 꼭 필요한 묘한 이치
3. 적당히 해 넘기는 잔꾀

지피지기(知彼知己)면 백전불태(百戰不殆)

특별민원의 비이성적 행태가 심각성을 더해가면서 이들에 대한 대안이나 대책의 마련이 공직사회의 주요 관심사로 대두되어 특별민원을 전담 응대하고 있는 담당자로서 이에 관심을 기울인 적이 있다. 그때 문제를 해결하기 위해서는 제일 먼저 알아야 했던 것은 어째서 특별민원이 발생하게 되었는지? 그 원인은 무엇인지를 아는 것이 급선무였기에 만나는 특별민원은 물론 특별민원을 인계한 당초 공무원들을 대상으로 똑같이 가벼운 질문을 해본 적이 있다. 어째서 민원인의 감정이 고조되어 욕설 등 비이성적 행동을 보이게 되었는지 물어본 것인데 그 발생 원인을 알아내는 데는 그리 오랜 시간이 걸리지 않았다. 결과는 입장에 따라 상반된 대답이었다.

먼저 공무원들이 대답한 민원인의 비이성적 행태 원인은 첫째 민원인의 특별한 주변 환경문제라는 것이다. 예를 들어 민원인이 어려운 상황에 처한 나머지 그러한 상황에서 벗어나기 위하여 물불 가리지 않고 과다한 도움을 요청한다거나, 전문적이지 않은 민원인의 가까운 지인이 민원인의 말이나 하소연만을 듣고 위로나 동조의 뜻으로 책임과 근거 없이 한 말을 맹신하고는 그것을 진리인 양, 안 되는 것을 해달라고 억지를 부린다는 것이다. 두 번째 원인은 민원인의 개인적 특성 즉 침을성 없는 성격이나 분노조절 장애등 정신적 치료가 필요할 정도로 이성적 대화가 불가한 사람들이기 때문이라는 것, 세 번째는 민원인들이 기대하는 것과 현실적 결과와의 차이 즉 민원인이 과대한 기대로 인한 현실적 실망이 특별민원이 발생하게 된 가장 큰 원인이라는 것이었다.

반면, 특별민원인들이 말하는 원인은 첫 번째, 공직자들의 초기대응 소홀이었다. 사람이 왔는데 아는 척도 안 하고 귀찮다는 표정이 역력하고 지나가는 개만도 못한 취급을 받았다는 것이고 두 번째는 상대를 배려하는 마음 없이 자신의 입장에서만 자신의 말이 곧 진실이니 따르라는 식으로 민원인의 의견을 무시할 뿐만 아니라 알아들을 수 없는 외래어나 자신들만 아는 전문용어로 설명을 해대니 도대체 무슨 말을 하는지 알아들을 수가 없어 묻고 또 물어야 하는 과정에서 자신을 무시한다는 생각이 올라왔다는 것이었으며, 세 번째는 형평성이 없다는 것 즉 분명 다른 사람은 내가 원하는 결과를 모두 얻었다고 들은 바 있고 내가 스스로 판단하여도 충분히 원하는 결과를 얻을 수 있다고 보이는데 왜 다른 사람은 되고 나는 안 되느냐는 것이었다.

양측 모두 특별민원이 발생하게 된 모든 원인은 결국 나에게 있는 것이 아니라 상대에게 전적인 원인이 있다는 것이었다. 물론 그들의 의견을 부정하는 것은 아니지만 상황이 이렇게 지속된다면 특별민원 해결은커녕 문제만 커질 뿐이라는 것을 알 수 있었다.

생각해 보기

- 특별민원이 발생하게 된 원인에 대한 내 생각은?

특별민원의 특성 및 유형

특별민원의 비이성적 행태로 인한 사건사고 등 사회적 문제가 심각성을 더해가면서 이에 대한 대책 마련을 위하여 여러 방면에서 노력을 기울이고 있다. 처음부터 민원인의 비이성적 행태가 발생하지 않도록 하는 것이 가장 중요하겠지만 이미 발생한 상황이라면 피해의 심각성을 생각하여 피해가 더 확산하기 전에 조기에 해결하는 것이 중요하기 때문이다. 사회적 관심만큼이나 시중에서는 사회학자, 심리학자, 신경정신의학자들이 심혈을 기울여 연구하여 보고한 수많은 서적이나 논문 등을 볼 수 있다.

민원인의 심리적 특성이나 그 특성에서 발현될 수 있는 행태와 각각의 대안에 대하여 세부적으로 소개를 하고 있기에 특별민원을 늘 응대하여야 하는 담당자로서 '비이성적 행태에 대하여 알고 예측하여 사전에 적절히 대응할 수 있다면 특별민원 해결에 큰 도움이 될 것이며 나아가 살아가면서 관계를 맺는 모든 사람들과 아무런 갈등 없이 행복하게 살아갈 수 있겠다'라는 생각으로 다방면에 걸친 관련 서적과 논문 등을 바탕으로 특별민원에 대한 근본적 해결 방안을 연구해 본 적이 있다. 그러나 결론은 그들에 대한 연구가 깊어질수록 문제의 해결 방안은 요원해져만 간다는 것이었다. 왜냐하면, 논문이나 책자에서 각각의 서사별로 다양한 기준과 다양한 자신의 생각을 정리하여 나름대로의 유형을 구분 짓고 그에 대한 해결방안을 소개하고 있는데 워낙에 소개된 특별민원의 유형이나 심리가 다양할 뿐만 아니라 연구자 개개인별 기존의 다른 연구자의 이론을 반박하거나 다른 주장 다른 대안을 제시하는 통에 공부에 취미나 소질이 전혀 없는 나로서는 내 생애 안에는 도저히 공부를 마치지 못하겠다는 생각이 들었다. 더 이상 특별민원인에 대한 연구를 지속할 경우 머지 않아 내가 특별민원인이 되겠다는 판단이 들었기 때문이다.

실제 특별민원을 응대하다 보니 특별민원이 발생한 현실적 여건과 상황 그리고 특별민원인 개인별로 내재된 습관이나 정신상태의 정도 등이 모두 다를 뿐만 아니라 외부로 표출되는 개개인의 행태 또한 모두 제각각 다르기에 수 많은 연구 자료를 각각의 발생 상황에 따라 유효 적절히 적용하는 것은 일반 실무공직자에게는 불가능에 가까웠다.

연구자료 등에 의하면 특별민원인들을 정신·심리적 장애 유형에 따라 편집증이나 조울증, 망상장애 등으로 나누어볼 수 있는데 망상장애도 과대망상, 피해망상, 신체망상, 색정망상 등 7가지 망상으로 다양할 뿐만 아니라 사고와 태도에 따른 유형에도 자기애성, 연극성, 반사회성, 분열성, 강박성, 의존성, 회피성 유형 등으로, 행태에 따라서도 생계형, 막무가내형, 전문가형, 지능형, 싸움닭형, 물량공세형, 저격수형 등으로 다양하고 세부적으로 구분하고 있었다. 이밖에도 사실 내가 특별민원을 응대하면서 논문이나 연구 자료 등에서 볼 수 없었던 유형을 만들어 이름 붙인 유형도 많다.

늘 윤봉길 의사께 죄송한 마음이지만 국가나 기관의 중요한 행사장에 근사하게 옷을 차려입고 자리해 있다가 행사가 무르익어 절정에 도달했을 때 갑자기 자리에서 일어나 고성을 지르며 자신의 억울함을 호소하여 행사장을 아수라장으로 만들어 버리는 유형인 도시락 폭탄형도 있고, 민원실을 방문하여 1시간, 2시간 어느 누구라도 듣거나 말거나 자신의 주장을 끝도 한도 없이 소리치는 필리버스터형 특별민원인도 있고, 대화를 원활히 진행하다가 상대의 어느 말 한마디에 감정이 폭발하는 발목지뢰형 특별민원인 등등이 있고. 또한 강한 성취욕을 가진 사람, 무지한 사람, 이기심으로 가득한 사람, 강한 사명감을 가지고 있는 사람 등이 있었다. 문제는 이와 같이 구분지어 놓은 이 모든 각각의 유형별로 나타나는 행태가 모두 다를 뿐만 아니라 그 행태가 발현하게 된 원인, 특별민원인 개개인이 처한 현실적 상황이나 각각의 생각, 습성이 제각각 다르다 보니 그에 따른 특별민원인에게 응대하여야 하는 방법 또한 모두 달라야 한다는 것이다. 사실 더 깊이 들어가 의학적 치료 방법이나 처방 약까지도 알아야 그나마 완전 해결은 아니더라도 최소한 다른 사람들에게 피해를 주지 않을 정도까지 관리를 할 수 있겠다는 생각이 들 정도였다.

상황이 이러한데 어찌 정형화된 대안을 마련할 수 있단 말인가. 설령 각각의 유형, 각각의 특성과 심리상태, 현실적 상황 등을 모두 고려하여 각각의 대안을 제시한다고 하더라도 그 양이 방대하여 모든 대응요령을 배우고자 한다면 아마도 공무원 퇴직을 할 때까지는 배워야 할 것 같다는 생각이 들었다.

그나마 다행스러운 것은 특별민원의 다양한 유형에도 불구하고 그간의 경험에 따르면 특별민원에게는 일반인과 차별화되는 공통점이 있다는 것이다. 정신·심리적 유형이 어떠하든, 사고와 태도에 따른 유형이 어떠하든 또한 행동양식이 어떠하든 유형과 특성은 물론 겉으로 드러나는 행태나 이 밖에도 그들이 제기하는 민원의 분야나 처리 권한 등 모든 것을 불문하고 특별민원의 공통저 특성을 크게 3가지로 나타낼 수 있다.

이 3가지만 인식한다면 수없이 다양한 특별민원 관련 책자나 논문 등을 연구하지 않더라도 안전한 민원 해결은 아니더라도 최소한 공직자들이 특별민원의 비이성적 행태에 휘둘린 나머지 스트레스를 받거나 불행한 사고로 이어지는 것은 사전에 방지할 수 있다. 그러니 공직자라면 아니 공직자를 떠나 내가 아닌 다른 사람 때문에 화가 치밀어 오르고 삶에 스트레스를 받고 있다면 누구라도 이 3가지 공통점은 꼭 기억했으면 한다.

그 공통점은 첫째, 특별민원인 거의 모두는 공무원 즉 나를 못 믿는다는 것이다. 그들은 자신의 민원 해결을 위하여 오랜 기간 동안 많은 공공기관 많은 공직자에게 자신의 처지를 이야기하고 도움 방안을 요청해 보았으나 하나같이 도움이 불가하다는 소리만을 들었다. 동사무소, 구청, 시청, 도청, 중앙부처, 경찰, 검찰, 법원, 대통령실 등등 수많은 기관에 도움을 요청해보았으나 하나같이 안 된다는 답변뿐이었고, 더욱이 서로 짜고 공모를 하였는지 각각의 기관에서 보내온 답변이 모두 같다며 목소리를 높인다. 그러니 오늘도 특별민원이 나를 찾아온다고 하지만 그가 원하는 것을 해결해주겠다는 답변 이외에 어떠한 나의 설명도 그는 믿지 않을 것이고 스트레스로 작용할 것이다.

두 번째 공통점은 특별민원은 자신의 주장이 옳다는 확고한 신념을 가지고 있다는 것이다. 왜 그들이 10년, 20년 동안 모두가 아니라고 하는 것에 대하여 자신의 주장을 굽히지 않고 민원을 지속하느냐 하면 그들도 그들 나름대로 자신의 주장이 타당하다는 것을 밝히기 위해 부단한 노력을 기울이고 있고 모든 결과가 자신의 주장을 뒷받침하고 있다는 확신을 가지고 있기 때문이다. 행정기관에서 민원인이 제기한 민원에 대하여 불인용 결정을 하게 되면 문서를 통하여 관련 규정과 근거 조항 등을 명확히 밝혀 불인용 통보를 한다. 그러나 특별민원들은 행정기관에서 통보한 관련 규정이나 근거 조항만을 보는 것이 아니라, 관련 법령 전체를 처음부터 끝까지 보고 읽으면서 자신에게 유리한 내용을 찾아내어 그때마다 그것을 근거로 이의를 제기한다.

뿐만 아니라, 밤새도록 유사 판례 등을 연구하여 자신의 주장에 꿰어 맞춰 이의를 제기하기도 한다. 그것마저도 없으면 헌법에 나와 있는 행복추구권까지 들먹이며 자신의 주장 관철을 위해 온 힘을 다하기도 하며, 지나가는 사람이나 특별민원인 자신이 알고 있는 해당 분야 전문가에게 객관적이지 않은 자신의 입장만을 일방적으로 말하며 민원에 관하여 물어보니 모두가 하나 같이 특별민원의 억울함에 동조하게 되어 더더욱 자신의 주장에 확신을 가질 수밖에 없다.

세 번째 공통점은 특별민원은 감정 기복이 심하다는 것이다. 자신의 주장이 확실하고 명확한데 공무원들 모두가 서로 짜고 자신이 원하는 것을 해주지 않아 자신에게 피해를 주고 있다는 생각과 나쁜 감정이 시간이 흐를수록 쌓이고 쌓이다 보니 일반민원인과 달리 아주 사소한 자극에도 급격하게 감정이 치솟아 쉽게 이성을 잃어버린다는 공통점이 있다.

특별민원인과 민원 응대를 하게 될 때 복잡하고 수많은 특별민원인의 특성이나 유형을 떠나 이와 같은 3가지 공통점만 인지하고 있다면 내가 어떻게 특별민원을 응대하여야 하는지는 스스로 알 수 있어 최소한 불미스러운 사건 등은 얼마든지 사전에 예방할 수가 있다.

"특별민원은 예측할 수 없지만, 그들의 마음속에는 늘 불신, 확신, 감정의 파도가 있다. 그 파도를 이해하고 준비하는 것이 공직자가 할 수 있는 가장 지혜로운 응대다."

생각해 보기

- 모든 기관 모든 민원 담당자가 동일한 답변을 한 것이 잘못인가?
- 감정의 기복이 심한 사람은 어떻게 응대해야 할까?

특별민원 해결 및 예방 방법

　특별민원이 일단 발생하게 되면 그로 인한 국가 사회적 피해는 어마어마하다. 내 가족 고객2) 중에는 읍면동사무소로부터 시작하여 구청, 시청, 경찰, 검찰, 법원 등 28개 기관을 대상으로 수만 건에 달하는 민원을 지속 제기하는 누님도 있고 매일 5개 기관을 대상으로 하루에도 수십에서 수백 건씩 민원을 접수하여 십만 건 이상에 달하도록 한 맺힌 민원을 지속 제기하는 동생, 하루도 빠짐없이 일일이 번호를 붙여가며 자신의 억울함은 오직 대통령만이 해결할 수 있다며 직접 대통령께 편지를 써서 등기우편으로 보내는 형님, 자신의 민원을 부당하게 처리하였다며 오랜 기간 동안 자신의 민원을 소홀히 처리하였던 기관과 담당자들의 이름을 한 명, 한 명씩 민원서류에 추가해 나열하는 방법으로 수십 개 기관 수백 명에 달하는 관계자들의 처벌을 끝없이 요구하는 누님 부부 등이 있다.

　이와 같은 특별민원인 한 명이 불러오는 행정력의 손실은 실로 어마어마하다고 할 수 있다. 상황이 그러하기에 특별민원을 해결하고 예방하는 것이 무엇보다 중요하다. 안타까운 것은 너나 할 것 없는 대부분의 시각이 이들은 고질적이라 행정적으로는 도저히 해결이 안 되고 강한 처벌 이외에는 답이 없다는 고정관념에 빠져있다는 것이다. 그런 면에서 볼 때 특별민원인이나 공직자 모두 상대방의 잘못만을 탓하며 스트레스를 받는 것은 똑같다.

　내가 오랜 기간 동안 특별민원을 담당하면서 듣던 말 중에 가장 잘못된 것

---

2) 이미 앞글에서 의아하게 생각할 수 있었겠지만, 나는 나의 모든 특별민원인을 가족이라 생각하여 실제 그들에 대한 호칭이 아버지, 어머니, 형님, 동생, 누님, 삼촌 등임을 참고 바란다.

을 꼽으라면 무엇보다 "특별민원인들은 고질화한 질병에 걸린 사람들이기에 해결할 수 없다"는 말이다. 그렇지 않다. 옛날 한 번 걸렸다 하면 모두 죽었다고 생각되던 큰 질병들이 연구를 거듭하여 약을 개발함으로써 없어지고 작아진 것처럼 특별민원인들 또한 내가 어떤 노력으로 어떻게 응대하였느냐에 따라 악성·고질이 아닌 나와 똑같이 행복한 국민의 한 사람으로서 얼마든지 가벼운 발걸음으로 동행할 수 있다.

그 방법 또한 그리 복잡하거나 어렵지도 않다. 외부에서 내로라하는 지식인들이 앞다투어 소개하는 사람을 다루는 기술이야 어마어마하게 방대하지만, 사실 특별민원인들이 나와 함께 행복하게 동행할 방법은 아주 간단하고 쉽다. 내가 그들을 어떠한 마음가짐, 어떠한 시각으로 어떻게 행하였느냐가 중요하다. 그간 다수의 기관 여러 명의 공직자를 힘들게 하고, 인력·시간·노력 등의 행정력의 낭비는 물론, 내 옆에서 늘 나와 동행하며 스트레스를 주고 괴롭히던 특별민원인들을 얼마든지 어렵지 않게 해결하고 예방할 수도 있기에 그 마음가짐과 시각, 응대 요령에 대하여 간략히 소개해 보고자 한다.

"특별민원은 해결 불가능한 존재가 아니라, 공직자의 시선과 태도에 따라 변화할 수 있는 사람이다. 그들과 함께 걷는 길은 어렵지만, 진심으로 바라보는 순간부터 길은 열린다."

특별민원 응대자의 마음가짐

사람이 일상을 살아가면서 비행기나 선박 사고로 조난을 당하여 외딴섬에 갇히거나 아니면 도를 구한다는 마음으로 깊은 산중에 들어가 수행을 하는 사람이 아니라면 대부분의 사람은 수많은 타인과의 관계 속에서 세상을 살아간다. 집에는 부모, 형제자매 등 가족 구성원과 학교나 사회에서는 친구나 동료 관계, 스승과 제자, 상급자와 하급자, 은인과 원수 관계 등 거미줄처럼 관계와 관계를 맺고 있다. 이는 비단 나뿐만이 아니라 나, 너, 우리 할 것 없이 모두가 똑같다.

그러니 저마다 자신만의 고유한 생각을 가지고 제각기 살아가고 있는 수많은 타인과의 관계 속에서 갈등 없이 원만하게 살아간다는 것은 만만한 일이 아니다. 어쩌면 내 삶에 현실로 나타나는 크고 작은 갈등과 그로 인한 스트레스는 당연한 자연의 이치일 수 있다.

힘센 사람보다 큰 사람으로서의 마음가짐

갈등관계가 자연의 이치라고 하여 나의 갈등을 모두 밖으로 분출하며 자기 생각만을 주장한다면 상호 간 공멸의 길이기에 서로 공존하기 위해서는 어느 한쪽은 피해를 감수하여야 할 경우가 있다. 대부분은 힘의 원리에 따라 힘 없는 쪽이 피해를 감수하는 것이 자연의 원리이고 일반적이라 하겠지만 꼭 그렇지만은 않다. 왜냐하면 오히려 힘이 센 사람이 힘이 없고 나약한 사람을 보호하고 양보하는 경우도 많기 때문이다. 이런 사람은 힘센 사람이 아니라 '큰 사람'이라 할 수 있다.

강제로 피해를 떠안은 작은 약자들의 경우 그 피해뿐만이 아니라 그 피해에 억울함까지 더해져 그로 인한 스트레스나 괴로움이 무한정 커지고 넓어지는 데 반하여 큰 사람들은 기꺼운 마음으로 나보다 약하고 힘이 없는 사람의 보호와 이익을 위하여 피해를 스스로 감수하다 보니 피해의식보다는 보람과 자긍심이 더욱 커 괴로움이나 스트레스가 발생조차 하지 않는다.

이렇듯 우리가 타인과 관계를 맺으며 살아가는 과정에서 나의 마음에서 화가 일어나고 괴로움이 발생하는 이유는 결국 내 자신이 작은 약자이냐 아니면 '큰 사람'이냐에 달려 있다는 것을 알 수 있다.

자신의 입장과 자기 생각, 자신의 이익에만 치우쳐 비이성적 행태를 보이는 수많은 특별민원을 상대하여야 하는 공직자들이라면 어떠한 사람이 되어야 하고 어떠한 마음으로 그들을 응대해야 하는지는 자명하다.

모든 사람들이 원하는 것은 똑같다

그러나 아무리 큰 사람이라고 해도 한 생명체로서의 기본적인 본능에 의하여 작은 사람들의 비이성적 행태에 대하여 참는 데도 한계가 있다고 생각된다면 이렇게 생각해 보고 특별민원을 응대해 보면 어떨까 싶다.

한 배에서 나온 쌍둥이의 경우, 마치 한 사람처럼 똑같아 보이지만 완전 똑같지는 않듯이 이 세상 모든 생명체는 생김새나 성격, 행동양식, 추구하는 이상 등 많은 부분에서 똑같은 것은 하나도 없고 모두가 제각각이라는 것은 부인할 수 없다. 나와 다르다는 것은 곧 갈등의 온상이기에 자칫 잘못하면 혼자서만 세상을 살아갈 수 없는 나로서는 내 삶의 모든 것이 곧 갈등이고 괴로움이 될 수 있다.

그런데 다행한 것은 다름으로 인한 갈등과 괴로움 속에서 그냥 지나칠 수 없는 아주 희망적인 중요한 점이 있는데 그것은 제각기 다른 수많은 생명체들 모두가 하나같은 공통점을 가지고 있다는 것이다. 그 공통점은 자신이 안전하고, 풍요롭고, 행복하고, 정당하게 인정받기를 원한다는 것이다. 그러하기에 나 아닌 타인을 대하고 응대하는 방법은 간단하고 명확하다. 타인이 마음은 곧 나의 마음이니 '내가 타인에게 원하고 바라는 것을 그에게 그대로 행하면 된다'는 것이다.

민원인이나 아니면 내가 좋아하는 사람 또는 싫어하는 사람 등 어떤 사람을 대하게 되더라도 내가 상대에게 무엇인가를 바라고 기대하는 것이 있다면 빨리 그것을 내가 먼저 상대에게 행하면 된다.

상대가 나에게 반가운 얼굴로 인사를 해주길 바란다면 빨리 내가 먼저 상대를 반가운 얼굴로 인사해주면 되고, 내가 모르는 것이 있을 때 상대가 쉽게 가르쳐주길 바라는 것과 똑같이 상대가 내 말을 이해하지 못해 엉뚱한 말을 하면 그가 이해하기 쉽도록 잘 풀어서 알려주면 된다.

민원인의 행태가 아닌 민원인의 근본적 심정

이에 더하여 특별민원인을 응대할 때는 민원인의 보이는 각각의 비이성적 행태별로 일일이 그 상황에 대응하는 요령이나 방법에 초점을 두기보다는 그의 억울해하는 심정에 그 초점을 두어야 한다고 본다.

칼 등 흉기를 휘두르며 난동을 부리건, 차량으로 돌진하여 현관문을 부숴버리든, 큰소리로 쌍욕을 해대든, 기물을 파손하며 난리를 치든, 듣기만 해도 섬뜩한 협박을 해대든, 수많은 기관에 무차별 반복민원을 수십에서 수십만 건을 제기하건, 무차별적으로 소송이나 행정심판을 제기하건, 확성기를 켜고 집회나 1인 시위로 일관하건, 눈물을 흘리며 사정을 하건, 민원인이 어떠한 유형 어떠한 행태를 보이든지 간에 중요한 것은 지금 그들의 마음은 모두 똑같이 억울해하고 있다는 것이다. 그러니 그들의 비이성적 행태를 없애거나 바꾸려면 억울한 심정을 이해하여 문제를 해결해주면 되고 도저히 해결할 수 없는 것이라면 설득하고, 안타까워해주면 될 뿐인데 현재의 실태와 같이 민원인별 제각기 겉으로 나타내어 보이는 비이성적 행태에만 초점을 두어 응대하는 것은 바람직하지 않다.

특별민원의 의미를 잊지 말자

우리는 살아가면서 내 생각이나 판단으로는 도저히 이해할 수 없는 나와 전혀 다른 타인들 즉 특별민원을 응대해야만 할 경우가 있다. 그러한 상황에서의 응대 방법은 각자 처하고 있는 다양한 환경과 상황에 따라 그리고 응대자의 지식, 지위, 경험 등에 따라 제각기 다를 수는 있다. 그러나 무엇보다 중요한 것은 '특별민원'이라는 의미를 잊어서는 안 되겠다. 특별민원이란 '일반적인 보통의 민원인들보다 좀 더 특별한 국가와 사회의 관심과 배려가 필요한 국민일 뿐 무시와 냉대, 핑퐁의 대상이 될 수 없다'는 것이다.

어떤 때에는 내가 도저히 해결해 줄 수 없는 문제를 계속해서 억지로 떼를 쓰며 무작정 해결을 요구할 때도 있다. 그럴 때는 나 또한 긴급하게 무엇인가 필요하게 되었을 경우 들어주기 곤란할 것을 잘 알면서도 부모나 동료 등에게 도와달라거나 해결해 줄 것을 떼쓴 적이 있듯이 물에 빠진 사람 지푸라기라도 잡는 심정으로 나를 붙잡고 있다는 것을 알기에 상대의 무리한 요구에 스트레스를 받지 말고, 그냥 내가 할 수 있는 만큼 마음을 다하여 상대를 대하면 될 뿐이다.

사례를 통해 본 특별민원 응대의 기본 절차 및 요령

어느 험상궂어 보이는 노인 한 분이 민원실을 방문하여 인감증명서를 떼어 달라고 한다. 자신의 인감증명서라면 신원을 확인하고 떼어주면 되는데 자신의 것이 아닌 가족의 인감증명서를 위임장도 없이 떼어 달라고 한다. 민원 담당자는 아무리 알기 쉽게 설명하고 설득해 보아도 "자신이 가장"이라는 둥, "예전에 다른 곳에서는 발급을 받은 사실이 있다"는 둥 큰 소리로 막무가내다. 더 이상 말도 안 통하고 내가 한 번만 더 안 된다고 하면 민원인은 감정이 폭발하여 어떤 큰 사고라도 칠 것 같은 기세이다.

사실 이러한 상황이라면 민원 담당자의 마음도 혼란스러울 수밖에 없다. 나의 감정 또한 금방이라도 터져버릴 것 같은데 단지 공무원이란 이유만으로 그저 친절과 상냥함이란 가면을 쓰고 언제까지라도 참아내며 웃는 얼굴로 상대를 대해야 하는지? 시급히 처리해야 할 다른 업무가 많이 쌓여 있는데! 내가 잘못한 것은 아무것도 없는데! 더 이상 못 참겠으니 에라 그냥 한바탕 해버려! 온갖 의문과 비관과 불안, 억울함 등의 감정이 앞을 다투며 주마등처럼 떠올랐다가 사라진다.

민원실에서 어렵지 않게 볼 수 있는 상황이지만 워낙 처한 상황이 다양하고 서로 간의 입장 차이가 있다 보니 그때그때 탄력적으로 응대를 하여야 할 뿐 획일적이고 정형화된 대응 방법은 없다고 보는 것이 현실적이다.

짬밥 좀 먹었다는 고참 일지라도 난감할 수 있는데 하물며 민원을 처음 담당한 신규자라면 어떨까? 멘탈붕괴 즉 멘붕이 찾아와 이성을 잃은 채 같이 욕하며 싸우는 자신의 모습을 뒤늦게 발견해 보지만 이미 때는 늦었다. 결국에는 민원 내용이 아닌 자존심 대결 구도로 바뀌어 고소·고발, 감사청구, 신고, 민원 제기 등으로 이어지고 확산되어 끝내 극한 선택이나 퇴사까지 이어지기도 한다.

나의 가족 고객 중에는 TV 프로그램인 '특종세상', '세상에 이런 일이', '그것이 알고 싶다' 등에 출연을 할 정도로 자신의 큰 뜻을 이루기 위하여 노력하고 있는 이들이 있는가 하면, 대통령실, 국회 나아가 UN이나 백악관 앞 시위에 이르기까지 자신의 억울함을 해소키 위하여 온 삶을 투자하는 이들이 적지 않다.

그들을 응대하여야 하는 대부분의 기관 관계자들은 이와 같은 이들을 보통 '악성·고질민원'이라고 이름 짓고는 그저 상대할 수 없는 정신병 환자, 사회에서 격리돼야 할 골칫거리 정도로 내몰아 버린다. 그리고는 그와는 관계되지 않는 것이 상책이라는 판단으로 '언 발에 오줌 놓기' 식의 근시안적 방법인 무시와 냉대 혹은 무조건 다른 기관, 다른 부서, 다른 사람에게 책임을 떠넘기는 방법으로 일단 피하고 본다. 그러나 내가 경험한 바에 따르면 이와 같은 방법은 상책이 아니라 하책 중의 하책이다. 상대방의 감정만을 더욱 증폭시키는 악순환만 되풀이될 뿐이다.

이와 같은 특별민원으로 인한 피해의 심각성이 커지면서 제각각의 모든 기관에서는 이들을 효과적으로 대응하기 위해 '특별민원 응대 요령', '악성 고질민원 응대 요령', '특이민원 응대 요령' 등의 매뉴얼을 작성하여 비치하고 있다. 나름 기관별 사례를 연구하거나 적어도 다른 기관에서 발간하여 배포한 자료를 활용하여 발생할 수 있는 다양한 사례별로 대응 방법을 세세하게 작성해 놓았다. 그런데 어찌된 영문인지 매뉴얼의 확산 보급되는 추세와 동행하여 아니 오히려 매뉴얼 보급 추세보다 특별민원의 발생 수가 더 많아지고 확산하고 있는 것이 현실이다.

처음 특별민원인과 마주하는 신규자 등 일반 공직자들에게 민원 응대의 기본을 알려주는 매뉴얼의 효용이 전혀 없지는 않다. 다만 모든 사람은 제각기 생각하고 추구하는 바가 다를 뿐만 아니라 같은 상황과 자극에 대해서도 반응의 행태가 제각각이다 보니 특별민원인 개개인별 제각기 다른 다양한 유형 다양한 행태에 따라 그 대응 방법을 일일이 매뉴얼에 소개할 수도 없다. 그러다 보니 매뉴얼의 마지막 결국에는 경찰이나 법원의 도움을 받으라는 핑퐁으로 끝을 맺는다.

물론 매뉴얼에 따라 녹취나 촬영, 주의 경고를 이행한 후 경찰의 도움을 받아 사법적 처벌을 할 수도 있지만 경험한 바에 따르면 사법적 절차에 따른 응대는 극히 일부의 경우를 제외하고는 실효성보다 오히려 '빈대 잡으려 초가삼간 다 태우고', '호미로 막을 것을 가래로 막아야 하는' 더더욱 큰 부작용을 불러오는 경우가 적지 않다.

나는 그간 실로 다양한 행태의 특별민원인 수천 명을 응대하면서 단 한 명의 특별민원도 경찰의 도움을 받아 본 적이 없고, 무턱대고 법원에 소송을 제기하라며 돌려보낸 적이 없다. 또한 최소한 그들로 인한 스트레스로 힘들거나 괴로워하지 않았고 사건사고가 단 한 번도 발생한 적이 없다. 하여 감히 특별민원인으로 인한 공직자들의 고충이 사회적 문제로까지 인식될 정도로 부각되는 현재의 상황에서 비록 정답은 아닐지라도 조심스러운 마음으로 앞서 소개한 민원 사례를 한 예로 그 응대 방법을 소개해 보고자 한다.

선입견 배제

특별민원을 응대하는데 가장 근본이 되는 것은 선입견의 배제이다. "악성·고질민원이야", "저 사람은 말이 안 통하는 민원인이야.", "급한 성격의 폭력 전과자래~", "정신질환자야"라는 선입견은 실제 상대와 접하기도 전에 스트레스를 불러와 곧바로 '핑퐁'의 행태로 이어지거나 위축되어 당당하지 못한 채 민원인에게 끌려다니는 소극적 행태를 불러오기 때문이다.

선입견보다는 상대방이 처하고 있는 똑같은 상황이라면 '누구라도 부당하다는 생각에 감정이 올라올 수 있다'는 생각으로 최소한 민원인보다는 좀 더 여유로운 마음으로 가볍게 응대하여야 민원인의 비이성적 행태에 이끌려 나의 감정을 올리는 것을 예방할 수 있다.

특별민원 응대 실무 절차

어떠한 이유에서 이건 앞선 사례와 같이 이해할 수 없는 특별민원인이 자신의 주장만으로 민원실 분위기를 아수라장으로 만들어 놓고 있는 경우라면 제일 먼저, 내가 처한 현실 여건을 돌아보아야 한다.

즉, 특별민원인 이외에 다른 민원인이 없어 다소의 시간적 여유가 있다면 담당자인 내가 직접 특별민원인하고 좀 더 신중하게 깊이 있는 대화를 할 필요가 있다. 그러나 다른 민원인이 기다리고 있다거나 당장 다른 급한 업무 등으로 특별민원인 응대를 위한 별도의 시간을 내기가 곤란한 경우가 있다. 그때는 먼저 뒤에 기다리고 있는 민원인에게 사전 양해를 구하거나 주위 동료에게 부탁하여 기다리고 있는 민원을 대신 처리토록 협조를 요청하는 등의 절차를 신속히 이행하여야 한다. 다른 일반민원인의 또 다른 불편이나 불만을 초래하여 민원인 간의 다툼으로 번질 수 있기 때문이다.

이 밖에도 상황에 따라, 특별민원인에게 향후 방문이나 전화를 하겠다고 양해를 구한 후 일단 집으로 돌아가도록 하는 방법, 그것도 여의치 않으면 기다리는 민원인들에게 양해를 구하고 다소 업무처리가 길어질 수는 있으나 특별민원인이 이성적으로 돌아올 때까지 설득하는 방법 등 다양한 방법을 고려하여 가능한 범위 내에서 가장 효과적인 방법으로 응대하면 될 뿐 당황하거나 스트레스를 받을 것까지는 없다.

상대의 높아진 감정 낮추고 내편 만들기

특별민원과 실제 맞대응 시에는 무엇보다 먼저 상대방의 높아진 감정을 낮추어야 한다. 상대방의 감정이 고조된 상태일 경우 그는 자신이 듣고 싶은 말 이외에 나의 어떠한 설득도 그의 감정만 키울 뿐이고 자칫 잘못하면 생각지 못한 불행한 사건이 발생할 수도 있기 때문이다.

- 작은 관심 표현

특별민원의 높아진 감정을 낮추고 나에 대한 신뢰를 심어주기 위한 다양한 방법이 있지만 가장 쉬운 방법은 그들의 심리적 불만을 이해하고 보듬어야 한다. 특별민원인 모두가 그런 것은 아니지만 그들의 대표적인 심리적 불만은 '모든 사람이 나를 무시한다'는 것이다. 그동안 수많은 사람을 만나 도움을 요청해 보았지만, 돌아오는 것은 '무시'와 '냉대' 그리고 '핑퐁'뿐이라 한다. 그렇다 보니 그들에게 남은 것은 오직 '불신'과 '화' 밖에 없다. 그러니 그들을 응대하는 데 있어 가장 중요한 것은 그들에 대한 관심 표현인 것이다. 먼저 상대가 화를 내는 이유에 대하여 나의 입장이 아닌 상대의 입장에서 이해해야 한다. 상대의 입장이 되어주는 것만으로도 나는 그를 이해할 수 있어 나의 감정이 쉽게 폭증하지 않게 되고 특별민원인에게는 그간의 다른 공직자와 차별화되는 나에 대한 작은 신뢰감과 친밀감을 줄 수 있어 안정적 대화 분위기를 가져올 수도 있다.

위 사례의 경우 자신이 원하는 인감증명서를 발급 받지 못하는 것에 대하여 화가 올라온 상태이기에 발급이 불가한 이유를 더 이상 상대에게 설명할 필요는 없다. 내가 해야할 것은 상대의 높아진 감정을 내려 이성적인 대화 상태로 만드는 것이 시급할 뿐이다. 상대의 처지에서 볼 때 화가 날 수 있다는 것을 인정해야 한다. 여기서의 인정은 나 혼자 마음속으로만 인정하는 것이 아니라 상대에게 내가 상대의 처지를 인정하고 있다는 것을 표현하여야 한다. "어르신! 인감증명서가 급하게 꼭 필요하가 보네요! 화가 많이 나셨어요!" 하며 상대가 화를 내고 있는 상황에 친절하고 가벼운 얼굴로 관심을 표현해야 한다.

- 조용한 대화 공간 활용

민원실 등 대중이 함께하는 공간은 시끄러워 민원인과의 작은 대화는 잘 들을 수 없어 원활한 대화를 위해 본의 아니게 소리를 높일 수밖에 없어 서로 오해의 소지가 있을 수 있다. 그러니 특별민원인은 가급적 자리를 옮겨 상대방의 작은 소리도 잘 들을 수 있는 별도의 조용한 공간으로 이동하여 상담하는 것이 좋다. 더욱이 CCTV가 설치되어 있거나 대화 내용을 녹음할 수 있는 공간이면 디 좋다. 민원인이나 상남사 보누가 자신의 언행이 모두 녹화와 녹음이 되고 있다는 것을 알 수 있어 상대의 감정적 표현에 휩쓸리지 않고 안정적으로 대화를 유도할 수도 있고, 나중에 쌍방 간 진실 여부와 관련하여 발생할 수 있는 갈등 상황을 미리 예방할 수도 있다.

- 간단한 음료 제공

조용한 공간으로 자리를 옮겨 대화를 시작하기 전에 상대방에게 간단한 커피나 음료 등을 친절하게 제공하면 자신이 무시당하지 않고 관심을 받고 있다는 인상을 줄 수 있어 대화 분위기를 부드럽고 따뜻하게 조성할 수도 있다. 그렇다고 싫다고 하는데 억지로 주라는 것은 아니다. 싫다고 한다면 커피나 음료 대신 물을 한 잔 주면서 필요할 때 드시라는 말을 권하며 마시든 말든 상담 테이블에 올려놓으면 된다. 이러한 행동은 단순 마실 것을 주는 것을 넘어 당신을 존중하고 당신의 의견을 관심 있게 듣겠다는 시각적 메시지인 것이다.

- 경청

나름 고조되었던 민원인이 무시와 냉대가 아닌 존중받고 있다는 생각이 들어 감정이 안정되고 대화가 가능하게 되면 처음에는 무조건 민원인의 말을 들어주어야 한다. 나의 주장을 설득력 있게 잘 말하려고 하지 말고 설령 상대의 말이 보통의 사람으로서는 도저히 이해할 수 없는 말도 안 되는 억지라고 할지라도 그의 말에 귀 기울여 들어주어야 한다. 즉 경청하여야 한다는 것이다. 누군가 나의 말을 잘 들어주면 나도 모르게 신이 나서 말을 많이 하게 되고 잘 들어 주는 사람에게 호의를 갖는 것과 마찬가지로 내가 특별민원인과의 관계에서도 그의 말을 잘 들어 주는 것만으로도 그의 높아져 있는 감정을 내리는 것은 물론 나에 대한 좋은 이미지를 심어주는 큰 효과를 얻을 수 있다.

- 공감, 맞장구

경청의 자세만으로도 상대의 높아진 감정을 내리고 나에 대한 회의적 이미지를 만들 수 있는데, 여기에 더하여 상대를 완전히 무장해제하고 나에 대한 확고한 믿음을 심어줄 수 있음은 물론, 특별민원인이나 나에게 서로의 대화가 스트레스가 아닌 즐거움으로까지 승화 시킬 방법이 있는데 그것은 바로

'공감과 맞장구'이다. 말 같지도 않은 억지 주장의 말에 어떻게 공감하고 맞장구를 쳐 줄 수 있는지 의아해할 수 있지만 그럴 수 있다, 그것도 나의 거짓된 마음에서 나오는 가식적 표정이 아니라 진정한 마음에서 우러나오는 공감 표현으로서의 맞장구를 칠 수 있다. 방법은 간단하다. 내가 나의 위치와 나의 입장만으로 상대의 주장을 대하게 되면 공감과 맞장구는 요원하다. 오직 내가 상대의 처지와 상대의 수준, 상대의 입장에 설 때 비로소 공감, 맞장구를 할 수 있다. 상대가 노인일 경우 귀가 안 들려 작은 소리를 들을 수 없다 보니 자신도 모르게 화가 나서 다투는 것처럼 큰 소리로 말할 수도 있고, 같은 소리를 여러 번 반복해야 할 수도 있으며, 무식하므로 아주 쉽게 설명해야 할 때도 있고, 때에 따라 상대가 편집 등 정신적 질환을 가지고 있으면 상대가 비이성적으로 무작정 감정을 실어 자기주장만 할 수도 있다.

앞의 사례와 같은 상황이라면 타인의 인감증명 발급 시 위임 규정만 이야기할 것이 아니라 그의 처지와 입장과 현실적 여건 등을 그의 입장에서 먼저 이해한 상태에서 그의 감정이 올라올 수밖에 없는 현실적 상황을 안타까운 마음으로 인정하고 받아들여 성문 규정만이 아닌 인근 동사무소라든지 다른 민원실에서 발생하였던 피해 사례 등을 차분히 설명한 다음에 어쩔 수 없이 위임장이나 동행이 있어야 한다는 것을 상황에 맞게 나양한 방법으로 눈높이 대화를 하여야 한다.

- 상대의 처지를 배려하는 마음

그러함에도 너무 나이가 많고 고집불통이라 계속 막무가내로 일관할 경우라면 계속하여 감정만 높이는 주장과 설득만 해서는 안 된다. 상대를 배려하는 마음으로 "다리가 불편하여 다시 집으로 가서 위임장을 받아 오시기가 곤란한듯하니 제가 전화하여 위임자가 여기 오도록 하거나 아니면 담당자인 제가 직접 가서 위임장을 받아 오겠으니, 위임자의 전화번호나 주소를 가르쳐 달라"고 정중히 요청하는 등의 방식으로 내가 할 수 있는 최선의 노력을 기울여 상대방이 나의 배려를 자연스럽게 느낄 수 있도록 해야 한다.

앞선 사례 같은 경우 실제 인감증명 발급을 위임한 사실이 없는 경우가 대부분이기에 이와 같은 정중한 표현과 공감 경청의 민원 응대, 다양한 방법의 대안 제시 등 민원인을 위한 최선의 노력을 보이게 되면 특별민원인이 위임자의 전화번호나 주소를 가르쳐 주지 않고 인감증명 발급 요청을 스스로 포기하는 경우가 대부분이다. 그러나 만일 전화번호나 주소를 가르쳐 줄 경우에는 위임자에게 전화로 설명하여 정중히 방문을 요청하거나 도저히 위임자가 방문하기 곤란한 상황이라면 민원인에게 "연세가 많으시어 다리가 불편하신듯하니 이번 한 번만 제가 대신 방문하여 위임장을 받아올 테니 다음부터는 동일한 사례가 다시 발생하지 않도록 주의를 해 달라"는 배려 표시와 함께 정중히 당부한 후 친절하게 절차를 이행할 수 있어야 한다. 그렇게 내가 할 수 있는 모든 것을, 최선을 다하여 이행하게 되면 이후 동일한 민원 사례 발생을 예방할 수도 있고, 민원인의 비이성적 행태를 개선하거나 낮출 수도 있다. 만일 그러함에도 계속하여 억지를 부린다면 그때는 담당자로서 내가 할 수 있는 최선의 노력을 기울였기에 당당하게 예전의 인감증명 부당 발급으로 인한 피해 사례 등을 언급하며 얼마든지 아무런 감정 없이 민원인에게 호통을 쳐서 일깨울 수도 있게 된다.

- 어쩔 수 없으면 인정하며 살자

이 세상 모든 사람의 의식 수준이나 습성 등이 다른 만큼 자신의 의사를 표현하는 방법이나 행태가 모두 다르다. 그러니 비이성적 행태를 보이거나 내 생각과 다르다고 남과 다툴 필요가 없다. 그저 내가 할 수 있는 것은 그 사람의 입장에서 대안을 제시하여 함께 노력을 기울여 보고 그것이 안 통하면 또 다른 대안을 생각하여 노력을 기울여 보면 될 뿐인 것이다. 설령 이렇게 부단히 노력해도 바뀌는 것이 없다고 할지라도 나는 내가 할 수 있는 모든 것을 하였으면 그뿐이지 내가 그 사람이 변하지 않는다고 불평한다거나 그 사람을 싫어할 필요까지는 없다. 그 사람은 나에게 있어 그저 사계절 변화를 지속하며 언제까지라도 그 자리에 서 있는 한 그루 나무나 날씨와 같은 존재일 뿐이다. 내가 어쩔 수 없는 내 삶의 한 배경이요 환경일 뿐 그 이상도 그 이하도 아니기에 그냥 지금 내 앞에 펼쳐져 있는 그대로의 내 삶의 환경에 스트레스를 받지 말고 맞춰 살면 된다. 개선이 필요하다면 그냥 할 수 있는 만큼 노력을 기울이고 그래도 안 되면 어쩔 수 없으니 있는 그대로의 내 삶의 환경에 가벼운 마음으로 맞추어 가면서 즐겁게 살아가면 된다.

생각해 보기

- 특별민원인들과 감정 대립으로 나에게 이득 되는 것이 무엇인가?
- 어쩔 수 없는 상황에서 내가 대응할 수 있는 방법은 무엇인가?
- 나는 무엇을 하는 어떤 사람인가?
- 미안한 마음은 어떤 때에 생겨나는가?
- 내가 진정 기쁘고 감사할 때는 언제인가?

제**6**장

특별민원 해결하기 실전

특별민원인 내편 만들기

특별민원인을 바라보는 나의 시각이나 마음가짐이 어느 정도 새로워졌다고 한다면 무엇보다 먼저 특별민원인과 친밀관계를 형성하여야 한다. 아무리 공직자로서의 마음가짐이 확고하더라도 특별민원인의 비이성적인 행태가 지속될 경우 공직자도 감정을 가지고 있는 사람인지라 어느 순간쯤에선가 나도 모르게 감정이 폭발할 위험성이 있기 때문이다. 나의 감정이 폭발하게 되면 그동안의 노력이 모두 물거품으로 변하게 되고 나아가 상호 간의 더 큰 불신을 초래함은 물론 불의의 사고로까지 이어질 수가 있다. 친밀관계가 필요한 이유이다. 친밀관계가 형성되어 있다는 것은 곧 서로가 상대를 이해하고 배려하는 마음이 자리하고 있다는 것으로 그만큼 급한 감정이 올라올 경우 완충작용의 효과를 얻을 수 있고, 서로 간의 마음의 벽을 없애거나 낮출 수 있어 그만큼 의사소통이 원활해지고 믿을 수 있는 신뢰 관계를 형성할 수 있다.

특별민원인과 친밀관계, 신뢰 관계가 형성되었다는 것은 민원인을 내 편으로 만들었다는 것이고 이는 곧 민원의 해결을 의미한다고 해도 과언이 아니다. 특별민원인이 제기하는 민원 내용이 어떠한 것이라 할지라도, 과거 그가 나타내 보였던 비이성적 행태가 어떠하였다 할지라도 서로 친밀하고 믿을 수 있는 내 편인데 어떤 문제가 있을 수 있겠는가. 더 이상 욕하며 싸울 일도, 떼쓰고 감사를 요청하거나 소송을 제기할 일도 마음 상해 스트레스를 받을 일도 없다.

내가 수천 명에 달하는, 이른바 악성·고질민원이라 불리는 특별민원을 100% 해결하는 비결이다.

앞서도 일정 부분 언급한 내용이지만, 이루 열거조차 할 수 없을 정도로 다양하고 제각각인 특별민원의 행태와 요구사항에 일일이 대응 요령을 배우려 한다면 아마도 특별민원을 해결하기 이전에 내가 먼저 뒤로 넘어갈 우려가 더 크다. 그러니 힘들게 상대를 어떻게 하면 바꿀 수 있을까 고민하여 힘들어하지 말고, 내가 어떻게 바뀌고 행하여야 특별민원인들과 친해지고 서로 믿을 수 있는 관계로 만들 수 있을지를 고민해야 한다. 상대가 아니라 내가 바뀌어야만 한다.

그럼 어떻게 하면 나와 다른 비이성적 특별민원인들과 친밀관계를 만들고 그로 인하여 신뢰 관계까지 형성할 수 있느냐 궁금할 수 있는데 사실 특별민원인들과 친밀관계, 신뢰 관계를 만드는 것은 어렵지 않다.

공직자는 일반인들에 비하여 그래도 조금은 '나 자신도 물론 중요하지만, 국가나 사회의 발전과 안전도 중요하다고 생각하고 이에 기여하기 위하여 낮은 급여와 열악한 근무 환경을 잘 알면서도 공직에 들어왔다.' 그러하기에 공직자는 막강한 권한을 가진 힘이 센 사람이라고 하기보다는 큰 사람이라고 앞서 언급한 바 있다. 친밀관계와 신뢰 관계는 이와 같은 공직자의 기본인 큰마음을 바탕으로 하여 내가 주의하여 갖추어야 하거나 또는 버려야만 하는 몇 가지만 이행한다면 얼마든지 형성할 수 있다. 어떠한 비이성적 행태를 보이는 특별민원이든, 더 나아가 가족·친지·이웃·직장·친복 모임의 남자든 여자든 노인이든, 어린이든, 부자든, 가난하든, 상급자든, 하급자든, 동료이건 고객이건, 똑똑하건 정신질환자건 가릴 것 없이 그 모두를 능히 내 편으로 만들 수도 있다.

특별민원은 나를 시험하는 존재가 아니라, 내가 얼마나 '큰 사람'이 될 수 있는지를 보여주는 거울이다. 그들과의 관계는 어렵지만, 내가 먼저 다가가는 순간, 그들도 내 편이 될 수 있다.

다음부터는 공직자인 내가 특별민원 등 세상 누구라 할지라도 서로 믿을 수 있고 친해질 수 있는 몇 가지 중요한 자세에 대해서 간단히 소개해 보고자 한다.

생각해 보기

- 나의 피해와 괴로움 없이, 나의 기대와 전혀 다른 생각과 행태를 보이는 타인과 친밀관계를 맺을 수 있을까?
- 있다고 생각된다면 어떠한 방법이 있을까?

가끔은 존댓말도 쓰기

타인과의 관계에서 빼놓을 수 없는 중요한 것이 있다면 제일 먼저 기본 예의를 꼽을 수 있다. 내 생각과 전혀 다른 사람을 만나 평온하게 대화하고 좋은 관계를 유지하는 것은 그리 쉬운 일이 아니다. 특별민원인들은 내가 하는 말 모두가 잘못이라며 무시하고 오로지 자신의 주장만이 옳다며 따르라고 한다. 그의 주장에 대하여 나뿐만이 아니라 다른 모든 사람이 그의 말에 동조하지 않고 이구동성 나의 말이 옳다고 하는데도 말이다. 설령 상대가 그렇게 행동한다고 하더라도, 아니 상대가 억지 주장뿐만이 아니라 나에게 고성을 치거나, 기물을 파손하는 등 난동을 부리거나, 욕설을 퍼붓는다고 하더라도 특별민원을 응대하여야 하는 공직자로서의 나는 특별민원인들도 분명 고객이기에 깍듯한 예의는 아니더라도 기본 예의에 벗어나서 상대와 같이 나의 감정을 표출하여서는 안 된다.

그렇다면 기본 예의란 무엇일까? 내가 말하는 기본 예의는 "어떠한 경우일지라도, 상대의 비이성적 행태에 내가 아무리 감정이 치밀어 오른다고 할지라도 절대 상대에게 욕은 하지 않는다. 반말까지만 한다"는 것이다. 나는 특별민원인들이 내게 어떠한 비이성적인 말과 행태를 보이건, 그에게 주눅 들어 속으로 치밀어 오르는 감정을 억누르며 억지로 깍듯한 예의를 보이다거나 냉철함을 유지하려 노력하지는 않는다. 그냥 반말로 가볍게 응대할 뿐이다.

어떻게 고객이나 민원인 그것도 특별민원인에게 반말을 할 수 있느냐고 의심이 들 수 있지만 반드시 그래야 한다. 내가 최소한 10년 이상 그리고 3,000명 이상 특별민원인을 응대하며 연구한 결과 알 수 있었던 것은, 특별민원인들은 생김새는 보통의 사람들과 같아 보이지만 사실 우리 인류의 보통 사람들과 생물학적으로 종을 달리하고 있는 사람들이라는 것이었다.

인류의 종이 다르기에 이들을 응대할 때는 그 응대 방법을 일반인들과는 달리하여야만 한다. 일반적이고 보통 사람들이라면 친절하고 깍듯한 예의를 표현하는 것이 당연하고 좋지만, 특별민원인들에게는 꼬박꼬박 존댓말을 사용하며 깍듯한 예의만을 고집하면 절대 안 되고, 주로 반말을 사용하다 상대가 나의 반말에 기분이 상할 것 같다고 느껴질 때쯤 한 번씩 말끝에 "~요"자나 "~까"자 정도만 붙여줄 정도의 기본 예의만을 보여야 한다.

그 이유는, 내가 만일 깍듯하거나 설령 깍듯하지는 않더라도 상대방이 생각하기에 내가 예의를 잃지 않았다고 생각할 정도가 되기 위해서는 그의 행태가 어떠하든 억지로 나의 끓어오르는 감정을 억누르거나 숨기는 방법으로 상대의 비위를 맞추어야 하는데, 내가 원치 않는 그런 가식적인 얼굴로 상대의 욕설을 참아 내야만 한다면 참는 만큼 나에게 쌓여가는 것은 스트레스뿐이다. 이와 같은 스트레스는 특별민원을 응대하는 공직자나 서비스업 종사자 등은 물론 모든 사람 누구라도 그러하리라 생각한다. 이렇게 억지로 쌓여가는 스트레스를 참고 참다 보면 반드시 어디쯤에선가 한계점에 도달하여 나도 모르게 결국 폭발을 하게 되는데, 그 폭발이 상대에게 욕설로 맞대응하는 방법으로 폭발했다면 그 뒷수습에 오랫동안 골머리를 앓아야만 할 것이고, 만일 나를 향해 폭발하게 되면 퇴직이나 자해, 돌이킬 수 없는 극단적인 선택으로까지도 이어질 수 있다. 결국은 나만 손해인 것이다. 그러니 나의 감정이 폭발하여 되돌릴 수 없는 더 큰 문제를 불러오기 전에 반드시 깍듯한 예의가 아닌 기본 예의만을 보여야만 하는 것이다.

실제 내가 경험한 사례 중에, 모 구청 민원실에서 지속되는 특별민원인의 비이성적 욕설을 참고 참아가며 예의 바르게 응대하던 공직자가 있었다. 그런데 그도 사람이다 보니 참는 데도 한계가 있었는지, 어느 시점에선가, 상대방에게 대놓고 말을 한 것도 아니고 그저 자기도 모르는 사이 입에서 새어 나오는듯한 정도의 작은 혼잣말로 "○~발"이란 말이 튀어나와 난리를 피운 사례가 있다. "○~발"이란 소리를 들은 민원인은 감정이 더욱 폭발하여 큰소리로 "너 지금 뭐라고 했어! 뭐 '○~발' 지금 공직자가 국민한테 욕한 거야! 야 이 자식 공직자로서 자세가 안 되었네, 너 잠깐 기다려"하고는 감사실에 전화해서는 '국민에게 욕하는 공직자가 있으니 당장 민원실로 내려와 조사하여 징계하라'고 호통을 친다.

감사실 직원이 내려오게 되면 민원인의 모든 관심과 감정은 감사실 직원에게 돌아간다. 공직자로서 자세, 품위 등을 운운하며 대체 직원 관리를 어떻게 했느냐부터 국민에게 욕설을 퍼붓는 공직자는 잘라내야 한다며 강한 처벌을 강요한다. 그때부터는 매일 감사실에 대고 빨리 그놈 징계하라고 난리를 피우다 보니. 감사실에서는 어쩔 수 없이 해당 공직자를 조사하게 되는데, 어느 감사기관이나 감사부서를 불문하고 가장 중요하게 생각하는 것은 민원인 주장에 대한 사실관계이다 보니 현실적 상황보다 민원인에게 욕을 했느냐 안 했느냐 만을 따지게 된다. 이에 해당 공직자는 "민원인의 욕설과 고성 등 비이성적 행동이 지속되어 자신도 모르는 사이에 상대방을 향해서가 아니라 자신이 처하고 있는 한심한 현실과 추락한 자존감에서 새어 나온 나만의 작은 한탄의 소리였을 뿐 민원인에게 욕을 한 것이 아니다"라고 주장해 보지만, 결국 민원인의 징계 요구에 시달리고 있는 감사실의 결론은 '아무리 자기 자신을 향한 작은 혼자 말이라고 해도 일단 상대가 그 소리를 들었고 그로 인하여 민원인의 감정이 훼손되었다면 이는 공직자의 잘못'이라는 이유를 들어 해당 공직자에게 정식 징계에는 포함되지 않는 가장 약한 처분을 하고 끝낼 테니 앞으로는 조심해 달라며 결국 주의나 경고 처분을 하게 되었다.

이후 감사실에서는 민원인의 징계 요구에 대하여 해당 사건을 민원인이 원하는 대로 처분하였음을 알리고 종결하였는데, 얼마 지나지 않아 해당 특별민원인이 다른 일로 구청에 방문하였다가 징계하였다는 공직자가 구청에 있는 모습을 우연히 보고는, '분명 잘랐다고 하였는데 거짓말을 하였구나!' 라고 생각하고는 감사실로 전화하여 해당 공직자를 자르지 않고 잘랐다고 거짓말을 하였다며 난리를 피운다.

감사실에서는 징계 양정 규정 등을 설명하며 민원인을 설득해 보지만 국민에게 욕하는 공직자가 어디에 있냐며 당장 잘라야 한다고 난리다. 애초의 민원은 온데간데없고 해당 공직자를 잘라내야 한다는 요구와 함께 감사실 담당자와 책임자가 자기 식구 감싸기로 거짓말하고 솜방망이 처분을 하여 국민의 감정만 더욱 키운다며 비서실, 상급 기관, 감사원 등 여기저기로 무한히 확산하고 지속될 뿐이었다.

대부분의 특별민원이 진행되는 과정이다. 이와 같이 욕 같지도 않은 욕을 하였더라도 그로 인하여 담당 공무원은, 1차로 민원인에게 실컷 욕을 얻어먹어 마음 상한 것에 더하여, 정식 징계는 아니더라도 주의나 경고 처분을 받아 2차 피해를 보았으며, 주위, 경고로 인한 자신의 대외적 이미지 실추는 물론, 일정 기간은 탁월한 업무 성과를 올려 인센티브를 받아야 할 상황에서도 주의 경고로 인하여 인센티브를 받을 수 없는 등등의 3차, 4차 피해로 이어져 공직에 대한 회의를 불러오는 등 공직자 개인에게 초래되는 부작용이 크고 나아가 감사실, 비서실 등 관련 부서의 행정력 낭비 초래, 그리고 무엇보다 특별민원인의 삶에 또 다른 꼬투리를 제공하는 여지를 남겨 특별민원인의 삶을 더욱 황폐화하는 등의 부작용을 초래하게 된다.

상황이 이러하기에 절대 일반 민원인들과 인류의 종을 달리하는 특별민원인에게 욕을 한다거나 그렇다고 깍듯한 예의를 갖추어서는 절대 안 되고 반드시 기본 예의만을 지켜야 한다는 것을 잊어서는 안 된다. 그래야만 이와 같이 어마어마하게 커지는 부작용을 예방할 수도 있고 민원 담당자 개인적으로는 민원인의 나이나 성별, 지위고하를 불문하고 상대에게 그냥 반말로 가볍게 응대하면 되기에 스트레스 쌓이지 않고 오히려 즐겁게 민원을 응대할 수도 있게 된다. 다만, 그렇다고 하여 특별민원인에게는 처음부터 무턱대고 반말하라는 것은 아니다. 이후에 별도로 소개하겠지만 사전에 이행하여야 할 절차를 반드시 이행하고 반말을 하여야 한다는 것을 꼭 주지하길 바란다.

"반말은 무례가 아니라, 때로는 가장 솔직한 관계의 시작일 수 있다. 특별민원과의 관계에서 중요한 것은 말의 높낮이가 아니라, 마음의 온도다."

 생각해 보기

 – 공무원인 내가 고객인 국민에게 어떻게 하면 반말을 할 수 있을까?
 – 님이 나에게 반말을 해노 기분 나쁘지 않은 사람이 있나?
 – 있다면 어떤 사람인가?

경청(傾聽), 공감(共感), 맞장구

이미 앞서 공감·경청의 효과와 중요성에 대해서는 간략히 언급한 바 있다. 특별민원인뿐만이 아니라 내가 상대하는 누구일지라도 공감·경청은 아무리 그 중요성을 강조해도 부족하다. 상대의 말에 귀를 기울여 잘 들어주고 그 사람이 생각하여 느끼는 그 감정을 이해하여 함께해주는 것뿐이다. 공감, 경청은 돈이 드는 것도 아니고 타인의 지식이나 힘을 빌리지 않고 나 혼자 얼마든지 어렵지 않게 행할 수도 있다. 그러함에도 공감, 경청으로 인한 효과는 어느 것과 비교할 수 없을 정도로 엄청나다. 상대에게 나에 대한 좋은 감정을 심어줄 수 있고, 혹시라도 좋지 않은 감정이 있다면 이를 개선할 수도 있고, 설령 당장 상대의 감정이 크게 올라 욕설과 고성 등 비이성적 행태를 보인다고 할지라도 능히 안정을 시킬 수도 있기 때문이다. 그러기에 좋은 대인관계를 만드는 가장 효과적이고 중요한 것을 꼽으라면 나는 공감, 경청을 꼽는데 주저함이 없다. 특별민원인 또한 예외일 수 없다.

- 경청(傾聽)이란

특별민원인을 응대할 때 무엇보다 먼저 상대방의 높아져 있는 감정을 안정시켜야 한다. 상대방의 감정이 고조된 상태일 경우 비이성적이다 보니 어떠한 사건·사고로 이어질지 알 수도 없고, 그때 상대는 자신이 듣고 싶어 하는 말 이외에 나의 어떠한 말도 들으려 하지 않아 내가 설득하려고 하면 할수록 그의 감정만 키울 뿐이기에 그렇다. 그러니 나의 주장을 이해시키려 하지 말고, 먼저 도저히 이해할 수도 없고, 말도 안 되는 상대의 말에 그냥 귀 기울여 들어주어야 한다. 즉 경청하여야 한다는 것이다. 여기서 경청(傾聽)이란 '기울일 경, 들을 청' 귀를 기울여서 잘 듣는다는 것이다. "넌 떠들어라! 난 들어 줄게"라는 형식적인 어떤 '소리의 들림'이 되어서는 안 된다. 반드시 상대와 같거나 유사한 눈높이로 그의 이야기를 잘 듣겠다는 '적극적 의지 표현으로서의 들음'이 되어야 한다. 적극적 의지 표현으로서의 들음이 되기 위해서는 민원을 응대할 때, 다른 일을 하면서 상대에게는 '다 듣고 있으니 말씀하세요'라는 식의 응대가 되어서는 안 된다. 너무 바빠서 도저히 상대와 대화를 할 수 없는 상황이라면 상대를 바라보며 어쩔 수 없는 현재 내가 처한 상황을 정중히 이야기하며 양해를 구하고 다른 방안을 제시하여야 한다.

충분한 시간 할애

다행히 민원인의 말을 들어 줄 수 있는 형편이라면, 먼저 충분한 시간을 할애하겠다는 자세와 각오가 되어있어야 한다. 상대가 비이성적일수록 대화가 길어지게 되는데 그만큼 당면 업무가 지연되다 보니 상담하는 내내 불안과 스트레스로 상대의 말을 제대로 들을 수 없기 때문이다.

보통은 처음 특별민원인들을 대하는 순간부터 특별민원인에 대한 선입견으로 이늘에게 시간을 내줘봐야 얻을 수 있는 것은 스트레스밖에 없다고 판단하게 된다. 그래서 특별민원인을 대충 무시하고 돌려보내거나 다른 공직자나 다른 부서, 다른 기관으로 떠넘기는 경우가 있다. 이와 같은 민원 응대는 아주 근시안적이고 화를 불러오는 최하의 방법이다. 특별민원인을 무시하거나 대충 떠넘겨 버리게 되면, 당장은 민원을 벗어날 수 있다. 그러나 그리하면 대부분 이후 다시 찾아오고 또다시 찾아오게 할 뿐만 아니라 다시 찾아올 때마다 더욱 자극하는 꼴이 되어 감정만 증폭시키게 된다. 그러니 특별민원이 찾아왔을 때 "에이 씨~ 바빠 죽겠는데~" 하며 돌려보낼 생각을 하지 말고, "또 찾아오셨네~ 어차피 대충해서 보내면 또 찾아오시고 또 찾아오실 텐데 그래! 오늘은 한 번 당면 업무가 많지만, 상대의 입장에서 끝까지 한 번 들어보자!"라는 여유 있는 마음으로 응대하여야 한다. 아무리 일이 많아도 맨 처음 특별민원을 만날 때 최소한 1번 이상은 설령 특별민원인의 주장이 엉뚱하여 말도 안 되고 이해할 수조차 없다고 할지라도 아주 충분한 시간을 할애하여 조금이라도 민원을 해결할 방안이 없을까? 생각하며 들어주어야 한다.

내 생각이 없는 세상

여유 있는 마음으로 충분한 시간을 가져 보기로 했다면, 상대의 높아진 감정에 휘둘리지 않고 평정심을 유지하여야 한다. 그러려면 반드시 이행하여야 할 중요한 전제조건이 있다. 그것은 힘들겠지만 '내 생각을 내려놓아야 한다'는 것이다. 어차피 듣기로 마음먹었다면 그냥 내 생각, 내 입장을 완전히 내려놓고 오로지 내가 아닌 상대의 입장과 상대의 눈높이에 맞추어, 겉으로 드러난 상대의 비이성적 행태가 아닌 그의 마음속 깊이 자리하고 있는 한이, 억울함이 무엇인지 알아보겠다는 자세로 경청하여야 한다.

상대가 노인이기 때문에 작은 소리를 들을 수가 없어 답답한 마음으로 큰소리치며 대화해야 할 수도 있고 같은 소리를 여러 번 반복해야 할 수도 있다. 어떤 이는 배운 것 없어 무식하기 때문에 아주 쉬운 용어로 이해하기 쉽게 설명해야 하고, 또 어떤 이는 실로 다양한 유형의 정신질환 중 어느 하나를 가지고 있어 이성적 대화가 불가할 수도 있다. 이렇듯 내가 미처 생각하지 못한 이유로 인해 그는 비이성적으로 무작정 감정을 실어 자기주장만 할 수도 있다. 나와 다른 상대를 바로 보지 못하고 나와 다른 부분을 인정하지 않은 채 오직 내 생각과 내 판단기준을 고집할 경우 경청은 요원할 뿐이다.

한 예를 들어보면, "어떤 개 한 마리가 사무실로 들어와서는 내가 전혀 이해하고 알아들을 수 없는 큰 소리로 장시간 짖어대고 있다. 시끄럽고, 신경이 쓰이는 바람에 도저히 업무를 할 수 없을 정도로 짜증이 올라오고 화가 나 참을 수 없을 지경이다" 만일 이러한 상황이라면 나는 어떤 선택을 할 수 있겠는가? 일반적으로 내가 할 수 있는 방법은 첫 번째, 개가 다 짖고 갈 때까지 스트레스를 참아가며 기다려 주는 방법이 있을 것이고, 두 번째는 내가 시끄럽고 짜증스러운 자리를 피해 버리는 방법, 세 번째는 전문가의 도움을 받아 포획하여 억지로 끌어내는 방법도 있다. 그런데 막상 스트레스를 참아가며 기다리려니 도저히 짖어대는 소리에 신경이 쓰여 도저히 일이 손에 잡히지 않고, 자리를 피해 버리려고 하니 급하고 당면한 업무가 발목을 잡고, 전문가의 도움을 받아 해결하려고 하니 복잡한 절차나 별도의 비용이 들어 비효율적이다 보니 그럴 수도 없다. 이렇듯 현실적으로 여의치 않다는 것을 알게 되자 스트레스만 더욱 커질 뿐이다. 결국 도저히 방안이 없다는 판단에 감정이 폭발하여 자리에서 벌떡 일어나 짖어대고 있는 개를 내가 직접 혼내주려니, 아! 개가 너무 크고 사나워 보여 자칫 잘못하면 오히려 큰 화를 입을 것 같다. 멘붕이 찾아온다.

이외 같이 이럴 수도, 저럴 수도 없는 상황에서 내가 행할 수 있는 좋은 방법이 '경청'이다. 개 짖는 소리에만 집착하여 스트레스를 받으며 피하려고만 하지 말고, "도대체 저 개가 왜 저리 짖어 댈까? 배가 고파서 짖는 걸까? 아니면 어디가 아파서 짖는 걸까? 반드시 내가 한 번 맞춰 봐야지!"라는 마음으로 잘 들어 주는 것이 바로 '경청'인 것이다. 이러한 경청의 마음가짐은 비록 개가 사납게 짖어대는 동일한 상황이라 할지라도 스트레스 없이 곧바로 짖고 있는 개의 표정이나 특이한 행태 그리고 그 소리에 귀 기울여 줄 수 있는 여유를 내게 가져다 줄 뿐만 아니라 변화된 나의 목적에 집중할 수 있도록 하여, 개 짖는 소리가 스트레스가 아닌 연구하는 재미로까지 감정을 힘들이지 않고 곧바로 승화시킬 수도 있다.

이와 같이 "경청은 상대의 소리를 듣는 것이 아니라, 그 마음을 이해하려는 노력이다. 그 순간, 짖는 소리도 하나의 언어가 된다."

9대 1의 법칙

아울러, 경청하겠다고 마음먹었다면 일단은 상대방의 말에 사사건건 그때그때 토를 달지 말고, 들어줘야 한다. 보통 상대방과 대화할 때 7대 3 법칙이 있다. 민원인 등 상대가 7만큼 말하게 하고 나는 3만큼만 말해야 한다는 것이다. 그런데 특별민원을 응대하며 스트레스를 받는 공직자들에게서 볼 수 있는 공통점은 이것이 거꾸로다. 상대의 주장은 잘못이라는 전제를 깔아놓고 상대의 잘못된 주장을 바로 고쳐줘야 한다는 생각으로 7만큼 들어줘야 할 공직자가 오히려 7만큼 말을 많이 한다. 나의 오랜 경험상 알 수 있었던 것은 특별민원인의 90% 이상은 내가 아무리 명백한 근거나 사실관계를 제시하며 이해시키려 노력해 봐도 그의 감정만 키우는 결과를 초래한다는 것이었다. 그러니 상대를 이해시키려 나의 말을 많이 하지 말고 최소화하여야 한다.

7대 3의 법칙은 일반 민원인일 경우이고 특별민원인과의 대화에서는 9대 1 이상으로, 마치 판소리에서 명창이 대부분 창을 하면 고수가 가끔씩 "얼~쑤~" "좋~오타~"하고 추임새를 넣는 것과 같이 상대가 오랫동안 신바람 나서 말을 계속할 수 있도록 가끔 공감과 맞장구만 쳐주면 된다. 이때, 특별민원인에게 충분한 시간을 주겠다고 마음먹었다면 앞에서 언급한 것과 같이, 될 수 있는 대로 서로 마주 앉아 서로의 마음을 터놓고 편하게 대화할 수 있는 조용한 공간으로 자리를 옮겨 대화하는 것이 좋고, 대화 전에 간단한 커피나 물이라도 제공하여 상대에게 작은 존중을 표현한다면 상대의 높아져 있는 감정을 낮출 수도 있기에 꼭 물이라도 한잔 주고 대화를 하는 것이 좋다. 참고로, 만일 이때 민원을 응대하는 공직자가 초보자라면 만일의 경우에 대비하여 가급적 물잔은 국가에서 권장하는 딱딱하고 깨질수 있는 재사용 컵보다는 일회용 종이컵을 사용하는 것이 좋겠다.^^

메모의 효과

그리고 또 하나, 특별민원인 등 누군가와 대화할 때는 반드시 수첩과 펜을 가지고 상대가 이야기할 때 가끔 메모를 할 것을 권장한다. 영어 단어나 전화번호를 쓰면서 외워도 좋다. 내가 무엇인가를 쓰게 되면 맞은편에 앉아 있는 상대방은 내가 무엇을 쓰고 있는지 보이지 않아 알 수는 없지만 "아, 내가 하는 말을 잘 듣고 메모까지 하고 있구나!"라는 느낌을 상대에게 줄 수 있기 때문이다. 그러한 상대의 느낌은 그간 자신을 무관심과 떠넘기기로 일관했던 다른 공직자들과 차별화할 수 있는 시각적 효과까지도 얻을 수 있어 그만큼 나에 대한 호감과 신뢰를 이끌 수 있다.

그렇다고 하여 실제 특별민원인과 상담 시 영어단어를 외운다거나 전화번호를 외우며 성의 없이 대하라는 것은 전혀 아니다. 사실 특별민원인과의 대화에서 민원 내용을 메모할 것은 거의 없다고 보아도 무리가 아니다. 대부분 민원인의 주장은 엉뚱하고 이치에 맞지 않을 뿐만 아니라, 민원 처리부서에서 특별민원으로 지정하여 인계할 때 함께 받은 자료를 통하여 민원 내용은 대부분 알고 있기 때문이다. 그렇다면 무엇을 메모해야 하는가? 내가 메모하여야 하는 것은 특별민원인이 반복적으로 주장하는 민원 내용이 아니다. 민원 내용 이외에 상대방이 자신도 모르게 지나가는 말로 내뱉은 민원인의 지극히 개인적인 작은 정보를 말한다. 그 정보가 아주 작고 사소할수록 좋다. 그 정보는 민원인이 스스로 말을 하는 경우도 있고, 대화를 이어가면서 내가 자연스럽게 물어 알 수도 있다. 가족 중에 누군가 아프다거나, 술을 먹고 자전거를 타고 가다 넘어져 다쳤다거나, 이러이러하게 생긴 사람이 자신을 미행하였다거나, 화났던 일, 즐거웠던 일, 슬펐던 일, 결혼기념일, 사랑했던 사람의 제사일, 기분이 좋았던 일, 무엇인가를 자랑했던 것, 언제 어딘가를 방문하여 누구와 대화하거나 싸웠던 일 등등. 민원 내용 해결에 아무런 도움도 안 되는 민원인의 개인적 작은 정보가 뭐 그리 중요하겠는가 생각할 수 있겠지만, 아니다. 그 효과는 실로 어마어마하다.

'知彼知己 白戰不殆(지피지기 백전불태)' 적을 알고 나를 알면 백번을 싸워도 위태롭지 않다는 말이다. 내가 상대를 속속들이 알고 있기 때문에 그의 행태를 이해할 수 있고 예측하여 예방할 수도 있으니 최소한 상대방 때문에 스트레스는 받지 않는다. 특별민원은 한두 번 만에 민원이 해결되지 않는다. 매일매일 지속적으로 방문을 하거나 전화하는 특별민원인도 있고, 일주일 또는 한두 달에 한 번 방문하는 민원인, 길게는 1년에 두세 번씩 수십 년에 걸쳐 방문하는 민원인 등 다양하다. 그들과 만나서 대화를 나눌 때마다, 상대의 개인적인 사소한 정보를 메모해 두었다가 다음번 민원인이 방문했을 때 곧바로 그를 만나지 말고, 이전에 민원인을 만나 대화하면서 메모해 놓은 상대의 작은 정보를 미리 알고 상담을 해야 한다. 이후 상담이 지나치게 길어지거나 민원인의 감정이 고조되어 이성적인 대화가 곤란해졌을 때 메모하여 알고 있는 상대의 개인적 작은 정보를 활용하면 대화의 방향을 다른 곳으로 돌려 대화 분위기를 금방이라도 바꾸어 놓을 수도 있기에 그렇다.

쓸데없는 작은 정보의 중요성에 대한 사례로 나의 사랑스러운 가족 고객 중에 고집불통에 조울증세까지 보이는 삼촌이 있다. 어느 기관이든 나의 사랑하는 삼촌께서 한 번 떴다 하면 민원 담당자는 물론 민원실 전체가 비상이다. 워낙에 목소리가 클 뿐만 아니라 자기 생각에만 빠져 있어 감정을 건드리면 금방이라도 폭발해버리기에 그렇다. 그러한 이유로 우리 삼촌을 응대하려는 공직자는 아무도 없다. 오로지 갓 들어와 제일 힘없는 민원 담당 실무자만 어쩔 수 없이 스트레스를 참고 또 참아가며 삼촌이 지쳐서 제풀에 떨어져 나갈 때까지 기다릴 뿐이다. 사실 엄밀하게 따지고 보면, 삼촌이 억울해하며 제기하는 민원 내용은 행정기관의 처분과는 직접적인 연관관계도 없다. 개인의 재산권과 관련한 사적 이익 침해에 해당하는 내용이다.

하지만 '耳懸鈴鼻懸鈴(이현령비현령)' 귀에 걸면 귀걸이 코에 걸면 코걸이라고, 국가나 지방행정은 국민의 생활 대부분에 걸쳐 밀접한 연관관계가 있다는 특성이 있다. 아무리 개인적인 일이라도 국가행정에 어떻게든 연관을 시킬 수 있다. 그런 이유로 인하여 공직자는 아무런 지은 죄 없이도 '직무 유기'라는 민원인이 일방적으로 정한 죄명을 뒤집어쓰고, 강한 스트레스를 받으며 이리저리 끌려다니고 있는 것이 지금의 공직사회 현실이다. 만일 당신이 오랜 시간 동안 말도 안 되는 특별민원의 비이성적 행태로 말미암아 나는 나대로 상대는 상대방대로 쌍방 모두가 감정이 한계에 다다른 상황이라면 어떻게 응대하겠는가? 맞대응? 경고? 고소·고발? 아니다. 이처럼 난감한 처지에서 벗어날 방법이 바로, 메모해 두어 알고 있는 상대방의 사소한 정보를 활용할 그때인 것이다.

"잠깐잠깐! 삼촌! 잠깐만. 에이 왜 이렇게 화를 내세요! 이러다 괜히 가족끼리 싸우겠네~"

"그래서 내가 누누이 이야기했잖아요. 가족끼리 민원 이야기하는 것 아니
  라고~"

"그러나저러나 지난번 만났을 때 작은 어머니 아프시다고 했는데 지금은
  좀 어떠세요?"

"병원엔 가보셨어요?"하고 다른 곳을 관심을 돌리는 것이다.

일반적인 생각으로 본다면, 이와 같이 대화 내용을 갑자기 다른 곳으로 돌
린다면, 상대방이 '아니 민원 이야기하다 왜 엉뚱한 말을 하느냐'라고 반문하
며 더 화를 낼 수도 있지 않겠느냐고 생각할 수 있다. 그러나 나의 경험상, 그
렇지 않다. 나의 엉뚱한 질문에 화를 내거나 이의를 제기한 특별민원인은 단
한 명도 없었다. 왜 그럴까? 그럴만하다. 그간 자신이 만나왔던 공직자 대부분
은 특별민원인이라는 선입견에 빠져 자기 말을 들으려 하지도 않고 오직 무시
와 냉대, 떠넘기기로 일관해 왔기 때문이다. 이와 같은 이유로 공직자에 대한
불신이 벽이 높이 쌓여 있는데, 이번 공직자는 전과 달리 자기 자신조차도 말
했는지 안 했는지 모를 정도의 작은 특히, 업무 내용도 아니고 자신과 관계된
것도 아닌 자기 가족이 아픈 것을 잊지 않고 걱정해 물어본다는 것은 상상조차
할 수 없었기 때문이다. 아주 사소한 정보일수록 그 효과가 어마어마하다고
한 이유이다. 특별민원인 스스로 "자신이 무시당하지 않고 있다"라는 것을 일
깨워 나에 대한 신뢰와 미안함까지도 불러올 수 있다.

그러면, 특별민원인도 대꾸를 해준다.

"응~ 병원에 다녀왔는데 별것 아니라고 해서 약만 처방받고 왔어! 또는 치
  료하여 다 완치되었어~"라고 할 수 있다.

그때 여기서 끝나면 안 된다. 가족끼리는 절대 해서는 안 될 민원 이야기로
금방 다시 돌아갈 가능성이 크기 때문이다. 상대가 완전히 이성을 찾을 때까

지 가급적 가벼운 대화 시간을 연장하는 것이 좋다.

"아~ 그래요. 참 다행이네요. 걱정을 많이 했는데…"

"정말 작은엄마는 대단하신 분이에요 어떻게 삼촌 같은 성질 더러운 사람
하고 그렇게 오래 살고 있는지 이해가 안 돼요~"

"나 같으면 삼촌 같은 사람하고는 하루를 살기도 힘들 텐데…"

"내가 삼촌한테 그래도 무엇인가 도움을 드리려고 노력하고 있는 이유는
삼촌보다 천사 같은 작은엄마를 위해서예요~"

"그러니 앞으로는 작은엄마를 위해서라도 성질 좀 죽이고 사시고 작은엄
마 말씀 잘 들으세요. 그리고 내가 장담할 수 있는데 작은엄마는 천사이
니 앞으로 업고 다니셔야 해요. 알았죠!"하고 가족을 칭찬해야 한다. 보통
남들이 나를 칭찬하는 것도 좋지만 내 가족을 칭찬하면 기분이 더 가벼워
지고 좋아져 호의적 관계로까지 발전할 수 있기 때문이다.

"사소한 정보를 메모한 효과이다."

- 공감(共感), 맞장구

이와 같이 내가 경청하게 되면 상대의 높아져 있는 감정이 떨어지고, 나에
게 호의의 마음도 생겨날 뿐만 아니라, 그간 상대가 마음속에 한으로 쌓아 두
었던 답답한 마음도 조금씩 풀어내는 것을 느낄 수 있다. 이때 상대의 두껍게
쌓여있는 감정과 한을 단번에 내려놓고 완전 무장까지 해제시킬 방법이 있는
데 그것은 다름 아닌 "공감"과 "맞장구"이다.

공감이란 것은 상대의 의견이나 주장 또는 상대의 감정이나 느낌 등에 대
하여 나 또한 당신과 같은 의견, 같은 주장 그리고 같은 느낌과 감정이라는 것
을 상대에게 표시하는 것을 말한다. 어떻게 말도 안 되고 해결해 줄 수도 없는

민원인의 말과 주장에 공감을 표시할 수 있는가? 반문할 수 있다. 그렇다. 상대의 말도 안 되는 억지 주장에 '옳다'고 동조할 수는 없다. 그의 억지 주장에 동조하게 되면 이는 곧 내가 민원인에게 처분하였거나 안내한 것이 잘못된 것이라는 것을 의미하기에 그에 따른 사과와 그가 원하는 것을 들어주어야만 하기 때문이다. 그러니 여기에서의 공감이란 "네 말이 옳다"는 것이 아니라 "당신의 입장과 처지에서 본다면 나 또한 억울하고 화나는 감정이 올라오겠다. 충분히 이해할 수 있겠다"라고 상대에게 표현하는 것이 공감이고, 상대가 화내는 대상과 제도 등을 상대로 상대의 입장과 처지에서 함께 화도 내고 욕도 함께 해주는 것이 맞장구인 것이다.

　내가 아닌 상대의 입장이라면 어떠한 상황에서도 상대의 말에 공감할 수 있고, 때에 따라서는 특별민원인보다 내가 더 흥분한 듯한 어투와 표정으로 상대가 욕하는 대상에 대하여 더욱 강하게 감정을 표시하며 맞장구를 쳐줄 수 있다. 이와 같이 경청하고 공감과 맞장구를 쳐주게 되면 상대도 모처럼 자신의 마음을 알아주는 공직자를 만났다는 생각에 신뢰와 친밀감이 생겨나 마음이 가벼워지고, 나 또한 어딘가에 참아내던 감정을 터뜨려 날려 보낼 수 있어 스트레스가 아닌 즐거움으로까지 발전시킬 수 있다. 다시 한번 강조하지만, 경청과 공감, 맞장구를 함에 있어 무엇보다 중요한 것이 있다면 그것은 바로 내 생각과 나의 입장, 나의 처지가 아닌 순전히 상대의 생각, 상대의 입장과 처지에서, 상대의 말에 귀를 기울여 들어주고 함께해 주어야 한다는 것이다. 공감·경청, 맞장구의 효과는 실로 어마어마하다. 특별민원의 70% 정도는 근본적인 민원 해결 없이 기본 예의와 공감·경청, 맞장구만으로도 해결할 수 있다.

　실제 공감·경청을 통한 민원 응대 사례 중 내가 최장 시간 상담을 했던 특별민원인은 기차 화통을 삶아 먹은 천상천하 유아독존인 서울 강동에 거주하시는 작은아버지였다. 공교롭게도 작은아버지가 처음 민원실을 찾아온 시간이 오후 4시라서 민원실 업무 종료가 6시이다 보니 민원실에서는 상담을 2시간밖에 할 수 없었다. 마침, 저녁 먹을 때가 되기도 하여 인근 식당인 뼈다귀해장국 집에서 저녁을 해결하며 2시간 상담을 하는 등 하루 4시간씩 이틀간 총 8시간 면담을 한 것 적이 있다. 정말 지독하다 싶을 정도로 상상을 초월하는 막무가내 유형의 특별민원인이었는데 첫날 4시간 면담을 통하여 끝내 친밀한 작은아버지와 조카 관계가 될 수 있었다. 이에 따라 이후로도 10여 년의 기간 동안 상호 간 별다른 감정 대립이나 스트레스 없이, 호통을 쳐가며 효과적으로 민원을 관리하고 해결할 수 있었다.

　작은아버지 사례는 특별한 경우라서 8시간을 면담한 것이고, 그 외 모든 특별민원은 아주 길어야 2시간 공감·경청을 하면 민원이 해결되거나 비록 민원 해결은 되지는 않았더라도 상호 친밀하고 믿을 수 있는 관계가 형성되어 민원 업무를 효율적으로 관리할 수 있었다. 물론 아무리 처음 면담이라고 하더라도 특별민원인 한 사람과 대화하는 데 두 시간씩이나 할애할 여유가 어디 있냐? 반문할 수 있다. 그러나 그리하지 않으면 오고, 또 오고, 또 오게 되고 올 때마다 감정이 점점 커져, 서로 소리 높여 다투기 마련이다. 끝내는 상급자, 상급 기관으로 한없이 확산해 걷잡을 수 없게 되기에 처음부터 충분한 시간을 할애하는 것이 훨씬 경제적이고 효과적이다. 처음이야 길게 상대의 이야기를 들어 주었지만, 이후부터는 이미 상대의 거의 모든 주장이나 사소한 정부까지 파악되어 있기에 길어야 10분을 초과하지 않을 수 있도록 얼마든지 대화 시간을 통제할 수 있기에 걱정할 것도 없다.

- 경청, 공감, 맞장구 이후

이와 같이, 경청하고 공감과 맞장구로 응대하면 어떠한 유형의 특별민원이라 할지라도 비이성적 행태를 멈추고 이성적인 대화가 가능한 수준까지 이끌 수 있었다.

이후 주의하여야 하는 것은, 상대의 감정이 낮아지고 어느 정도 이성적으로 대화를 할 수 있는 상황이 되었다고 하더라도 곧바로 상대의 잘못된 점을 지적하고 그를 설득하고 이해시키려 하면 안 된다. 겨우 낮추어 놓은 감정이 나의 말 한마디에 갑자기 증폭되어 폭발시킬 수 있기 때문이다. 그러니 상대방의 감정이 낮아지면 그 후에 내가 할 일은 같은 말을 반복하여 들어주기다. 특별민원인의 말에 토 달지 않고 그저 공감, 맞장구만 쳐주면 신바람 나서 이야기하는데 시간이 길어질수록 같은 말만 반복하고 대부분은 쓸데없는 이야기다. 이때부터는 민원 내용보다 상대에 대한 정보를 수집하는 것이 나의 일이다. 오랫동안 공감·경청을 통하여 신뢰 관계와 친밀관계가 형성되었기에 민원 내용에서 벗어나 자신의 안타깝고 어려운 생활상이나, 그동안 자신이 여기저기를 다니며 이 사람, 저 사람을 만나 비이성적 행태를 보이며 아수라장을 만들었던 무용담, 다른 기관 다른 공직자의 언행이나 태도에 대한 불만 등으로 대화의 주제를 변화시킬 수도 있다.

나아가 내가 상대를 대하며 알게 된 작은 정보를 활용하여 스트레스 가득했던 감정 대립의 공적 대화에서 벗어나 가볍고 즐거운 개인적 대화로 변화를 이끌 수 있는 등 다양한 효과를 얻을 수 있었다. 이와 같이 상대의 집 나갔던 이성이 완전히 돌아왔다고 생각될 때 비로소 조심스럽게 내가 개입할 수 있는 상황이 되는 것이다. 상대의 입장을 충분히 공감한다는 것을 전제로 하여, 상대방의 잘못된 판단이나 오해를 불식할 수 있는 객관적인 근거를 제시하거나,

아니면 상대방이 주장하는 것을 이행하였을 경우 발생하게 되는 부작용에 관하여 그간의 사례를 들어 충분히 설명하여 이해를 구하여야 한다.

한 예로, 나에게는 아주 고집불통이고 욕심쟁이고, 다혈질에다 화나면 눈에 보이는 것이 없어 이내 주위를 아수라장으로 만들어 버리는 재주를 가지고 계시는, 하나 같이 마음 따뜻한 악성·고질민원인 형님·누님·삼촌 등등이 다수 계시다. 이들은 수십 년에 걸쳐 유사하거나 동일한 민원을 읍면동사무소로부터 법원, 대통령실에 이르기까지 우리나라 거의 모든 기관, 수많은 공직자에게 민원을 제기해 오고 있다. 내가 보기에도 사실 그들이 주장하는 근본적인 민원을 해결하는 것은 '0'에 가깝다. 그렇지만 그것은 나의 생각일 뿐 그들의 생각은 그렇지 않다. 그들은 100% 자신의 주장이 옳다고 강하게 확신하고 있다, 그러하기에 민원을 '네가 죽든 내가 죽든 끝까지 해보자' 라는 마음으로 지속하는 것이 아니겠는가! 상황이 이러하다 보니 그들이 방문하면 내가 그들을 위하여 할 수 있는 것이라고는 오직 그들이 주장하는 그들만의 정의와 진리를 가벼운 마음으로 들어주다가 가끔 안타까움도 표시하고, 상대가 억울해하는 심정에 공감도 표시하고, 상대방이 욕하는 공직자나 사회제도 등에 대해서 그들보다 오히려 더욱 크고 강도 높게 욕을 퍼부어 대는 것뿐이다. 그러다 보면 얼마 되지 않아 상대의 고조된 감정이 떨어지고 가슴속 깊이 쌓여있는 한도 조금은 풀어지는 것을 체감할 수 있게 된다. 어느 기관이건 이들이 한 번 뜨면, 기관 전체가 오랜 시간 동안 긴장해야 할 정도의 강성 민원인들이지만 나에게 이들을 대하는 시간은 다소간의 긴장 끈을 놓아서는 안 되겠지만 그저 가볍고 즐거운 휴식의 시간이 대부분이다.

"경청은 상대의 감정을 낮추고, 공감은 상대의 마음을 열고, 맞장구는 그 마음에 들어가는 문이다. 특별민원과의 대화는 싸움이 아니라, 감정을 함께 걷는 여정이다."

 생각해 보기

  - 나는 내가 싫어하는 사람의 말을 잘 들어주는가?
  - 다른 사람들은 내 말을 잘 들어주는가?
  - 어떨 때 다른 사람이 내 말을 잘 들어주는가?
  - 나는 어떻게 행동하여야 하겠는가?

진정성 있는지는 삼척동자도 안다

앞서 내가 상대하는 그가 누구일지라도 행태가 어떠할지라도 공감과 경청만으로도 능히 비이성적 행태를 멈추게 하고 내 편으로까지 만들 수 있기에 타인과의 관계에서 무엇보다 공감·경청이 중요함을 강조한 바 있다. 그리고 그 공감·경청의 요령을 설명하면서 일부러 한자까지 써 가면서 설명하였는데, 그 공감(共感), 경청(傾聽)이란 한자를 잘 들여다보면 공통점을 하나 발견할 수 있다. 바로 마음 심(心)자가 들어있다는 것이다. 왜 마음 심자가 들어갔을까? 이유는 간단하다. 나 아닌 누군가를 대할 때에는 마음에서 우러나오는 진정성이 있어야 한다는 의미가 아닌가 싶다.

상대의 말에서 진정성을 확인할 수 없다면 제아무리 말을 잘하고 오랜 시간 설득을 한다고 하더라도 아무런 효과를 얻을 수 없다. 사실 우리는 민원인 등 누구라도 얼굴을 맞대고 대화를 해보면 길어야 10분이면 상대의 말에 진정성이 있는지 다 알 수 있다. 그 이유로 흔히 이야기하는 것은, 약 250만 년 전에 인류가 생겨난 이래로 지금까지 문자가 만들어져 그나마 근거를 남길 수 있었던 약 5,000년을 제외하면 약 99% 이상의 기간 동안 말투나, 표정, 몸짓, 억양 등만으로 의사소통을 해오다 보니 기본적으로 인류에게는 상대의 언행이나 태도만 보아도 진실과 거짓을 가릴 수 있는 능력을 염색체에 담고 있다는 주장이 있는가 하면, 사람에게는 12쌍의 뇌신경이 있는데 그중 7번 뇌신경이 얼굴 근육을 관장하고 있어 얼굴 근육의 움직임만으로도 명확한 증거자료로 활용할 수 없을 뿐이지 누구라도 얼굴 근육 움직임만 보고서도 진실 여부를 느낌으로 알 수 있다고 주장하기도 한다.

우리가 민원인과 대화하면서, 적지 않은 민원인들이 '자신이 민원을 지속적으로 제기하는 이유는 잘못된 행정을 바로잡아 국가가 바로 서고 국민이 억울하지 않도록 하기 위함임을 강하게 주장하지만 그 이면에는 자신의 개인적 이익이 그만큼 크다는 것을 어렵지 않게 알 수 있듯이, 민원인 또한 내가 민원인에게 하는 말이나 행동이 자신을 진정으로 도와주려고 하는지 아니면 귀찮고 위험하다고 다른 곳으로 핑퐁을 치거나 대충 처리하여 돌려보내려고 하는지 모두 알 수 있다. 그러니 특별민원을 응대할 때 화나고 힘들더라도 특별민원인을 대하는 순간만이라도 설령 이들이 원하는 것은 해결해 줄 수는 없다고 할지라도 최소한, 오늘은 늘 가난과 욕심으로 성내고 다투는 일상밖에 없어 이미 죽기도 전에 살아서 지옥 생활을 하고 있는 이들에게 '웃음'이라도 한 번 줘 보겠다는 진정된 마음으로 다가가 최선을 다하는 모습을 보일 때 비로소 특별민원인의 마음을 열 수 있고 그 일그러졌던 얼굴에 작은 '미소'가 피어남을 볼 수 있다.

 생각해 보기

- 사기를 당해 본 적이 있는가?
- 당시 그의 입에 발린 소리가 아닌 진실의 말을 들으려 했는가?

친절과 배려는 나를 위한 선물

- 내가 친절해야 할 이유

민원실에 앉아 바쁜 일상을 보내고 있는데, 문득 민원 담당자 보호용 강화 유리 위에 덕지덕지 붙여놓은 각종 안내문 틈새로 한 험상궂어 보이는 건장한 남성이 민원실로 씩씩거리며 들어오는 것이 스치듯 보인다. 순간 가슴이 두근거리며 나도 모르는 사이에 마음속으로 '아 저 사람 나한테 오는 사람이 아니길…'하고 기원한다. 그러고는 민원인이 번호표를 뽑는 순간 저 사람이 나에게 오지 않을까 걱정하며 잔머리를 굴리기 시작한다, 지금 대기하는 민원도 있으니 저 사람이 나에게 오지 않도록, 지금 처리하고 있는 민원을 빨리 처리하고 다른 민원을 받아야 하나, 아니면 따로 기다리는 민원이 없으니 지금 처리하고 있는 민원을 최대한 천천히 처리하여 옆 동료에게로 보내는 것이 좋을까? 고민한다. 상황 흐름을 보니 내 옆자리에서 같은 민원 업무를 처리하는 동료도 나와 같은 잔머리를 굴리는 것 같다! 팽팽한 신경전이 얼마간 지속하다 결국 짬밥에서 밀리는 데다가 마음이 모질지 못한 내가 그 험상궂어 보이는 민원을 울며 겨자 먹기로 응대하게 된다.

상황이 이와 같이 흐른다면, 민원 담당자는 민원인과 직접 대면을 하기도 전에 이미 스트레스다. "민원인과 마찰이 발생하여 큰소리라도 나게 되면 아무 잘못 없는 나만 민원을 발생시킨 무능한 사람 취급을 받게 되니 최대한 말을 섞지 말자" 다짐한다. 그리하고는 두렵고 걱정스러워 두근거리는 마음을 진정시키며 혹시라도 민원인 얼굴을 마주칠까 봐 책상 앞 모니터만 뚫어지게 보고 있다. 민원인이 민원창구 밑에 유일하게 쥐구멍처럼 뚫린 접수 공간을 통해 민원 신청서를 들이민다. 다행히 덕지덕지 민원창구 유리 벽에 붙여놓은 홍보물 때문에 얼굴을 마주치지는 않겠지만 그래도 혹시나 하는 걱정스런 마음에 고개를 들 수 없다. 빨리 보내고 보자는 마음에 신속히 신청서를 받아 민원서류를 발급하여 요금을 받은 후 다시 구멍 뚫린 공간으로 발급한 민원서류를 민원인에게 전달한다. 민원인은 돌아갔다. 생각해 보니 민원인은 한마디도 하지 않았고, 나는 '요금이 얼마'라는 것 이외에 단 한마디 말을 섞지 않았다 다행이다, 민원인이 한마디만 했더라도 심장마비 걸릴 뻔했다고 생각하며 안도의 한숨을 내쉰다.

그런데, 다른 공직자가 있다. 이 사람은 이전의 사례에서 본 공직자와 딴 판이다. 민원대에 설치된 보호용 강화 유리 덕지덕지 붙여 놓은 홍보물도 답답하여 모두 떼어내고 없어 민원인의 얼굴을 마주 보며 대화도 할 수 있고 민원실 풍경도 잘 볼 수가 있다. 이때 험상궂어 보이는 사람이 씩씩거리며 민원실에 들어오고 있다. 속으로 '아! 저 사람 무슨 마음 상한 일이 있나 보구나! 저 사람 기분을 풀고 가벼운 마음으로 돌아갈 수 있게 나한테 오면 좋겠다'라고 생각한다. 여차했으면 순서에 의해 옆 직원한테 갈 뻔했는데 어떤 이유에서인지 옆 직원이 처리하고 있던 민원 응대가 길어져 그 사람이 나에게 배정이 되어 다가온다. 기쁜 마음과 함께 민원인을 향해 조심스럽지만 밝은 표정으로 인사한다. "어서 오세요~ 무엇을 도와드릴까요?" 민원인이 나의 가볍고 친절한 태도에 사뭇 놀랐는지 씩씩거리던 표정을 거두고는 민원 신청서를 조심스럽게 구멍 뚫린 접수창구를 통해 내게 제시한다. (민원 담당자는 민원 접수증을 확인하고 상대의 얼굴을 가벼운 표정으로 바라보며) "네 ○○증명서를 발급받으시려구요~ 금방이면 되니 요금 ○○원을 준비하시고 잠시만 기다리세요~"하고는 민원서류를 발급하여 민원인에게 지급하며 "다 되었습니다~. 다른 도움이 필요하지는 않으세요? 안녕히 가세요~"하고 끝까지 가볍고 밝은 마음과 모습으로 민원인을 돌려보냈다.(민원인의 이후 표정과 반응은 상상에 맡기기로 하고 그로 인한 민원 담당자의 마음 심정은 굳이 언급하지 않겠다.)

전 민원 담당자와 후 민원 담당자는 어떤 차이가 있나? 같은 민원인이었고 생김새나, 씩씩거리는 모습이나, 민원인이 나에게 한 행태에 아무것도 다른 것이 없고 똑같았다! 반면에 민원 담당자가 민원을 처리하면서 보인 행태와 느낌, 그로 인한 스트레스 등은 완전 반대의 상황이 연출 되었다. 그렇다면 스트레스의 원인은 누구에게 있는가? 씩씩거리며 들어오는 험상궂어 보이는 민원인인가 아니면 그 모습을 보고 긴장하고 두려워하고 걱정한 나 때문인가?

- 친절교육에 대한 제언

앞의 사례는 요즘 민원실에서 어렵지 않게 볼 수 있는 안타까운 모습이다. 상황이 이러하다 보니 언제부터인지 공직사회에는 친절교육이 의무화되기에까지 이르렀다. 공직사회뿐만이 아니다. 백화점과 같은 서비스업체나 기업, 관공서, 학교, 병원 할 것 없이 내가 아닌 타인과의 관계가 있는 곳이라면 거의 모든 곳에서 친절을 강조하며 친절교육에 열을 올린다. 첫인사는 어떻게 해야 하고, 용모는 어때야 하고, 말투와 억양은 어때야 하며, 상대가 욕하거나 고성을 칠 때는 어떻게 응대하여야 한다는 등 세부적으로 상대의 기분이나 취향에 맞출 수 있는 다양한 행동양식을 정례적으로 교육한다.

친절교육이야 까짓 것 교육을 받는 시간만이라도 고객 얼굴 안 보니 1시간이든 2시간이든 얼마든지 받을 수 있는데 교육을 받는 시간 동안 내가 처리해야 할 일들이 밀리거나 쌓이는 것을 생각하면 강사가 무슨 말을 하는지 도저히 들리지 않는다. 그나마 자주 듣다 보니 무슨 소리를 하는지는 대충 알겠다. 고객은 나의 존재가치이기에 고객을 왕이라 생각하고 그의 눈에 벗어나지 말고, 고객의 요구가 무엇인지 정확히 파악하여 대응에 충실하고, 설령 고객이 말도 안 되는 요구사항을 늘어놓고 마치 자신이 무슨 왕이라도 되는 것처럼 행세한 다고 하더라도 같이 화내거나 업신여기지 말고, "웃는 얼굴에 침을 못 뱉는다" 라는 마음으로 시종일관 미소 띤 얼굴과 밝은 목소리와 정중한 태도로 고객을 대하라는 것이다. 돌아버릴 일이다. 아무리 목구멍이 포도청이라고 해도 내가 그런 무식한 고객들의 하대와 수모를 참아내고 받아내가며 직장을 다니고 사업을 운영하여야 하는가! 회의감이 머리에 가득해진다.

친절이라는 것이 무엇인가? 내가 아닌 다른 사람들한테 뭔가 고분고분하게 호의를 베풀고 정겹고 상냥한 태도를 보여 그를 밝고 가볍게 해 주는 것이 친절이라 할 것이다. 그러나 나도 감정이 있고 고객과 똑같은 사람이기에 안하무인의 갑질 행태에는 참는 데도 한계가 있다. 물론 고객을 맞이하는 자세, 얼굴표정, 복장, 말투, 서비스 품질, 고객의 비이성적 감정 대응 등에 이르는 세부적인 고객 응대 요령 교육을 전혀 무시할 수는 없다. 특별민원이야 안하무인으로 나의 행태와 관계없이 난리를 쳐대지만 일반적이고 이성을 가진 민원인이라면 내가 친절하면 상대도 친절할 가능성이 높아지기에 그렇고 이와 같은 요령을 알고 한두 번 해보다 보면 나도 모르게 체화될 수도 있기에 그렇다. 그러나 한두 번 정도는 이해가 되지만 의무적으로 반강제적이고 주기적으로 하는 것은 비생산적일 뿐만이 아니라 오히려 서비스업 종사자들에게는 스트레스만을 유발하는 역효과를 낼 수 있어 주의가 필요하다.

나는 내가 늘 응대하는 비이성적 행태로 일관하는 특별민원인들에게 일어나 인사를 한다거나, 용모를 단정히 하거나 솔 톤의 목소리를 만들어 응대하지 않는다. 나이를 불문하고 90% 이상 반말을 하다 때에 따라 말끝에 '~요'

자나 '~까' 자를 붙이는 정도이다. 그런데 내가 이렇게 응대하였다고 하여 민원인들이 나에게 예의가 없다느니, 싸가지가 없다느니 하는 불만의 소리를 단한 번도 들어본 적이 없다. 왜 그럴까? 내가 생각하는 이유는 내가 그들에게 친절하기 때문이다. 반말을 찍찍 해대는 것이 어떻게 친절인가 반문할 수 있지만 나는 말만 반말로 찍찍댈 뿐이지 나의 마음속에는 그들을 반드시 자신만의 집착으로 지옥 생활을 하는 현실에서 벗어나게 해 주겠다는 진심이 있다. 즉 상대에 대한 인정과 이해와 존중이 상대를 대하는 표정이나 몸짓에 배어나기 때문이 아닐지 생각된다. 나는 이것이 친절이라 본다. 이러한 친절은 상대가 나를 알아주지 않는다고 하여, 나에게 욕설을 퍼부어 댄다고 하여 나의 행태가 바뀌지 않는다.

내가 누군가에게 친절해야 하는 이유는 간단하다. 내가 누군가에게 친절하다면 내 주변, 내 세상이 아름다워지기 때문이다. 만일 내가 내 주위의 누군가에게 화내고 욕을 해댄다면 내 세상이 곧바로 무겁고 어두워질 것이고 반대로 내 주위의 누군가에게 친절하다면 내 세상은 밝고 깨끗해지고, 아름다워질 가능성이 커진다.

- 친절은 결국 나를 위한 선물일 뿐이다.

나는 내 세상의 주인이기에 더욱이 공무원이기에 운명적으로 이 세상 한가운데 서서 내 주위 환경을 아름답게 꾸밀 필요가 있다. 그 환경이 사람일 수도 있고 동물일 수도 있고 식물일 수도 있고 곤충일 수도 있다. 누가 나에게 욕했다고 해서, 나에게 피해를 줬다고 해서 마음이 꽁해서 마음에 담아두고 상대를 미워하고 싫어한다면 내 세상만 무거워지고 어두워질 뿐이다. 그러니 아름다운 내 세상을 위해 그냥 그걸 가슴에 담아두지 말고, 넓은 마음으로 상대방의 입장을 그 상황을 너그러이 이해하여 안타까워해 주고 사랑으로 따뜻하게 보듬으면 되는 것이다. 그것이 진정한 친절이고 내 세상을 아름답게 가꾸는 길이다. 그러니 친절은 결국 나를 위한 선물일 뿐이다.

이와 같이 친절은 타인을 행복하게 하는 것이 아니라 내 삶을 아름답게 하는 중요한 덕목 중의 하나이다. 남이 시켜서가 아니라 나 스스로 몸에 배어 있어야 하기에 굳이 형식에 치우친 친절교육을 반강제적이고 정례적으로 교육할 필요까지는 없다는 말이다. 억지로 시켜서 만들어낸 가면 쓴 친절은 자신의 욕심 채우기에 불과하기에 만일 무엇인가를 얻어내기 위해 상대에게 친절을 베푼 결과 내가 기대한 것을 얻어내지 못하게 되었을 때, 그 친절은 이내 배신과 실망으로 변하여 상대를 미워하고 싫어하는 결과를 초래하게 된다. 고객이나, 상급자 등 나보다 갑의 위치에 있는 이들로부터 좋은 평가나 인정을 받기 위하여 보여주기를 위한 만들어진 자세나 표정 연기가 아닌, 내가 타인과의 관계에서 무시당하지 않고 존중을 받기를 원하는 것과 같이 상대방 또한 나로부터 무시당하지 않고 존중받기를 원하고 있다는 것을 인식하면 된다. 즉 상대방이 원하는 것과 내가 원하는 것이 다르지 않음을 인식하고 이해할 때 비로소 강요가 아닌 마음에서 우러나는 친절과 존중, 배려를 보일 수 있다.

내 마음에서 우러나오는 친절과 존중, 배려는, 상대가 어느 누구이건 처음 대하는 순간부터 그 사람에 대한 선입견이나 인상, 옷차림, 말투와 행태 등에 연연하지 않고 설령 그가 우울하고 자기감정에 빠져 비이성적인 행태를 보일지라도 겉으로 드러난 행태에 반응하는 것이 아니라 "아, 저 사람은 뭔가 도움이 필요한 사람이야! 내가 도움을 줘야지!"라는 따뜻하고 넓은 생각이 나의 표정이나 그를 향한 행태로 나타나는 것이라 본다. 그러니 친절은 내가 좋아하고 사랑하는 사람에게만 보이는 것이 아니다. 좋아하든 싫어하든, 사랑하든 미워하든 가리지 않고 행하는 것이 친절이다. 내가 사랑하는, 좋아하는 사람이기에 보이는 그런 친절과 사랑은 그저 자신의 욕심을 채우기 위한 것에 불과할 확률이 높다. 이유는 내가 좋아하고 사랑하는 상대로부터 좋은 이미지나, 신뢰, 관심 등을 끌어내고자 하는 목적의식이 개입될 수 있어 순수하지 않기 때문이다. 그러니 친절은 오히려 내가 알지 못하고, 외부로부터 따돌림을 받거나 힘없고 나약한 주위의 사람들 그리고 개, 고양이 등 내 삶의 환경이 되어주는 모든 생명체에게 아무런 바람 없이 베풀어야 하는 것이다. 그래야 내 삶의 환경이 조금이라도 더 가볍고, 따뜻하고, 밝아질 수 있다.

친절은 내 마음에서 자연스럽게 우러나야 한다. 누가 강요하거나 시켜서되는 그런 것이 아니다. 강요에 의한 가면 쓴 친절은 결국 어디쯤에선가 반드시 무너져 내리기 마련이다. 그러니 친절교육은 형식적 자세나 표정 연기 교육보다는 마음에서 우러나오는 친절과 존중, 배려가 결국 내 삶의 환경을 아름답고 따뜻하고 정겹게 하여 나의 행복으로 이어진다는 것을 인식시킬 수 있는, 나를 돌아 볼 수 있는 그런 교육이 되어야 할 것이다.

"친절은 내가 세상을 밝게 바라보는 방식이다. 내가 베푸는 친절은 결국 내 마음을 정화하고, 내 삶을 따뜻하게 만드는 가장 순수한 자기 돌봄의 행위다."

생각해 보기

- 민원인이나 상급자 등이 자기만의 생각에 빠져 얼굴을 붉히며 큰 소리 쳐댄다면 당장 속으로 어떻게 반응하는가?
- 그런 민원인이나 상급자와의 관계에서 내가 스트레스를 받지 않을 방법이 있다면 어떤 것들이 있겠는가?

티 없고 맑은 청렴의 마음

특별민원인을 응대하는 일에 있어 공직자로서의 확고한 신념과 책임감으로 당당함을 유지하기란 쉽지 않은 일이다. 공직자의 업무 특성상 모든 행위가 기록으로 남아 추후 책임을 져야 하기 때문이다.

이현령비현령(耳懸鈴鼻懸鈴), '귀에 걸면 귀걸이, 코에 걸면 코걸이'라 했던가? 나의 진실한 의도와 관계없이 상황에 따라 원칙 없이 해석되기 때문에 나는 민원인에게 도움을 주고자 최선을 다해 안내하고 설명하고 때로는 물질적 지원까지 제공했지만, 상대방은 이를 오해하거나 개인적인 문제로 인해 왜곡하여 문제를 제기하기도 한다.

이 같은 이유에서 특별민원인과 얽히는 것을 꺼려하지만, 담당자 스스로 만들어낸 불안은 사실 그 실체가 없다. 상대방이 아무런 반응을 보이지 않아도, '혹시 내 말투나 태도를 문제 삼아 공격하지는 않을까?', '이런 저런 규정을 들이밀며 시비를 걸면 어떻게 대처해야 할까?', '나 때문에 우리 부서까지 피해를 입으면 어쩌지?'라는 막연한 걱정이 머릿속을 맴돌 뿐이다.

이로 인해 민원인을 멀리하고 도망가고픈 마음이 든다. 그렇다고 해서 민원 담당자만을 탓할 일은 아니다. 실제로 우리 공직사회는 국민의 어려움을 적극적으로 해결해 행복을 도모하기보다는, 조직과 기관장의 명예와 인기를 높이고 그저 무탈하게 일을 마치는 것을 성과로 여겨온 지 오래되었기 때문이다.

이렇게 굳어진 공직풍토는 많은 공직자들을 '차라리 불법이나 비리에 연루되지 않으면서 주어진 업무를 책임지지 않을 정도로 소극적으로 처리하는 것이 최선'이라 여기며 업무에 임하게 만들고 있다. 이런 환경 속에서 과연 어느 누가 당당하게 민원을 해결할 용기를 낼 수 있을까?

사실 과장된 면이 없지 않지만, 이러한 공직사회 환경에서 머리에 총을 맞거나 나처럼 교통사고로 머리를 크게 다치지 않는 한 특별민원인 앞에서 당당하기는 쉽지 않다. 하지만 한 번쯤은 머리에 총을 맞았다는 생각으로 당당하게 민원인을 응대해보면 어떨까 싶다. "특별민원인은 내 삶의 일부이니, 내 세상은 내가 가꿔야 하고 남들은 내 문제를 해결해 주지 않아!"라고 말이다.

설령 특별민원인이 비이성적 행태로 집요하게 지능적으로 나를 괴롭힌다고 하더라도, 왜 내가 이들에게 위축이 되어야 하나? "언제까지 이들의 비이성적 행태에 도망만 다녀야 하나? 한심하다!"라며 스스로를 돌아보자. "좋아, 이제부터는 이리저리 끌려다니지 않고 당당히 맞서겠다!"고 다짐해 보는 것이다. 그래서 언젠가는 특별민원인들이 집착과 피해의식에서 벗어나 평범한 행복을 누릴 수 있도록 이끄는 것을 목표로 삼아 보자!

물론 쉽지 않다. 그러나 이런 마음가짐만으로도 90%는 해결된 셈이다. "내 문제는 내가 해결한다"는 주인의식이 생기면, 책임감과 목적의식은 물론 당당한 마음으로 문제 해결에 집중할 수 있기 때문이다.

특별민원인에게 당당해지는 방법은 생각보다 단순하다. 그 이유와 방법은 다양하지만 가장 근본이 되는 것은 상담하건대 공직 생활이 끝날 때까지, 아니 목숨이 다해 사후세계에서까지도 어떠한 대상, 상황을 맞닥뜨려도 당당할 수 있는 공직자의 중요한 실천 덕목은 청렴함이다.

다시 말해, 주인 된 자세로 내가 아무런 바람 없이 맑고, 깨끗해야 한다는 것이다. 즉 청렴해야 한다.

만약 내게 상대에게 트집 잡힐 만한 무언가가 있다면, 결코 그 앞에서 당당할 수는 없다. 거짓말이나 임기응변으로 단지 그 상황을 모면했다고 하더라도 그의 하수인이 되어 부당한 요구에도 끌려다닐 뿐이다. 특히 금품 수수나 향응 등 어떤 형태로든 상대의 유혹에 넘어갔다면, 그때부터 스트레스에 시달리게 된다. 따라서 강조한다. 부정과 부패뿐 아니라 사소한 트집거리라도 남겨서는 안 된다.

특별민원인 등 이해관계자에게서 밥이나 커피 등 어떤 것도 절대 받아서는 안 된다. 상대가 요구하는 것이 사회적으로 형평성에 맞지 않거나 잘못된 것임을 알면서도, 성화를 이기지 못하거나 '귀찮고 시끄러운 상황을 일단 피하고 보자'는 생각으로 요구를 들어주는 것도 안 된다. 이런 행동은 당장은 관계가 좋아지는 것처럼 보일 수 있지만 마치 기름통을 지고 불구덩이에 뛰어드는 것과 같다. 당장 타고 있는 눈앞의 불을 끌 수는 있겠지만 결국 더 큰 낭패를 부르는 것이다.

상대와 관계 개선이나 업무 협의 등으로 식사나 커피를 함께해야 한다면, 얻어먹지 말고 차라리 내가 사는 것이 낫다. 다만 공직자는 봉사자 역할이므로 하는 일에 비해 보수가 적다는 점을 정중히 설명하며 사무실에서 일회용 커피나 녹차를 대접하거나, 구내식당에서 저렴하게 식사하는 것으로 대신하라. 이렇게 하면 굳이 밖에 나가서 비싸고 맛있는 것을 먹는 것보다 시간과 비용을 절약하면서도 상대에게 훨씬 긍정적인 이미지를 심어줄 수 있다. 그럼에도 상대가 계속 비싼 식사를 강요한다면, 공직자 행동강령 등 규정을 언급하며 "이런 작은 행동이 큰 문제로 이어질 수 있다"고 단호하고 정중하게 거절해야 한다.

이와 같이 아무런 꼬투리 잡힐 것도 없고 깨끗하고 정당하게 행동한다면 무엇이 두렵겠는가.

교통사고로 머리를 다친 영향인지 명확히 모르겠지만 사실 나는 망상장애를 앓고 있다. 그 영향인지 특별민원인의 비이성적 행태에 대해서 만큼은 주변에서 뭐라 하든 내 판단대로 당당하게 응대하는 편이다. 다만 내 행동으로 국가, 사회, 민원인 등 타인에게 피해가 간다면 변명의 여지 없이 내 잘못을 인정하고 모든 책임을 질 각오로 일한다.

청렴의 당당함에 관한 사례 한 가지를 소개해 보자,

34년 넘게 공직 생활을 하다 보면 누구나 수많은 경험을 쌓기 마련이다. 때로는 그 경험이 듣는 이에 따라 엉뚱한 문제로 이어질 수도 있겠지만, 우려를 무릅쓰고 내 이야기를 소개하려 한다. 우려의 마음보다 우리 후배들이 의기소침하고 작아지는 모습을 보면 느끼는 안타까움이 더 크기 때문이다.

2002년 월드컵 당시, 나는 수원시 팔달구청에서 월드컵 준비 업무를 담당하고 있었다. 특히 팔달구는 월드컵경기장이 위치한 지역이다 보니 담당자의 역할은 중요했다. 관련 행사나 준비에 대한 주민 참여 유도, 외국인을 비롯한 외지인 방문객에게 쾌적한 환경 제공 등 할 일이 산더미 같이 많았다.

특히 경기장으로 이어지는 도로와 인근 환경 개선에는 적지 않은 예산이 필요했지만, 경기장 신축도 벅찬 기초자치단체 예산으로는 턱없이 부족했다. 결국 공직자와 주민들이 환경 개선을 위해 매주 직접 청소하고 정비하며 몸으로 때우는 일상이 이어졌다.

그러던 2021년 말, 시청으로부터 도청에서 2억 원을 지원할 수 있다는 연락이 왔다. 한 푼이 아쉬운 상황이었기에 가로 환경정비사업이라는 명목으로 넙죽 지원을 받았다. 하지만 막상 예산을 활용하려니 답이 나오지 않았다. 지원받은 예산은 반드시 연내에 집행을 하여야 하는 단서 조항이 있어, 반드시 전액을 연내 사용해야만 했기 때문이다. 다시 말해 집행 기간이 극히 촉박했다는 것이다. 다행히 예산확보 시, 꼭 사용해야 할 사업이 미리 준비되어 있었다. 가로변 낡은 대형 담장과 방음벽에 수원시를 상징하는 그림을 그리는 대형 벽화 사업이었다.

이미 대충의 사업 규모와 장소까지 준비되어 있던 터인지라 진행만 하면 되는데, 문제는 사업을 추진할 때 지켜야 할 절차와 규정이 너무 많다는 것이었다. 예산을 지원받을 때 이미 사용 기간이 촉박해 다소 위험과 어려움이 있을 것을 예상했지만 막상 모든 절차를 따르다가는 월드컵 이후에나 완성될 상황이었다.

나는 고심 끝에 예산 집행의 절차와 규정을 무시하고 1개의 대형 입찰대상 사업을 4개 구역으로 나누어 사업 단가를 낮추는 꼼수를 부려 사업자 1인과 입찰절차 없이 사업을 추진하는 방식으로 사업을 시작하였다. 이로 인해 연내에 사업을 잘 마무리할 수 있었지만 사업이 종료된 후, 예상했던 문제가 발생하기 시작했다.

"공직사회에서 절차와 규정을 어겨가며 무리하게 업무를 진행하게 되면 반드시 그에 따른 문제가 발생"한다는 것은 분명하고 나 또한 그것을 잘 알고 시작한 것이었다. 그렇지만 문제의 확산은 생각보다 빠르고 강했다. 당시 말단 7급에 불과한 나에게 임의로 예산을 집행할 수 있는 권한은 아무것도 없었다. 그래서 입찰 절차 없이 사업을 추진할 수밖에 없는 이유와 이에 따라 불거질 수 있을 문제점에 대한 대책을 일일이 같은 부서 팀장에서부터 과장, 회계부서 담당, 팀장, 과장 등의 관계자를 설득하는 일도 사실 만만치 않았다. 다행히 내부적으로 세계적 행사인 2002년 월드컵 수원 경기를 잘 치러야 한다는 것, 현실적으로 턱없이 부족한 시 예산 상황에서 도청 지원 예산을 그냥 반납할 수 없다는 것 등에 대하여 같은 처지와 입장이었기에 내부적 절차상의 문제는 외부로 나타나지 않고 잘 마무리할 수 있었다.

그러나, 문제는 외부에서 발생했다. 동일한 벽화 사업을 추진하고 있는 경쟁업체에서, 입찰 없이 특정인에게 특혜를 주었다며 언론과 경찰에 불만을 제기한 것이었다.

졸지에 나는 부당하게 특정인에게 이익을 주고 그에 따른 어떤 이익을 수취한 부패 공무원으로 낙인찍혀 언론사 취재는 물론 경찰서, 시청 감사실 등으로 불려가 수사와 조사를 받아야만 했다.

애초 사업을 시작할 때부터 이러한 문제가 반드시 발생할 것으로 생각한 나는 '하늘을 우러러 한 점 부끄러움이 없도록 하면 된다'라는 생각으로 임했기에 언론사, 경찰, 시청 감사 등 외부의 시선은 전혀 문제가 되지 않았다. 오히려 이를 계기로 '나의 청렴함을 외부에 자연스럽게 알릴 기회가 될 수도 있겠다'라는 생각이 들자, 바쁜 일과 중임에도 이리 저리 불려 다니는 것이 짜증스럽거나 스트레스로 작용하지도 않았다.

취재나 수사 등의 과정에서 나는 공개 경쟁 입찰 없이 사업을 추진할 수밖에 없었던 배경을 설명하고, 업자에게 커피 1잔 얻어먹은 적 없으며, 입찰을 통한 사업 추진 보다 단 1원의 예산 낭비나 부정 사용이 있으면 어떠한 징계일지라도 달게 받겠으며, 손실액 전액을 기꺼이 배상할 용의가 있다는 나의 소신을 당당히 밝혔다. 결국 나의 시간과 노력이 소요는 되었지만 당초 신고를 한 업자를 포함하여 언론사, 경찰, 감사실 등 어느 곳에서도 다른 의문을 제기하거나 문제로 삼는 곳은 없었다.

당시 직급도 낮고, 특별한 권한도 없던 내가 어떻게 내·외부적 시각이나 반대에도 불구하고 나아가야 할 길을 당당히 걸을 수 있었을까? 이유는 단 하나뿐이다. 아무런 바람 없이 티 없이 맑고 깨끗한 '청렴' 때문이었다.

청렴은 많은 재산, 높은 직급, 강한 권력, 높은 명예, 많은 인기 따위의 걸으로 보이는 것에서 나오는 것이 아니다. 정확히 어디서 나오는지는 모르겠지만 말단이고 아무런 내세울 것 하나 없는 나도 얼마든지 청렴하여 당당할 수 있었다.

"당당함에는 청렴만큼 강한 무기는 없다."

글을 쓰기 위해 문득 오래 전 잊고 지낸 특정 사례가 떠올라 이를 소개하는 과정에서 나의 얼굴에 환한 미소와 함께 가슴에 벅찬 느낌이 뭉클 피어오르는 것을 느낀다.

특별민원을 응대함에도 역시 마찬가지다. 그들의 나이나 성별, 비이성적 행태 유형 등 어떠한 것에도 불구하고 때에 따라 전화를 일방적으로 끊어 버리고, 호통을 칠 수도 있었던 이유는 아무런 바람 없는 청렴한 마음덕분이었다.

생각해 보기

- 내가 누군가에게 금품을 받거나 향응을 접대받았다면 그 앞에서 당당할 수 있겠는가?
- 당당할 수 없다면 언제까지 그렇게 생활하여야 하는가?

칭찬은 특별민원인도 춤추게 한다

어떠한 유형, 행태, 분야의 특별민원이라 할지라도 앞서 언급한 것과 같이, 최소한의 기본 예의를 지키며, 상대의 주장이 말도 안 된다고 무시하기 보다 공감, 경청, 맞장구로 가볍게 응대하고, 여기에 진정성, 친절, 청렴의 마음까지 갖추어 응대하면 95% 이상의 특별민원은 스트레스받지 않고 얼마든지 해결할 수 있다.

그러나 특별민원의 5% 정도는, 그러한 진정성 있는 노력과 배려에도 불구하고 고성과 욕설로 일관하여 민원실을 아수라장으로 만들고, 말도 안 되는 민원인의 요구와 주장으로 스트레스를 주기도 한다.

- 인내는 쓰기만 하다

특별민원을 응대하는 대부분의 업무 담당자들은, 상대방이 딱히 방법이 없다는 것을 깨닫고 포기할 때까지 그저 참고 버티기로 일관한다. 간혹 악성·고질민원 응대 매뉴얼에 따라 증거자료도 수집하고 직원 여럿이 또는 경찰의 도움을 받아 대응도 해보지만 노력에 비해 얻는 것은 너무 작기만 하다. 결국 할 수 있는 최선의 길은 '나의 인내력 한계를 시험해 보겠다'라는 마음으로 그저 참아 내는 수밖에 없다.

그 결과는 둘 중 하나이다. 일순간 감정이 폭발해 대처 불능 상태로 문제를 확산시키거나, 참고 또 참다 자신의 건강을 훼손하는 것뿐이다.

- 칭찬은 특별민원인도 춤춘다

그렇다면 과연 어떻게 대처해야 할까! 비방과 욕설, 고성으로 인한 난감한 상황을 단박에 화기애애한 분위기로 전환할 수 있는 만능 특효약이 있는데 그것은 다름 아닌 '칭찬'이다.

칭찬은 고래도 춤추게 할 뿐만 아니라, 특별민원인도 춤추게 할 수 있다. 사람이라면 누구든 최소한 1가지 이상 칭찬할 점은 가지고 있기 마련이다. 물론 세상을 살다보면 아무리 찾으려 해도 도저히 칭찬거리를 찾을 수 없는 경우가 있기도 하다. 하지만 걱정할 필요가 없다. 그럴 땐 그냥 아무거나 하나를 정해 칭찬하면 된다. 누군가를 칭찬하는 것은 내가 보기에 칭찬할 만해서 칭찬하는 것이지, 반드시 객관적 시각이나 증거자료가 필요한 것은 아니기 때문이다. 이와 같이 칭찬은 100% 주관적인 표현이기에 객관적일 필요도 없고, 비용도 전혀 들지 않지만 그 효과는 이루 말할 수 없을 만큼 크다.

내가 가장 많이 사용하는 칭찬은 "젊어 보인다." "목소리가 참~ 좋다" "아는 것이 참 많다" "정의롭다" "고맙다" 등등이다.

일례로 외부로부터 인수하여 응대하던 특별민원인 중에 시도 때도 없이 민원실을 방문하거나 전화를 걸어 고성과 욕설을 퍼붓는 분들이 여럿 있었다. 뒷장에서 별도로 욕설 응대 요령을 소개하겠지만, 이들과 대화하면서 어떤 이유에서든 고성, 욕설 등이 나올 법한 기미가 보이면 제일 먼저 하는 것은 상대를 칭찬하는 것이다.

대화를 화면서 상대의 목소리 톤이 높아지고, 얼굴빛이 붉어지면서 예의가 없어지기 시작할 때 가장 쉬운 칭찬거리는 "젊어 보인다" 또는 "목소리가 참 좋다"라는 말이다. (나는 병인지는 몰라도, 실제로 다른 사람을 보면 이상하다 싶을 만큼 상대가 젊어 보이고, 목소리 또한 젊고 개성이 있게 들린다. 보통은 70대 이하는 10살, 70세를 초과는 사람은 20살 정도 실제 나이보다 젊어 보이는 질병이 있다) 실제로 특별민원 해결에 도움을 줄 수 없다면, 반드시 도움이 불가하다는 말을 해야 하는데 그 순간, 특별민원인의 비이성적 행태가 터져 나올 때가 많다. 그럴 때는 상대에게 곧바로 응수하지 말고, 상대의 감정이 누그러질 때까지 여유를 가지고 가볍게 응대하며 기다려 줘야 한다.

이후, 상대방의 감정이 다소 누그러졌다고 하여 곧바로 민원에 관한 이야기를 이어간다면 누그러진 감정만 다시 키우기 십상이다. 이때는 다른 대화거리를 찾는 것이 효과적인데 바로 이때가 칭찬해야 할 적절한 시기인 것이다.

나 : "잠깐만요 선생님, 실례지만 나이가 어떻게 되세요? 제가 보기에는 40대 후반에서 50대 초반으로 보이는데, 아무리 민원인과 공무원이라고 해도 기본 예의가 있죠. 욕하는 것은 너무한 거 아닌가요?"

상대 : (자신 있는 어투로 대답한다) "무슨 4, 50, 내 나이가 60이 넘은 지가 언젠데!"

그러면 나는 무시하는 듯한 표정으로 "에이~ 거짓말하지 마세요. 60은 무슨"이라고 운을 띄운 뒤, 주민등록증을 보여주며 "보세요. 제가 50이 넘었어요"라고 말한다.

상대 역시 내게 주민등록증을 보여주면, 생각보다 나이가 많아 정말 놀랐다는 표정으로 "와~ 정말이네요"하고 응대하면 되고, 만일 안 보여 주면 "웃기지 마세요, 60은 무슨… 앞으로 말조심하세요. 한참 동생뻘 되겠구면~"하고 칭찬과 사적인 대화로 이어가면 분위기가 급격히 온화해진다.

비단, 간단한 예를 들어 칭찬의 효과를 짧게 소개하였지만, 칭찬은 그간 내가 만나 대화하였던 특별민원인 중 실제 사회적 물의를 빚을 만큼 문제가 심각했던 민원인, 대학교수, 중고등학교 선생님, 고위 공직자, 정신질환자 등 할 것 없이 서로 호의적인 관계를 개선하는데 예외 없이 통했던 비결 중의 비결이 었다. 그러니 도저히 이성적 대화가 되지 않는 특별민원을 응대해야 한다면, 그리고 험악해지는 분위기를 어렵지 않게 개선하고자 한다면, 최종의 방법은 '칭찬'이라는 것을 잊지 말고, 꼭 활용해 보길 제언한다.

　다만, 칭찬을 통해 케케묵은 민원을 근본적으로 해결할 수는 없다. 그렇지만 상대와의 우호적 관계 개선을 하는 데는 특효약이라는 것을 잊지 말자.

70주고 20 더

공공기관이건 기업이건 모두 고객의 만족을 높이기 위하여 노력한다. 서비스나 물건의 품질이 좋으면 고객이 만족하여 행복해할 수 있고, 만족은 재구매로 이어져 결국 기관이나 기업의 존재 가치와 생명력을 높이고 나아가 더 크고 많은 이익을 얻을 수도 있기에 그렇다.

- 고객 만족도를 올려야 한다!

이에 따라, 국가나 기업 등에서는 고객의 만족을 높이기 위한 다양한 계획을 세우고 추진하는데 대부분의 계획이 단순하고 동일하다, '값싸고 좋은 품질의 물건을 생산하여, 친절한 서비스를 통해 고객에 제공 한다'라는 것으로 요약할 수 있다. 안타까운 것은 값싸고 좋은 품질을 만들려면 그만큼 연구와 투자가 필요하고, 내부 직원의 행복과 화합이 필요한데 이를 위한 부단한 연구와 투자는 관심 없고 목표와 성과만 거창하게 세워 놓는다. 조그마한 당근 하나 달랑 준비해 놓고는 내부 직원 간 서로 경쟁심만을 부추겨 큰 성과를 얻자는 심산이다.

문제는 이뿐만이 아니다. 조직 및 업무의 특성, 민원인 요구의 실현 가능성 등 제각기 다른 업무 환경에 대한 세부적 구분이나 배려 없이 민원 만족도 평가 기준을 획일적으로 적용한다는 점이다. 이 같은 만족도 평가로 기관과 직원의 서열을 매기고 대외에 공포하는 방식으로 서로 간에 '당근 빼앗아 먹기' 경쟁을 부추긴다.

'2대 6대 2란' 말을 들은 적이 있다. 어느 기관, 어느 조직이건 모든 집단에서 공통적으로 나타나는 현상이 있는데, 급여나 복지 등 근무환경이나 조건에 관계 없이 자신의 만족과 조직의 발전을 위해 헌신적으로 일하며 앞으로 이끌고 나가는 20%와 자기 월급의 가치만큼 그저 그렇게 대충 일하는 60%의 직원 그리고 앞으로 나가지 못하게 뒷다리를 잡아끄는 직원 20%로 나눠진다는 말이었다. 그동안 나는 이 말이 진리라고 생각했는데 요즘은 이 비율이 10대 60대 30 정도로 바뀌지 않았나, 생각이 든다.

- 만족도 평가의 한계

원인 중 하나로 획일적인 만족도 평가를 들 수 있다. 물론 만족도 평가가 전적으로 해악을 끼친다는 것은 아니다. 일단 평가를 통하여 기관별, 개인별 줄을 세우면 대부분의 기관장이나 개인이 관심을 가지게 되어, 해를 거듭할수록 만족도 점수는 조금이라도 우상향하기도 하고, 실제로 민원 서비스의 질이 높아진 것을 느낄 수도 있기 때문이다.

안타까운 것은 만족도 평가를 위해서는 과다한 예산이나 별도의 인력이 필요하고, 서비스를 제공하는 직원 간 경쟁이 업무 집중과 노력이 아닌, 단순히 점수만을 높이기 위한 잔머리와 요령의 향연으로 이어지는 폐단을 무시할 수 없다는 것이다.

대한민국 국민이라면 공공기관이나 서비스 업체를 이용하거나 민원을 제기했을 때, 이 같은 현상을 어렵지 않게 경험할 수 있을 것이다. 그것은 '만족도 구걸'이다.

언제부터인가 행정기관에 민원을 제기하면 응대가 전과 다르게 친절해진 것을 느낄 수 있다. 이에 민원인은 각종 매스컴이나 외부에서 보고 느꼈던 공직사회에 대한 안 좋은 이미지가 신선하게 바뀌는 것을 느낄 수 있다. "다들 공직자가 무책임하고, 불친절하고, 자기의 이익만을 추구하려고 한다고 이야기하는데, 아니야! 세상에 이렇게 친절하고 노력하는 사람도 있는데 욕하는 것은 잘못된 거야"라며 공직자에 대한 사회적 인식을 부정한다.

그런데 그런 공직자에 대한 신선했던 인식이 불쌍함과 측은함으로 바뀌는 데는 그리 오랜 시간이 필요치 않다. 이유는 이렇다.

민원 처리 후 만족해하는 민원인에게 공직자가 한마디 한다.

공직자 : "선생님! 원하시는 서비스는 잘 마쳤습니다. 만족하시는지요?"
민원인 : "네 만족합니다. 친절한 서비스 정말 고맙습니다."
공직자 : "네 다행입니다." (그러고는 조심스럽게 한마디 한다)
　　　　"그런데요 선생님, 제가 부탁을 하나 드려도 될까요?"
민원인 : "부탁이요? 그럼요, 뭔데요?"
공직자 : "아마 빠르면 2~3일 늦어도 1주일 후면 선생님께 오늘 받으신 민원 서비스에 대한 만족도 전화가 갈 거예요. 그때 묻지도 따지지도 마시고 무조건 100점 주신다고 하시면 됩니다. 그리고 혹시 시간이 되신다면 우리 기관 홈페이지나 우편으로 '감사장' 하나만 보내 주시면 정말 고맙겠습니다."
민원인 : "네 그럴게요~" (흔쾌히 답하지만, 속으로 생각한다) '그러면 그렇지, 어쩐지 친절하더라고 했더니 꿍꿍이속이 있었구먼~'

공직자에게 실망하지만 도움을 주고 친절을 베푼 것은 분명하기에 대부분의 민원인들은 만족도 평가 전화에 묻지도 따지지도 않고 100점을 준다.

만족도 평가의 가장 큰 폐해 중 하나이다. 일부 공직자들에게서 시작된 만족도나 감사 편지 구걸은, 하지 않으면 자신만 손해라는 생각이 점차 확산되면서, 숭고해야 할 공직자들을 구걸하게 만드는 거지의 입장으로까지 떠다민다. 심지어 어떤 기관에서는 민원 만족도 구걸을 하나의 이행 절차로 매뉴얼로 만들거나 교육을 하기도 한다. ㅜㅜ

개인적인 생각이지만, 고객 만족도를 높이는 가장 좋은 방법은 자신의 업무에 애착심을 가지고 연구와 수행을 통해 민원인의 어떠한 요구사항도 능히 처리할 수 있도록 업무역량을 강화하는 것이다. 그리하면 굳이 구걸하지 않아도 얼마든지 만족도를 높일 수 있다.

한 예를 들어보자, 업무 역량이 69인 공직자에게 70만큼 도움을 요청하는 민원인이 찾아온다면 어떤 상황이 벌어지겠는가? 1이라는 숫자가 작다면 작은 차이지만 민원인의 행태에 미치는 영향은 대단히 크다. 민원도 해결할 수가 없는 데다가 바쁘게 시간을 내어 찾아온 것이 헛수고가 되어 버리니 감정이 안 올라올 수가 없다.

반면, 90만큼의 역량을 가진 공직자에게 70만큼 도움을 요청하는 민원인이 찾아왔을 때, 능히 민원인이 원하는 70을 주고 거기에 20만큼을 더하여 서비스를 해 준다면 만족도는 어떨까? 자신이 기대했던 것 이상의 것을 받았기에 만족도는 배가 될 것이고, 만족도 점수를 넘어 공직자에 대한 감동까지 선사할 수 있을 것이다.

나는 지방자치단체 9급 신규자부터 중앙행정기관 특별민원전문관으로 정년을 마칠 때까지 수많은 부서 이동과 다양한 업무를 담당하였다. 정부에서는 '물이 고이면 썩는다'라는 판단으로 모두가 싫어하고 꺼리는 업무를 제외하고는 정책적으로 '순환보직제'를 채택하여 운영하고 있다.

그러다 보니, 어느 정도 맡은 업무에 대하여 알게 될 때쯤이면 순환보직제에 따라 다른 부서로 이동해야만 한다. 인사 발령이 나면 다른 부서 다른 직원이 담당하던 업무를 맡아 수행해야 하고, 기존 그 자리의 직원은 또 다른 자리로 옮기는 일이 연쇄적으로 발생하면서 인사철이 되면 자리 이동과 인계인수 등으로 기관 전체가 부산할 수밖에 없다.

상황이 이러하기에 인사이동이 되면 나는 새로운 업무에 대하여 전 담당자로부터 업무를 배워야 할 뿐 아니라 새로 온 직원에게 내가 맡아 행하던 업무를 가르쳐 줘야 하는데 인계인수 시간이라야 길어야 1시간 내외로 짧은 것이 현실이다.

그러므로 신규자이든 경력 직원이든 인사이동 등으로 새로운 업무를 수행하게 되었다면 가장 시급한 것은 맡은 업무를 공부하여 빨리 역량을 키워야 한다. 민원 예방은 물론 민원인에게 기쁨을 주고 그 기쁨으로 보람과 행복을 얻을 수 있는 가장 좋은 방법이 바로 내가 수행하고 있는 업무에 대해서는 최고가 되는 것이기 때문이다.

그러니 민원 만족도 점수 높이는 것이 중요하다고 판단하여 잔머리 굴려 만족도를 구걸하는 시간이 있다면, 빨리 그 시간에 내 업무에서 최고가 될 수 있도록 연구 노력하여 민원인이 요구하는 70을 주고 덤으로 20을 더 줄 수 있도록 해야 한다.

참고로, 새로운 업무에 쉽게 정착하는 방법은 그리 어렵지도 않다. 짧지만, 대략의 인계인수를 받은 것을 기본으로, 업무편람이나 전 담당자가 그간 처리하였던 지난 PC 자료 또는 캐비닛 자료를 참고할 수 있고, 관련 규정이나 판례를 공부하면 어지간한 민원은 무리 없이 처리할 수 있다. 그래도 모르는 것이 있다면 이전 담당자나, 경력이 오래된 직원, 상급 혹은 다른 기관의 동일 업무 담당자에게 문의하는 방법도 있으니 새로운 업무에 당황해하지 말고 적응할 수 있도록 노력을 기울이자.

만일, 공부를 충분히 하였음에도 민원 업무에 모르는 것이 있다면 대충 처리하여 새로운 문제를 발생시키는 것보다, 정중히 민원인에게 상황을 설명하고 시간을 벌고 난 후, 확실하게 민원을 처리하는 것이 향후 발생 가능한 문제를 예방할 수도 있고 지연된 시간 이상으로 민원인과 신뢰를 구축할 수도 있다.

생각해 보기

- 당신이 민원인이라면,

  ① 업무를 잘 알지 못해 도움을 받지 못했지만, 친절한 직원

  ② 업무는 잘 알아 도움을 받았지만, 그리 친절하지 않은 직원

  ③ 업무도 잘 알아 도움도 받고 친절까지 했던 직원 등 3명이 있다면, 어떤 순서로 만족도 점수를 주겠는가?

- 당신의 경험 중에 감동 받은 민원서비스가 있었다면 어떤 이유에서 였나요?

냉철한 머리와 넓고 따뜻한 가슴

특별민원 등 나를 힘들게 하는 누군가와의 관계에서 가장 중요한 것은 어떠한 상황에서라도 늘 내가 중심을 잡고 있어야 한다는 것이다. 비이성적으로 행동하는 상대는 이미 중심을 잃고 자신이 원하는 대로 마구 행동을 하고 있기 때문이다. 만일 상대의 비이성적 행태에 휘말려 나 또한 중심을 잃고 상대와 똑같이 행동한다면 과연 어떤 상황이 벌어지겠는가?

이와 같은 비이성적 상황을 예방하고 슬기롭게 대처하기 위하여 갖추어야 할 기본적인 자세는 바로 '냉철한 머리와 넓고 따뜻한 가슴'이다.

특히 특별민원을 담당해야 하는 공직자라면, 반드시 넓고 따뜻한 가슴을 95% 이상 그리고, 5%를 초과하지 않는 범위 내에서 냉철한 머리를 가지고 있어야만 한다.

- 따뜻한 가슴 95%

사실 넓고 따뜻한 가슴은 누구나 태어나면서부터 가지고 있다. 특히 공직자는, 일반 직장인들보다는 더 넓고, 따뜻한 가슴을 가지고 있다고 본다. 그 이유는 공직자란, 삶을 힘겹게 살아가는 이들부터 힘세고 가진 것이 많은 사람까지, 부족한 것을 얻기 위해 도움을 요청하는 모든 사람들을 지키고 돕는 역할을 맡은, 하늘로부터 선택받은 이들이기 때문이다.

비록 지금 당장은 녹록치 못한 현실에 지쳐 이 말이 마음에 와닿지 않을 수도 있다. 하지만 분명한 것은, 공직자는 기본적으로 일반 직장인 보다 더 넓고 따뜻한 가슴을 가지고 태어난다. 누구나 민원인들의 비이성적 행태가 버겁게 느껴지겠지만 공직자라면, '움츠린 나를 깨우고 싶다'는 의지만 가진다면 넓고 따뜻한 가슴 95%를 채우는 것쯤은 아무런 문제가 되지 않는다.

- 냉철한 머리 5%

다만, 명심해야 할 점은 반드시 5% 정도는 냉철한 머리를 유지해야 한다는 것이다. '특별민원인 응대가 냉철한 머리 5% 가지고 되겠느냐?', '넓고 따뜻한 마음과 바뀐 것이 아니냐?'는 의문이 들 수도 있다. 그러나 아니다. 어차피 그들은 이해나 설득의 대상이 아니기에 조목조목 이유와 근거를 제시해 문제를 해결하려 한다면 낭패를 겪게 될 것이다. 냉철한 머리는 이해와 설득에 사용하는 것이 아니다.

냉철한 머리는 특별민원인의 급격한 감정 폭발로 인하여 발생할 수 있는 사고를 예방하는 데 필요한 것이다. 앞서 특별민원인의 공통된 특성을 소개하며 첫 번째는 '모든 공직자를 믿지 못한다'는 것이었고, 두 번째는 '자기 생각에 확고한 신념을 가지고 있다', 그로 인하여 세 번째 공통점은 '감정의 기복이 심하다'라는 것을 밝힌 바 있다.

특별민원인들의 감정 변화는 민원 담당자의 한마디 말에도 천당과 지옥을 오갈 정도로 급격하다는 것은 특별민원인을 상대해 본 사람이라면 누구나 알 수 있다. 그렇다면 그들을 어떻게 응대해야 하는가? 이러한 상황에서 필요한 것이 바로 냉철한 머리 5%이다.

냉철한 머리의 용도는 특별민원인이 억지 주장에 대하여 민원 처리의 불가 사유를 냉철하고 단호하게 응대하는 데 사용하는 것이 아니라, 민원인의 급격히 변화하는 감정을 냉철하게 읽어 가면서 상황에 따라 유효 적절하게 응대하여야 한다는 것이다. 간혹, 매스컴을 통하여 특별민원인들의 비이성적 행태로 사고가 발생한 일을 접하곤 한다. 그들은 왜 사회적 물의를 빚을 만한 행동을 저질렀을까? 그 이유야 가장 먼저 특별민원인들의 비이성적인 사고와 행태에 있지만, 간과할 수 없는 것은 특별민원을 응대한 공직자의 역량에도 문제가 있기도 하다.

공직자는 다양하고 수많은 제각각의 민원인을 응대하여야 하는데 모든 사람들의 생각과 행태가 다르기 때문에 나의 응대 방법이 획일적일 수는 없다. 상대방에 따라 나의 응대 방법이 제각각 달라야 한다.

즉 민원담당 공직자는 냉철한 머리 5%를 활용하여 늘 상대방의 현재 감정 상태를 확인하고 그에 맞는 적절한 나의 응대 방법을 선택하여 응대하다가 상대의 변화되는 감정을 냉철하게 확인하면서 상황에 따라 따뜻한 가슴 95%를 적절히 활용하여 상대의 감정을 내 마음대로 올렸다 내렸다 할 수 있어야 한다.

나는 34년 이상 이런저런 국민을 대하여 왔고 특히 최근 10년여 간은 우리나라에서 내로라하는 특별민원인들만 전담 응대하는 업무를 수행했다. 수많은 사연과 상황을 대하며 분명해진 것은 민원인이 분노조절장애 등 정신질환을 가지고 있든, 감정이 높아져 칼로 위협을 가하든, 폭행, 욕설, 협박, 고소·고발을 하든 나는 아무런 사건 사고 없이 그들과 행복한 관계를 유지할 수 있었다는 점이다. 그 이유는 바로 5% 이하의 냉철한 머리 때문이었다.

만일 냉철한 머리가 5%를 초과하여 과다하게 된다면, 급격한 감정의 변화를 보이는 특별민원인의 감정만 더욱 건드려 나에게 해를 끼칠 가능성이 커진다. 그러나 5% 이하의 냉철한 머리는 특별민원인의 감정을 건드리지 않고 나를 보호하는 데 큰 역할을 한다.

아무리 특별민원인이더라도 안 되는 민원은 반드시 안 된다고 해야만 하는데, 잘못하면 상대의 감정을 건드려 폭발할 우려가 있으므로, 반드시 냉철한 5%의 머리로 상대의 급격히 변화되는 감정을 읽고 그에 맞추어 폭발되지 않도록 감정의 수위를 관리해 가면서 민원을 응대하여야 한다.

- 특별민원인 감정 수위 조절은 식은 죽 먹기

상대의 감정 수위를 조절하는 방법도 그리 어렵지 않다. 상대의 감정을 올리거나 내리는 건, 사실 '식은 죽 먹기'이기 때문이다.

특별민원인의 감정을 극한 상황까지 올려 폭발시키는 데까지는 3단계면 충분하다. 1단계는 상대의 주장에 대하여 냉철하고 근엄한 표정으로 이유를 설명하면서 "안 돼요!"라고 하면, 보통 사람이라면 5만큼 감정이 올라오겠지만 특별민원인은 20만큼 감정이 올라온다.

여기에 좀 더 근엄하고 큰 목소리로 "아이참! 안 된다고 했잖아요"라고 한 마디를 더하면 보통의 사람들은 30만큼 감정이 올라오겠지만 특별민원인들은 90만큼 급격하게 올라오는 것을 냉철한 머리로 알 수 있다. 이때 한 번 더 목소리를 키우고 감정을 실어주면 특별민원인의 눈이 확 뒤집히게 할 수 있다. 눈이 뒤집히면 아무 것도 보이지 않게 된 상대가 어떤 행태를 보일지는 아무도 모른다. 가슴에 품고 있던 칼을 휘두를 수도 있고, 엄포용으로 가지고 왔던 황산을 뿌릴 수도, 휘발유를 이용하여 방화나 자해를 할 수도 있다. 그러니 특별민원을 응대해야 하는 공직자 등 누구라도 상대의 눈이 뒤집히도록 해서는 절대 안 된다.

반면에, 상대의 높아진 감정을 떨어뜨리는 것은 감정을 올리는 것보다 간단하고 쉽다. 상대의 감정이 90만큼 올라왔다 싶으면 어떠한 일이 있어도 더는 감정을 건드려서는 안 되고 떨어뜨려야만 한다. 어떻게? 이 또한 간단하다. 상대에게 '약간의 기대감'만 주면 된다.

우선 민원인에게, "선생님 잠깐만, 잠깐만요" 하며 흥분된 감정에 제동을 건 후, "지금 화내실 때가 아니에요. 왜냐하면요, 제가 지금껏 선생님의 주장에 이러이러한 부분 때문에 안 된다고 말씀드렸는데요. 오늘 하시는 말씀을 잘 들어 보니 요러요러한 부분에 대해서는 나름대로 일리가 있어 다시 검토해 볼 필요가 있겠다는 생각이 드네요. 그 부분에 대해 선생님의 관점에서 깊이 있게 검토해 볼게요" 하면 된다.

이렇게 응대하면, 특별민원인의 감정이 바닥을 치고 튀어 오를 정도로 급격히 떨어지는 것을 바로 느낄 수 있다. 올릴 때는 몇 단계를 거쳤지만, 떨어뜨리는 것은 한 방이면 충분하다. 이유는 특별민원원인의 경우 오랫동안 자신을 응대하던 사람들로부터 무시와 냉대를 물론 정신질환자 취급까지 받아 왔는데, 따뜻한 마음으로 아는 척도 해주고, 커피도 주고, 경청하고 공감해주는 것도 모자라 아는 것도 많은 사람이 자신의 입장에서 심도 있게 검토해 보겠다는데 어떻게 화를 낼 수 있단 말인가!

약간의 기대심리를 활용하여 민원인의 높아진 감정을 낮추었다면, 일단 민원인을 집으로 돌려보내고 이후에는 지금껏 그래 왔듯이 너무 많은 것을 기대하지 말고, 지옥같은 삶을 살고 있는 상대에게 작은 웃음이라도 전하겠다는 진정성 있는 마음으로 대하면 된다.

생각해 보기

– 비이성적 민원을 나는 어떤 자세 어떤 감정으로 응대하는가?

– 특별민원인으로 비이성적 행태로 인해 스트레스를 받는가?

– 스트레스를 받는다면 그 원인은 무엇 때문인가?

　• 나의 감정 때문인가?

　• 아니면 내가 어쩔 수 없는 현실 상황 때문인가?

핑퐁, 떠넘기기 하지 말자

앞에서 비이성적 행태로 일관하는 특별민원인을 국민의 한 사람으로서 존중하고 배려하는 것이 결국 내 세상, 내 삶의 환경을 밝고 맑게 하는 길임을 말한 바 있다. 그러면서 공직자로서 특별민원을 바라보는 시각이나 기본적으로 갖추어야 할 마음가짐 즉 기본 예의, 공감 경청 맞장구, 진정성, 친절과 배려, 칭찬 등에 대해 간략히 소개했다. 그런데 갖추어야 할 자세만큼이나 버려야 할 자세도 많다. 선입관, 편견, 무시, 핑퐁, 변명, 논쟁, 지나친 경계 등등이 그러한 것들인데, 그중에서 가장 시급히 개선돼야 할 것을 하나만 꼽으라면 나는 망설이지 않고 핑퐁 즉 떠넘기기를 선택하겠다.

내가 국민권익위원회 특별민원전문관으로 근무하면서 우리 공직사회의 가장 큰 문제점이라고 인식한 것은 핑퐁이었다. 특별민원전문관인 나에게 민원이 전달되기까지 얼마나 많은 기관 얼마나 많은 부서, 얼마나 많은 관계 공직자가 연루되었는지조차 알 수 없을 정도로 얽히고설킨 것들이 많았기 때문이다.

- 공직사회 핑퐁의 심각성

득히, 비이성적 행태로 일관하는 특별민원의 경우는 핑퐁이 민원 처리의 정석으로 되어 있다. 어느 기관을 가나 이미 악성·고질 민원인으로 낙인찍혔거나, 설령 첫 번째 방문이더라도 비이성적 행태를 보이는 민원인에 대해서는 무언가 도움을 주려하기 보다 일단 내 눈앞에서 없애는 것이 상책이라고 생각하는 경향이 있다. 그리고는 경쟁적으로 이 폭탄을 다른 기관으로 돌리려는 자세로 일관한다. 폭탄 돌리기가 거듭될 수록 민원인은 기대와 실망이 교차하며 국가와 사회 그리고 공직자들에 대한 악감정만 커간다.

핑퐁 즉 떠넘기기가 당장은 좋을지 모르지만, 잘못되었다는 것을 깨닫는데는 그리 오랜 시간이 걸리지 않는다. 다른 곳으로 돌고 돌다 결국 감정만 더키운 채로 나에게 다시 돌아오는 경우가 대부분이기 때문이다. '호미로 막을수 있었던 것을 가래로 막아야 하는 꼴'이다.

- 특별민원은 내가 담당자이다

수차례 설명했듯 특별민원은 무조건 퇴치해야 할 대상이 아니라 일반적인사람들에 비해 좀 더 특별한 관심과 배려가 필요한 우리 국민의 한 사람이라는점을 잊어서는 안 된다.

- 사례를 통해 본 상생! (Win-Win)

일전에 제주도의 한 중년 여성으로부터 전화가 왔다. 목소리만 들어도 화가 머리끝까지 났다는 것을 알 수 있었다. 높아진 감정은 공감하고 맞장구를쳐주니 단박에 가라앉힐 수 있었다. 그 후 이야기를 들어보니, 지역 개발사업과 관련한 억울함을 호소하는 내용인데 이미 여러 기관을 돌고 돌다가 우연히나의 전화번호를 알게 되어 연락한 것이었다.

사실 특별민원전문관은, 앞서 전문관이 하는 일을 소개하며 안내했듯이,우리 위원회에서 2회 이상 도움이 불가하다는 통보를 받았음에도 이에 대한불만을 가지고 비이성적 행태로 일관하는 민원인들만을 담당한다. 관련된 민원에 대한 모든 자료를 인수해 전적인 책임을 지고 처음부터 다시 민원 처리를하는 것이다. 그런데 이분의 경우는 내가 맡은 업무도 아니고, 사전에 민원 내용에 대하여 알지도 못하는 것이어서 내가 응대할 필요까지는 없었다. 그렇다고 이 민원을 다른 곳으로 떠넘긴다는 것은 내게 있을 수 없는 일이었다.

일단 특별민원전문관의 담당업무를 간략히 안내하며 처음 대하는 민원을 도와주는 데 한계가 있다는 양해를 구한 후 민원 내용을 경청하였다. 경청이란 상대의 행태에 반응하는 것이 아니라 근본적인 민원 발생 원인을 알아내는 것이다 보니 다소 시간이 걸릴 수밖에 없어 40분 이상 서로 스스럼없이 터놓고 대화와 상담을 진행했다.

그런데 다음 날 그 분에게서 또다시 전화가 왔다. 어제 세부적인 조언과 친절한 안내에 감사하며 민원과 관련한 대화를 조금 더 하고 싶어 제주도에서 비행기를 타고 와 지금 1층 민원실에 있다며 상담을 요청하는 것이었다.

이러면 난감하지 않을 수 없다. 다른 업무도 해야 하고, 일정에 따른 절차를 진행하여야 할 것들도 많아 아무 때나 시간을 내기가 곤란했기 때문이었다. 그렇다고 제주도에서 일부러 비행기까지 타고 온 상대를 그냥 돌려보낼 수는 없었다.

그러한 상황이라면 다음과 같이 하면 된다.

- 신뢰 관계 형성

"아! 그래요. 도움이 되었다면 오히려 제가 감사드려야 할 일이죠! 그런데 굳이 비행기를 타고 먼 길을 오셨어요? 전화를 주시지…"

"그런데요. 선생님, 죄송하지만 제가 담당하는 민원이 워낙에 많고 바빠서 저를 만나기 위해서는 최소한 3주일 전에는 약속을 해야 만날 수 있거든요. 이렇게 비행기까지 타고 멀리서 오셨는데 안 만나 드릴 수도 없고, 그렇다고 이미 잡힌 일정이 있어 당장 시간을 내드릴 수도 없어 안타깝네요. 음… 확인해 보니 2~3시간 정도 기다리시면 시간을 낼 수도 있을 것 같은데 혹시 기다리실 수 있겠어요? 아니면 3주 후에 약속을 잡고 다시 오시던가요"

이 상황에서 대부분의 상대는 당연히 기다리겠다고 한다. 그러면 "네, 알 겠습니다. 여유 있게 기다리고 계세요"하고 전화를 끊는다. 2시간 이상은 기 다려야 한다고 안내했지만, 실제로는 아무리 바빠도 30분이 넘도록 민원을 오래 기다리게 해서는 안 된다. 20여 분이 지날 때쯤 바쁜 듯 민원실로 가서, 민원인께 이야기하면 효과적으로 민원을 응대할 수 있다.

"선생님! 생각해 보니 비행기 타고 다시 제주도에 가셔야 하잖아요. 그런 데 2~3시간 후 상담을 하게 되면 오늘 중으로 집에 못 가실 수도 있을 것 같아 서요. 상담 예정인 민원인께 양해를 구하고 먼저 만나 드리려고 왔어요. 대신 다른 일정으로 오래는 어렵고 20분 정도 시간 내드릴 수 있는데 괜찮으시겠 어요?"하고 물어보면 100% 다 된다고 한다.

그러면, "좋습니다. 그럼, 지금부터 쓸데없는 것은 다 빼고 용건만 말씀해 보세요. 20분 지나면 다른 일정 때문에 무조건 상담을 끝내야만 하니 꼭 시간 을 맞춰주세요~"라고 말 한 후 "지금부터 시간 재겠습니다. 자~ 시작!"하고 상담을 시작하면 된다.

어떠한 민원일지라도, 그간이 감정이나 힘들었던 일, 억울했던 일 등, 한 맺힌 사연을 제외한 본질적인 민원 내용은 집중적으로 5분만 들어보고 관련 자료를 확인해 보면 대충은 상대가 무엇을 원하는지, 무엇이 억울한지, 도울 것이 있는지 없는지를 다 알 수 있다.

다행히 내가 알고 있고 도울 수 있는 것이라면 해결할 수 있지만, 대부분의 특별민원은 도저히 풀 수 없는 문제거나, 섣부른 지식으로 그 자리에서 바로 답할 수 없는 내용이 대부분이다.

당시 제주도에서 방문하신 민원도 다른 기관의 전문적 지식과 판단이 필요한 부분이었고 그간의 민원 경과와 내용을 보더라도 내가 아닌 해당 기관의 담당자가 응대해야 마땅한 것이었다. 상황이 이쯤 되면 대부분의 공직자는 해당 기관 민원실을 안내하고 상담을 종료하는 것이 일반적이다. 사실 이렇게 하는 것이 민원인이나 공직자 등 모두에게 도움이 될 수 있다.

그러나 내가 본 것은, 민원 내용도 중요하지만, 그간의 민원 진행 과정에서 이미 해 볼 것은 다 해봤다는 것을 알 수 있었기에, 해당 기관을 다시 방문하라고 하는 것은 민원인에게는 헛수고요, 해당 기관 담당자와 민원인 모두의 감정만 자극하는 결과를 초래할 수밖에 없겠다는 판단이 들었다.

그래서 나는 이렇게 했다.

"선생님! 말씀 들어보니 참 안타까운 상황이네요. 힘드시겠어요! 그런데 제가 특별민원전문관이라고 해도 모든 것을 다 알 수는 없어서 당장 해결 방안을 드릴 수가 없네요. 사실 선생님의 민원은 길 건너 옆 동에 있는 관계 부처에 도움을 요청하는 것이 맞긴 해요. 그런데 지금 관계 부처를 방문하시면, 기초 상담을 시작으로 담당 부서나 담당자도 알아봐야 하고, 혹시 담당자가 출장을 갔거나 회의 중이라면 또 한참을 기다리셔야 하거든요. 그러면 오늘 중 제주도 못 가실 수 있어요. 그러니 제게 시간을 주시면 도움 방안을 알아보고 전화를 드릴 테니 빨리 집으로 가세요. 지금 바로 출발하셔도 늦게나 댁에 도착하실 수 있겠네요~"하고 말하면 100이면 100 모두 "감사합니다~"하고 돌아간다.

이유는 간단하다. 나에 대한 신뢰가 확실히 생겼기 때문이다. 즉 내가 하는 말은 모두 믿을 수 있다는 것이다.

지금까지의 과정을 살펴보자! 약속 없이 방문했는데 일정을 바꿔가면서 상담해 줬고, 민원인의 처지에서 이야기를 잘 들어주었다. 보통 다른 기관으로 핑퐁하는 것이 일반적인데, 비행기로 장시간 돌아가야 할 자신의 어려움도 배려해 자기 업무도 아니고 할 일이 바쁜데 도움 방안까지 알아보고 전화를 주겠다니, 어떻게 신뢰가 생기지 않겠는가!

민원인의 신뢰를 얻었다면, 어떠한 민원도 끝난 것이나 다름없다. 그간 자기 생각에 빠져, 그리고 자신의 피해만 생각하여 진리라 믿고 주장하던 어떠한 것들도, 시간이 지나면서 하나둘 내려놓고 예전의 가벼웠던 모습으로 돌아가는 것을 어렵지 않게 볼 수 있었다.

(사실 뒤에 이어지는, 발생할 수 있는 다양한 민원 행태가 있지만, 세부적인 내용을 모두 소개한다면, 너무 길어지고, 또 다른 소개해야 할 것들이 많아 핑퐁 민원 사례는 이만 접고자 한다. 앞서 언급했듯이 신뢰 관계가 이미 형성되었다면 이어지는 뒷부분은 구차하게 설명하지 않더라도 능히 해결할 수 있는 기틀이 마련된 것이나 다름없다.)

보기 싫어 떠넘기는 핑퐁은 '언 발에 오줌 누기'와 같이 오히려 문제를 키운다는 점을 인식하고 내가 직접 노력을 기울여야만 한다.

생각해 보기

> '핑퐁하지 않으면 내가 얻을 수 있는 것들'
>
> – 나의 민원 처리 역량이 폭발적으로 증가한다. 이유는?
> – 고객인 국민과 공직자 간 효율적 업무 추진이 가능하다, 이유는?
> – 나의 직장 동료 상호 간 화합과 신뢰 분위기가 정착된다. 이유는?
> – 특별민원 처리 후 나 스스로에 대한 자존감은 어떻게 될까?

제7장

잘하고도 욕먹는 것은 하늘의 축복

어떠한 대인관계든 대화를 나누다 보면 서로 생각이 다른 부분을 맞닥뜨리게 된다.

사적 관계라면 어느 한 쪽이 양보하거나 이해해주면 갈등이 표출되지 않지만 공적 관계 특히 민원인이 아닌 공적 업무를 수행하는 공직자라면 양상이 달라진다. 모든 사람에게 공평해야 하고 효과적으로 처리해야 하기에 사적 관계처럼 일방적으로 상대의 주장에 양보를 하거나 이해 또는 무시하고 그냥 넘어갈 수는 없다.

반드시 상대를 이해시켜야 하다 보니 시간이 지날수록 갈등의 골은 점점 깊어지고, 감정이 팽창되어 어느 한쪽에서 터져 나온 욕설은 결국 모든 이성을 갉아먹어 극한 감정의 대립으로 상황을 몰고 간다.

이번 장에서는, 공직사회 갈등의 가장 큰 원인 중 하나인 욕설 민원 응대 방법에 대하여 집중적으로 소개를 하고자 한다.

아무리 거센 바람이 불어도 불씨가 없다면 불이 일어나 크게 번지지 않듯, 눈앞에 펼쳐지는 어떠한 상황이든 슬기롭게 문제를 바라보고 여유롭게 대처할 수 있는 방법으로서 이 글이 작은 생각거리가 될 수 있기를 조심스럽게 기대해 본다.

아울러 갈등이 클수록 문제해결 이후 보람은 더 커지기 마련이다. 갈등으로 인한 스트레스 대신 그 갈등을 화합의 계기로 만들어 더 큰 공직자로서의 자신을 발견하는계기가 되었으면 한다

욕을 먹어도 즐거울 수 있는 이유와 방법

누군가가 나에게 욕했다고 해서 기분이 나쁘고 화를 낼 필요는 없다.

욕쟁이 할머니나 할아버지와 같이 일상적으로 욕을 하는 사람도 있지만, 일반적이고 이성적인 사람이 나에게 욕을 한다면, 이는 나의 말이나 행동으로 인해 올라온 화를 참다 참다 터져 나오는 것이다. 그러니 만일 상대가 욕을 하지 않았다면, 가슴이 터져 버려 생명에 지장을 초래하였을 수도 있고 폭행, 살인 등 더 큰 사고로 이어졌을 가능성이 높다. 그나마 욕으로 발현된 것이 나에게 얼마나 다행한 일인가.

이뿐만이 아니다. 지위고하를 막론하고 욕한다는 것은 일반적인 사람들에 비해 이성, 예절, 품격 등 인성이 부족한 사람들이 원하지 않는 상황에 처했을 때, 감정 통제 능력의 부족으로 무의식적인 상태에서 터져 나오는 것일 뿐 어떤 특정한 목적이나 계획을 세워 욕하지는 않는다. 그러니 욕하는 사람을 불쌍히 여겨 이해해야지 상처를 입거나 기분이 상하여 맞대응할 일은 아니다.

특별민원인의 대표적인 비이성적 행동 중의 하나로 욕설을 꼽을 수 있다. 그들에게 욕하는 것은 남이 자신을 무시하거나 부당하게 피해를 주었다고 생각하여 올라온 감정을 외부로 표출하는 것이라 할 수 있다. 그러므로 민원인 등 누군가로부터 욕을 듣지 않기 위해서는 우선 상대를 존중하고 피해를 주지 않거나 피해를 주어야 한다면 그 이유를 명확히 이해시키면 최소한 욕설은 예방할 수 있다. 그러나 이러한 방법은 이성적이고 일반적인 사람들에게나 통할 수 있을 뿐 비이성적인 특별민원인들에게는 통하지 않을 수 있다는 것이다. 특별민원인을 응대하는 공무원들이 힘들어하는 이유이다. 아무리 상대를 존중하고 이해를 시키려 해도 들어 먹지 않고 돌아오는 것은 욕설뿐이니 '나도 존중받아야 할 인격체인데' 하는 생각에 큰 스트레스를 받는다.

앞서 나의 특별민원 고객 308명 중 폭언·욕설 형태를 보이는 민원인이 83명이라고 소개한 바 있다. 오죽했으면 이들을 폭언·욕설형이라 이름을 붙여 구분하였을까. 이들은 말 그대로 대화 자체가 욕설이다.

너무 많은 욕설형 특별민원인과 대화해서일까? 아니면 내가 망상장애 인자를 가지고 있어서일까? 언제부터인가 상대가 민원인이든 상급자든 동료 직원이든, 모르는 사람이든 할 것 없이 나를 욕하거나 깎아내리고 헐뜯는다고 하여도 그리 크게 마음이 상하지 않는다. 사실 처음 욕을 듣는 순간 욱하는 감정이 전혀 없지는 않지만, 어느새 그 감정이 환한 미소로 변하기 때문이다.

그 첫 번째 이유는, 상대를 이해하고 포용하는 마음 때문이다. 선한 일을 한다고 해도 욕하는 사람들이 어마어마하게 많다. 예를 들어 내가 아프리카 난민이나, 북한 동포 또는 지진이나 전염병으로 피해를 당한 해외 난민 등에게 크고 작은 도움을 주었다면 칭찬받아야 마땅하다. 하지만 우리나라에도 끼니를 거르는 아이들이나 홀로 어렵게 살아가는 독거노인 등 도와줘야 할 사람들이 많은데 잘난 체하느라 그런다고 욕하는 이들도 있고, 설령 우리나라 어려운 사람들을 도왔다고 하더라도 누구는 주고 누구는 안 주냐며 불만이 하늘을 찌르기도 한다. 그럴 때 화를 내거나 불만을 느끼기보다는 욕하는 그의 처지를 이해하면 된다. 그에게 도움을 주지 못한 것은 사실이니 미안한 마음을 가져보면 될 뿐이다. 뭐가 미안하냐고 반문할 수 있지만 도움받지 못한 그의 입장과 개인적 특성을 고려해 볼 때 나의 행위가 선했을지라도 그에게 화의 원인이 될 수도 있기 때문이다. 이와 같이 나의 진심여부와 무관하게 상대가 나타내 보이는 행태는 상대의 마음에 달려 있지 나의 기대에 달려 있는 것이 아니다.

둘째는 측은지심이다. 내가 잘못한 것이 없는데 욕한다면 그는 분명 비이성적이고 비정상이기에 화낼 일이 아니다. 정신질환자가 내게 욕을 했다고 나까지 정신질환자에게 똑같이 욕했다면 누가 비이성적인가? 그저 불쌍히 여겨 욕하지 않도록 도움을 주거나 개선해 주려는 마음이 이성을 가지고 있는 내가 해야 할 일인 것이다.

세 번째 이유는, 축복된 일이기 때문이다. 잘못한 것 없이 오히려 무엇인가 도움을 주려고 하였음에도 욕을 먹었다면 나중에 따로 소개하겠지만 그것은 나에게 축복된 일이다.

이와 같은 이유들은, 민원인의 폭언·욕설 등 어떠한 비이성적 언행이라 할지라도 능히 올라올 수 있는 나의 감정을 날려버릴 수 있고 오히려 상대의 비이성적 언행이 내가 해야 할 일을 알려주는 이정표 역할이 될 수 있다.

감사한 욕설과 행패

오늘도 어김없이 사랑하는 특별민원 형님으로부터 강한 욕설로 포장된 불만 전화를 받았다. 형님에게는 우리나라의 중앙행정기관이나 지방자치단체, 경찰, 검찰, 법원의 공무원 가리지 않고 모두가 불만의 대상이다.

형님은 우리나라의 육법전서를 모두 꿰뚫어 통달(?)하고 있기에 국가나 지방공무원 누구일지라도 형님이 만족할 만한 답변을 할 수 없다. 만에 하나 형님 말에 토를 다는 공직자가 있다면 그는 형님의 말에 동의할 때까지 톡톡한 법률 관련 전문(?)교육을 받아야만 한다.

형님은 아는 것이 많다 보니, 자신이 똑똑하고 배운 것이 많다고 생각하는 지식인들에게서 볼 수 있는 공통된 특징인 '내가 결정한 생각과 판단이 곧 진리니 토를 달지 말라'는 인식으로 생활하고 있다.

그러하다 보니 설령 그간 본인이 믿을만하다고 인정하던 공무원이나 친한 지인 심지어 관계 분야의 전문가가 객관적 근거자료를 제시하며 형님의 주장이 잘못된 판단이라고 의견을 제시한다면 이는 곧 자신의 진리를 정면으로 부정하는 것이 되어 급격한 감정폭발을 불러오고 끝내 쌍욕을 들으며 가까운 지인의 자리에서 퇴출을 당해야 하는 결과까지 이르게 된다.

이런 행태는 특별민원의 대표적인 특징 중 하나인데 일반 공무원이라면 마주하여 대하기가 쉽지 않다. 결국 특별민원과 공무원 간 복잡하게 얽히고설킨 갈등 관계를 맺게 되고 시간이 지나면서 민원의 근복적 취지는 온데간데없어지고 엉뚱한 꼬리 물기식 물어뜯기만의 관계로 변질되어 상호 감정만 상하게 된다.

이와 같이 자신이 곧 진리라 생각하는 수많은 특별민원인과의 관계를 통하여 깨달은 것은, 나와 생각이 다른 관계에서 빚어지는 갈등이나 스트레스에서 벗어나는 길은 오직 내 생각이나 마음을 내려놓느냐 아니면 집착하느냐에 달려있다는 점이다. 타인의 말도 안 되는 엉뚱한 주장일지라도 한 번쯤 나의 주관적 생각을 내려놓고 그의 눈높이에 맞춰 들어준다면 어떨까.

모든 사람은 각자 처한 상황과 유전적 감정, 교육 수준, 인성 등에 따라 같은 상황일지라도 제각각 반응이 다르다.

공무원으로서 많은 민원인을 대하다 보면 별로 도와주지도 않았는데 감사를 표하는 이가 있는가 하면, 어떤 이는 최선을 다해 도움을 주려고 온갖 노력을 기울였음에도 원하는 것을 얻지 못했다는 이유로 욕설과 행패를 보이는 경우도 있다.

특별민원의 욕설과 행패 등 비이성적인 행태에 대하여 어떻게 대응하고 감정을 관리해야 하는지 난감해하는 공무원들이 적지 않다. 그런데 공무를 수행하면서 민원인으로부터 사적 이익을 취하지 않았고, 공정하게 업무를 처리하였고, 최선의 노력을 기울였다면 그들이 어떠한 행태를 보이든 그것은 그들의 문제이지 나의 문제는 아니다.

그들의 행태가 부당하다는 것은 대부분의 주위 사람이 알고 있거나 설령 모르고 있다고 하더라도 곧 알게 될 것이 자명하기에 특별민원의 행태로 인한 나의 이미지 훼손 등을 걱정할 필요도 없다. 비이성적 행태에 대한 감정보다는 그저 원하는 것이 무엇인지를 명확히 알아내고, 어떻게 어느 정도로 도와줄 수 있을지만 생각하여 성실하고 따뜻하게 행하면 그뿐인 것이다.

특별민원으로 인하여 스트레스를 받고 있다면 한 번쯤 자신을 되돌아볼 필요가 있다. 편견이나 선입견 없이 특별민원을 대하고 있는지, 그들이 원하는 것을 도와주기 위하여 최선의 노력을 기울였는지, 그들의 비이성적 행태에 대하여 그 사람의 입장, 인성, 상황, 인지능력을 알고 그에 부합하게 처리하였는지를.

무엇인가를 도와준다는 것은 상대가 요구하는 것을 그가 원하는 대로 지원하는 것이지만, 반대로 도와줄 수 없는 상황이라면, 상대가 "아! 도움을 받을 수 없구나!"라는 것을 알게 하여 더 이상 집착하지 않고 내려놓을 수 있도록 해 주는 것도 하나의 방법일 것이다.

도와줄 수 없다는 것을 상대가 받아들일 준비가 되어있지 않아 엉뚱한 주장과 감정에 휩싸여 비이성적 행태를 보인다고 할지라도, 이에 휩쓸리지 않고 민원 이외의 다른 대화 등을 통하여 안정시킨 후 본연이 문제를 이해시키는 것도 민원을 도와주는 것이다. 만약 그것도 할 수 없는 민원인이라면, 지금의 나보다 힘들고 나약한 사람이기에 한 맺힌 욕이라도 실컷 들어줘 마음을 가볍게 해 주는 것도 그를 돕는 하나의 방안일 수 있다.

어떤 방식으로든 도움이 절실한 특별민원을 불행과 어두움에서 벗어나게 하거나 작은 행복이라도 느낄 수 있도록 돕는다면, 그 어떤 불만과 욕설, 행패가 대수이겠는가!

특별민원과의 관계에서 비이성적인 행태가 심하면 심할수록 그들이 과거에서 벗어나 전에 없던 밝은 모습을 보게 될 때 느끼는 보람과 긍지는 그만큼 크고 강하다는 것을 느낄 수 있다. 그러니 어쩌면 그들이야말로 나 자신의 커진 인성을 스스로 느끼게 해주는 하늘의 축복이고 감사함이 아닐까 싶다.

생각해 보기

- 잘못이 없는 내게 누군가 욕설을 한다면 누구의 잘못인가?

- 그 사람은 온전한 사람인가?

- 온전한 내가 온전하지 않은 사람과 다툴 필요가 있는가?

꼭 내가 욕을 먹어야만 하는 이유

세상을 살아가다 보면 잘못한 것도 없는데 괜히 욕을 먹을 때가 있고 오히려 잘하고도 욕을 먹을 때가 있다. 나처럼 매일매일 비이성적 특별민원인들만 상대하는 것을 업으로 하는 사람이야 그저 '그러려니' 하고 넘어갈 수도 있겠지만, 일반적인 사람들 특히 선량한 일반 공직자들은 이유 없이 욕을 먹으면서도 평정심을 유지하기는 쉽지 않다.

하지만 한 번쯤 이렇게 생각해 보면 어떨까? 상대가 비이성적 행태를 보인 이유는 의외로 단순한 경우가 많다. 어떤 결과에 대하여 왜 그렇게 나왔는지에 대한 깊은 고민 없이 자신의 입장과 생각에만 빠져 오해했을 수도 있고, 혹은 사리 판단을 제대로 하지 못하는 정신질환자이거나 자신의 분노를 조절하지 못하는 불쌍한 사람 중 하나일 수도 있기 때문이다. 이러한 사람을 상대로 다투거나 자신의 처지를 비관한다면 나 또한 똑같은 수준일 수밖에 없다. 그저 자기 생각에 빠져 오해를 한 사람 혹은 정신질환자 같은 불쌍한 사람 그 이상도 이하도 아니다. 다시 말해 상대방이 문제일 뿐 나의 문제가 아니다.

이렇게 생각하였다면, 한층 쉽게 상대를 이해하게 된다. 이제 상대를 있는 그대로 보고 받아들여 응대하면 된다. 만일 오해하여 욕을 해대는 사람이라면, 두세 번 정도 오해임을 강조하여 풀어지면 끝이다. 행여 그래도 오해가 풀어지지 않는다면 스스로 잘못 오해했다는 것을 깨달을 때까지 기다려 주면 된다. 오해가 크면 클수록 상대방 스스로 자신의 잘못을 깨달았을 때 반성과 함께 나에 대한 미안한 마음이 크게 생겨나 깊은 신뢰와 친밀도를 얻을 수도 있으니 나쁜 일이 아니다.

만일 분노조절장애, 망상장애, 조현병과 같은 정신적 질환을 앓는 환자일 경우 자신에 대한 통제 능력이 없거나 부족한 상태라는 것을 명확히 인식해야 한다. 상대에게 화낼 필요 없이 그에 맞게 응대하면 될 뿐이다. 정신질환자와 옳고 그름을 다투는 정신건강의학과 의사는 없는 것과 마찬가지 이치이다.

정신질환자도 국민의 한 사람으로서 민원을 제기할 권리는 있다. 앞뒤가 맞지 않는 상대의 말에 스트레스를 받아 가며 무시하지 말고, 합리적이고 5%의 냉철한 두뇌를 활용하여 상대의 정신적 수준이 어느 정도인지를 먼저 파악하는 것이 중요하다.

상대의 정신적 수준을 파악했다면 이제 나의 합리적이고, 객관적인 판단은 남김없이 다 없애버려야 한다. 그리고 온전히 상대의 수준과 눈높이에 맞춰 대화를 이어나가야 한다.

이와 같은 절차를 경험하며 깨달은 것은 상대의 정신적 질환 유무와 상관없이 재미있게 웃으며 대화를 할 수 있음은 물론 상호 신뢰를 통한 치료의 단계까지 나아갈 수 있다는 점이다.

때때로 정신질환자의 욕설에 화를 참기 어렵거나 자신이 처한 상황에 대한 비관적인 마음이 커진다면 정신질환자인 상대방은 내려놓고 빨리 자기 자신부터 징신적 지료를 받아야만 한다.

끝으로, 욕심이 많아 자신이 원하는 것을 얻을 수 없다는 것에 대한 분노를 참지 못하고 고성과 욕설을 하는 민원의 경우, 그 사람은 스스로 정당하게 얻어 낼 수 있는 것이 그만큼 크다고 여기며, 자신의 주장을 뒷받침할 수 있는 나름의 근거가 있다고 믿는다. 그러나 경험상으로 볼 때 그들이 주장하는 근거나 판단 자료들은 객관적으로 확인된 자료가 아닌 편협한 지식이나 생각에만 집착하여 억지를 부리는 경우가 대부분이다.

이와 같은 상황이라면 우선 주의를 기울여야 한다. 그들의 주장에 직접적으로 이의를 제기하고 반대한다면 삽시간에 언성이 높아지고 욕설 등의 행태가 뒤따라 분위기를 험악하게 만든다. 이런 경우 민원 응대의 기본은, 내가 아닌 상대의 관점에서 경청하고 공감하여 거리감과 불신을 없애는 것이다. 물론 언제까지라도 말도 안 되는 주장에 공감하라는 것은 아니다. 충분한 경청과 공감을 통해 어느 정도 가까워졌다고 생각될 즈음 정중히 양해를 구한 후 그가 주장했던 내용을 간략히 요약하고 상대의 관점에서 충분하게 공감하고 있다는 것을 전제로 관련 규정, 유사사례 등 명확한 근거자료를 활용해 설득해야 한다.

이렇듯 오래되어 고정화된 타인의 생각을 바꾼다는 것은 호락호락한 일이 아니다. 한두 번 노력하고 애썼다고 남의 마음과 생각이 단박에 바뀔 것으로 생각한다면 큰 오산이다. 특히, 욕설 등 비이성적 행태로 일관하는 특별민원인을 상대하면서 잊지 말아야 할 마음가짐은 '진인사대천명'과 '열린 마음'이다. 아무리 명확한 근거자료를 제시하며 설명하고 설득한다고 해도 오랫동안 편향된 생각을 단박에 바꿀 수는 없다. 내가 할 수 있는 방법은 그저 미운 정이 들 정도로 오랫동안 최소한 웃음이라도 주겠다는 변치 않는 열린 마음으로 욕을 먹어 주는 것이 상대를 돕는 하나의 과정이며 절차라고 생각하는 여유를 갖는 것이다.

'나는 왜 잘못한 것도 없는데 욕을 들어야 하고, 비이성적 행태에 시달려야 하는가?'라는 의문이 들 수도 있다. 그러나 앞서 서술한 것과 같이 이들은 자신만의 생각에 갇혀 세상을 힘들게 살아가는 사람들이다. 그들이 생각하는 나의 위치는 자신이 욕을 해도 어쩔 수 없이 관계를 이어가야 하는 처지라는 생각 때문이 아니다. 최소한 자신보다는 더 큰 사람이라는 판단에 도움을 요청하고 있는 것이다. 스스로 상대방보다 작다고 여기는 사람이 별 뜻 없이 기분에 따라 행하는 비이성적인 행태에 휘둘리는 것은 큰 사람으로서의 자세가 아니다.

'큰 사람은 작은 사람과 다투지 않고, 지혜로운 사람은 어리석은 사람과 다투지 않는다.'

이와 더불어 그들로부터 욕을 들어야 하는 중요한 이유 중 하나는, 내가 수행하고 있는 업무가 참으로 숭고하기 때문이다. 나의 직무는 자신만의 이익을 위한 업무가 아니다. 나의 도움이 필요로 하는 사람들에게 크건 작건 무엇인가 도움을 주는 업무를 수행하고 있다. 특히 자기 생각에 빠져 세상을 비관하며 힘들게 살아가는 특별민원인들에게 기꺼운 마음으로 욕을 먹거나 화풀이의 대상이 되어 끝내 그들에게 삶의 희망과 웃음, 행복을 줄 수도 있는 업무를 수행하고 있기에 그렇다.

생각해 보기

- 내 주위의 가깝고 먼 사람들에게 아무런 잘못 없이 오해를 받고, 욕을 먹은 적이 있는가?
- 있다면 그때 나는 어떤 마음으로 어떤 반응을 보였는가?

아무 잘못 없이 욕먹는 것은 하늘의 축복

지금 아무런 잘못도 없이 특별민원 등 누군가에게서 욕설을 듣거나 행패로 곤란한 상황에 처했다면 그것은 곧 '하늘이 축복'이니 감사할 일이다. 믿기지 않겠지만 사실이다.

나는 너무 어려서 멋모르고 지내던 시절, 교회 여름성경학교에서 매일 끝날 때마다 3조각씩 받아먹었던 "미루꾸"(밀크캬라멜)에 대한 기억 이외에, 사실 얼마 전까지만 해도 종교에 대한 감정이 그리 좋지 않았다. 이유는 목사님이나 스님들 그리고 개인적으로 친밀한 종교인들, 집집마다 방문하여 교회 나오라는 분들부터 길거리에서 '도'를 아십니까? 물어보는 사람들에 이르기까지 보고 만났던 모든 종교인이 한결같이 내 생각과 완전히 달랐기 때문이다.

그들이 종교를 가져야 한다는 이유로 내세운 것은 하나뿐이었다. '예수님, 부처님을 믿으면 천국이요 불신하면 지옥이다' 살아가며 아무리 큰 죄를 지었건 아무리 착하고 좋은 일을 많이 하였건 그것이 중요한 것이 아니라 오로지 예수님, 부처님을 믿느냐 안 믿느냐가 천국과 지옥을 결정한다는 것이었다. 그러면서 온통 자비와 사랑을 외쳐대지만, 실제 그들이 하는 행동은 자비와 사랑보다 자기 생각, 고집만 내세우고, 그 말에 반대 의견을 제시하면 화내고 무시하는 행태뿐이었다.

그런 종교인들의 행태는, 종교에 대해 아무 배운 것 없는 어머니께서 막연히 우물단지 근처 장독대 위에 정성스레 정화수 한 사발 올려놓고, "천지신명이시여!"를 부르며 자식이 잘되기를 바라셨던 기도에 비하면 진정성조차 없는 보잘것없는 것으로 느껴졌기 때문이었다.

그런데 특별민원인들로 인하여 성경과 불경을 직접 대하면서 경멸 수준으로 인식되던 종교가 새롭게 다가왔다. 성경, 불경에는 그저 믿으면 된다는 내용이 있기도 하지만, 그보다는 구체적인 이유를 제시하고 그것에 대하여 내가 생각해 볼 수 있는 기회를 주어 나 자신을 크게 키우고 있다는 것을 어느 순간 깨달았기 때문이다.

성경이나 불경에는 이런 내용의 글이 있었다. 성경에는 "나로 말미암아 너희를 욕하고 박해하고 거짓으로 너희를 거슬러 모든 악한 말을 할 때에는 너희에게 복이 있나니, 기뻐하고 즐거워하라 하늘에서 너희의 상이 큼이라, 너희 전에 있던 선지자들도 이같이 박해를 받았느니라"라고 하고 있고, 불경 또한 "인연과보(因緣果報)라 하여 내가 지은 죄나, 선행에대해서는 언제이건 어떠한 형태이건 반드시 벌이나 상을받는다."라고 하고 있다.

이 말씀은 예수님이나 부처님만 그저 믿으면 죄가 사해지는 것이 아니라, 가령 자기만의 생각에 빠져 나의 선행에도 불구하고 성내고 욕하는 사람이 있다면 이들을 이해하고 불쌍히 여겨 최선을 다해 도우라는 것이다. 욕을 먹거나 박해를 받거나 악한 말을 들은 그것에 대한 하늘의 상이 그만큼 크기에, 성낼 일이 아니라 기뻐할 일이라는 것이다.

잠깐이라도 세상에 태어나 지금까지 살아온 길을 스스로 돌아보면, 알게 혹은 모르게 지은 나의 잘못이 어마어마하다는 것을 알 수 있다.

개구리, 물고기, 이름 모를 작은 벌레 등 말 못 하고 힘없는, 그렇지만 존중받아야 할 작은 생명들을 아무 이유 없이, 장난삼아, 그저 보기 싫고 징그럽다며 죽여 버린 것들이 그 얼마인가! 상대의 진심이나 생각을 알지도 못하면서 단지 작은 언행이나 행태가 마음에 안 든다고 무시하고 모욕하고 깎아내리고 한 적이 그 얼마나 많은가! 이 밖에도 열거할 수 없을 만큼의 어마어마한 잘못을 생각하면 나는 당장 천벌을 받아야 마땅하다.

그런데, 지금 특별민원인 등 누군가로부터 아무 잘못 없이, 아니 오히려 선행을 베풀고도 욕을 듣고 행패를 당하고 있다면 그것은 하늘의 축복이요 감사할 일이 아닐 수 없다.

그러니 이유 없이 또는 작은 실수를 트집 잡아 괴롭히고, 미워하고, 험담하고, 깎아내려 나의 죄를 사하여 주는 감사한 특별민원인들에게 보은의 자세로 진심을 담아 작더라도 따뜻한 도움을 줄 수 있도록 하여야 하는 것이다.

생각해 보기

- 남들에게 잘하고 험담이나 욕을 먹은 적이 있는가?
- 있다면, 어째서 잘하고도 욕을 먹었는가?
- 상대가 착각해서라면 내가 그 사람이 착각하도록 하지는 않았는가?

참지 말고, 나도 욕하며 살자♪

앞서 아무 잘못 없는 나를 누군가 욕했다거나, 비이성적 행태를 보인다 하더라도, 상대의 생활환경이나 성격, 습성이나 특성, 정신 능력 등을 고려해 이해하고, 바르게 고쳐주겠다는 마음으로 다가간다면, 기분이 상하지 않고 효과적으로 해결할 수 있음을 소개한 바 있다.

이와 같은 마음가짐이나 응대 방법은 이상적으로는 맞는 말이고 가능할 수도 있다. 하지만, 현실적으로 특별민원 업무를 담당한 지 얼마 되지 않았거나, 신규 공직자일 경우 비이성적 욕설 행태가 지속된다면 끝까지 참아내기는 힘들다.

최악의 상황 중 하나는 참고 참다 결국 감정이 무의식적으로 폭발하는 것이다. 이런 상황이 발생한다면 뒷수습이 곤란해지기 때문에, 폭발 전에 반드시 감정을 떨어뜨려야 한다. 그렇다면 '높아진 감정은 어떻게 떨어뜨릴 수 있나?' 의문이 들겠지만 그 방법은 생각보다 간단하다.

바로 욕하는 상대방을 향하여 나도 힘껏 소리쳐 욕하는 것이다.

"이런 ○새○ 또는 ○자식" 능능 자신의 취향대로 그냥 하면 된다.

공직자가 욕을 하면 이내 분위기가 싸늘해지고 정적이 흐르게 된다. 이유는 지금껏 욕을 해보기만 하고, 얻어먹어 본 적이 없는 민원인의 당혹스러움 때문이기도 하며, 담당 공직자를 화내게 하여 욕설을 유도해 트집을 잡겠다는 민원인의 의도가 드디어 먹혀들었다는 환희 때문이기도 하고, 감정이 올라와 자신도 모르게 욕을 한 공직자 스스로 '아! 욕을 해버렸네! 어떻게 하지'하는 당혹감 때문이기도 하다.

그럴 때는 당황하지 말고, 한마디만 덧붙이면 된다. 만일 특별민원인의 근본적 욕설 대상이 내가 아닌 다른 사람이라면, "아직도 그런 공직자가 있단 말이에요! 이런 ○새○!"라고 말이다.

이렇게 응대하면 말이 끝나기 무섭게 민원인과 나의 당혹감은 단박에 사라져 버린다. 이유는 민원인으로서는 '나한테 욕했는지 알았는데 나한테 욕을 한 것이 아니구나!'라고 인식할 수 있고, 욕을 한 공직자 또한 '당신에게 욕을 한 것이 아니라 당신의 화를 돋운 공직자에게 욕을 한 것'이 되기 때문이다.

그러니 특별민원이 욕하는 대상이 내가 아닌 다른 사람이거나 다른 부서, 다른 기관의 사람이라면 민원인보다 한술 더 떠 같이 욕하면 된다. 설령 민원인의 주장이 망상에 불과한 것일지라도 욕하는 대상이 지금 같은 자리에 함께 있는 것도 아니기에 치밀어 오르는 나의 감정을 어딘가에 쏟아낼 수가 있어 마음이 가벼워지고 특별민원의 감정 또한 급격히 떨어뜨리는 효과를 볼 수 있다.

그런데 안타깝게도 욕하는 대상이 내가 처리한 민원에 대한 불만으로 직접 나를 욕할지라도 당황할 필요가 없다. 어쩔 수 없는 사회제도를 욕하면 되는 것이다. 단, 사회제도만 욕한다면 특별민원의 공감을 얻을 수는 없을 것이다. 이때 모든 책임을 효과적으로 미룰 수 있는 고마운 곳이 있다. 다름 아닌 입법을 담당하는 국회요, 그리고 국회의원들이다. 삼권분립의 상황에서 행정 공무원이 할 수 있는 것은 오직 국회가 정한 법의 테두리 안에서 법을 집행하는 것뿐이다. 그러니 안타까운 마음을 담아 법률에서 벗어난 어떤 것도 할 수가 없다는 양해를 구하고 사정없이 국회의원을 욕하면 된다.

'늘 국민을 위해 법을 제정하고, 시대에 맞게 개정도 하고 폐지도 해야 하는데 법을 이렇게 만들어 놓고 방치하기 때문에 그렇다'는 이유에서이다. 사실 국회의원들이 국가와 국민을 위해 헌신하겠다고 해놓고는 정작 자신의 이익이나 당리당략에 몰입되어 비이성적 행태를 보이는 이들이 일부 있는 것도 사실이다. 그 때문에 고마운 마음으로 부담 갖지 말고, 그냥 자기 일하지 않고 이익만 추구하는 극히 일부의 국회의원한테 욕하는 것으로 쌓인 감정을 해소하는 것도 하나의 방법일 수 있다.

물론 특별민원인과 함께 다른 공무원이나 사회제도, 국회의원을 욕하는 것으로 끝을 내서는 안 된다. 민원인과 함께 욕하는 것은 어디까지나 더 이상 참을 수 없는 감정을 쏟아내 이성을 되찾고 또한 특별민원의 비이성적으로 높아진 감정을 순화시켜 떨어뜨리는 데까지만 사용하는 한시적인 것이다. 더 많은 욕을 하고 싶을 수 있겠지만 그럴 경우 민원응대가 불필요하게 길어져 나의 할 일이 쌓여 또 다른 스트레스의 원인이 될 수도 있다.

그러니 집 나갔던 민원인의 이성이 어느 정도 돌아왔다 싶을 때 맞장구를 멈추고 상대가 직면한 힘든 상황과 그로 인해 격앙된 감정을 충분히 이해하고 공감하는 마음으로 대신 사과하고 대신 욕 들어주기 등의 방법을 활용해 이성적인 대화를 이끌어야 한다.

이 밖에도, 현실적 제도, 실제 사례, 요구 민원을 들어주었을 때 발생 가능한 부작용 등을 설명할 때 역시 상대의 관점에서 심리적, 지적, 행태적 눈높이를 먼저 인식하고 각 수준에 맞는 충분한 대화를 나눈나면 극히 일부를 제외한 특별민원인이 욕설 행태는 모두 개선할 수 있다.

여기서 다만 간과해서는 안 될 중요한 것이 있다면, 특별민원인의 욕에 이끌려 나도 모르게 똑같이 욕을 했다는 것은 분명 공직자로서 자세나 역량이 다소 부족하다는 것을 의미한다는 점이다. 한 번 정도는 앞서 설명한 방법 등을 통하여 순발력 있게 위기 상황을 넘어갈 수 있지만 2번 이상 특별민원인에 말려들어 이성을 잃는다면 깊이 반성하고 공직자로서의 역량을 높이기 위하여 힘써야만 한다.

　이와 같은 응대 방법을 소개한 것도 어디까지나 신규자와 같이 공직에 대해 아직 체화되지 않았거나 상대의 욕설을 참고 참다가 자신도 모르게 욕이 터져 나온 상황에서 잘못을 인식하고 유연하게 대처할 수 있도록 선배로서의 작은 임기응변을 소개한 것일 뿐이기 때문이다. ♪♬

생각해 보기

　– 잘못 없는 내게 욕한다고 하여 같이 욕하며 싸운 적이 있는가?

　– 싸워서 어떠한 실익이 있었는가?

　– 상대의 말이 아닌 심정을 이해하려 했다면 무엇이 달라졌을까?

나의 민원 응대 수준 알아보기

앞서 특별민원인의 비이성적 행태를 응대하면서 자신도 모르게 감정이 올라오고 똑같은 욕설을 하는 것은 공직자로서의 역량이 다소 떨어진다고 언급한 바 있다.

나의 생각이지만 공직자의 민원 응대 수준을 5단계로 나누어 볼 수 있겠다.

최하의 수준인 5단계는 특별민원인이 비이성적 욕설을 했을 때 바로 감정이 올라와 받은 욕설을 되받아치며 응대하는 수준이고, 4단계는 욕설에 강한 스트레스를 받기는 하지만, 참아내고 또 참아내고야 마는 인내심 강한 수준을 말한다. 3단계는 자신은 공직자이고 국가로부터 월급을 받고 있는데 그 급여 안에는 국민으로부터 욕을 듣는 대가도 포함되어 있다는 생각으로, 아무런 영혼이나 스트레스 없이 한 귀로 듣고 한 귀로 흘려보내는 수준, 2단계는 설령 욕설을 해도 상대의 처지에서 감정을 이해하고 왜 이렇게까지 하게 되었는지 민원의 근본적 원인을 알아내 그 원인까지 해소하는 수준이다. 끝으로 1단계는 욕설에 대한 감정이 올라오기도 전에 상대에 대한 측은지심이 생겨나 민원 해결은 물론 비이성적 행태를 스스로 부끄럽게 생각하여 반복하지 않도록 개선해 주고, 그의 감정을 함께해 줄 수 있는 수준이다.

공직자라면 한 번쯤 나의 민원 응대 수준이 어디쯤인가 생각해 보고 낮은 단계라면 최소한 스트레스는 없는 3단계 이상으로 수준을 높여야 하겠다. 민원 응대 수준을 높여야 할 이유는 간단하다 수준이 높아진 만큼 삶의 환경이 맑아지고 밝아져 행복으로 이어지기 때문이다.

생각해 보기

– 과연 나는 몇 단계의 마음가짐을 가지고 있는가?

– 응대 수준이 높아지면 누구의 삶이 행복해지는가?

　①나　②민원인　③나와 민원인 모두

제**8**장

나의 특별민원 응대 비결

1회 면담, 3촌 이내 친족화

나는 앞서 특별민원인을 대할 때 하기 싫은데 억지로 하는 깍듯한 예의 보다는 상대가 기분 나쁘지 않을 정도의 기본적 예의만을 지킨다고 언급한 바가 있다.

나는 남녀노소를 불문하고 상대가 욕설, 폭언 등 비이성적인 행태로 일관하든, 아니면 이성적인 태도로 깍듯한 예의로 대하든 그를 처음 대할 때 가장 중점을 두는 것은 한시라도 빨리 서로 따뜻하게 '말까고' 대화하는 스스럼없는 관계를 만드는 것이다.

말을 깐다는 것은 얼핏 듣기에 상대를 무시하고 낮추는 말투이기에 가뜩이나 감정이 치솟아 불에 타며 비이성적으로 행동하는 상대에게 휘발유를 붓는 것이 아니냐고 우려를 표할 수 있다.

맞다. 감정에 휘말려 있는 상대를 무시하고 깎아내렸다가는 꼬투리가 잡혀 헤어날 수 없는 늪에 빠지는 꼴이 될 수 있으므로 반드시 주의해야 한다.

그러니 아무리 따뜻한 관계라도 말을 까려면 반드시 절차가 필요하다. 제일 먼저 할 것은 상대의 불타는 감정을 내리는 것이다. 그 방법에 대해서는 앞장 '특별민원 응대하기 실전'에서 구체적으로 설명한 바 있지만, 그중에서도 진정성을 가지고 공감, 경청, 맞장구만 쳐줘도 상대의 높아진 감정을 곧바로 무장 해제할 수 있다.

- 혈연, 지연, 학연을 활용하자

경청, 즉 쓸데없는 이야기라도 잘 들어주다 보면 10분이면 민원인의 고

향, 사는 곳, 출신학교, 성씨, 본관 등 어지간한 정보는 모두 알 수 있게 되는데, 그중 나와 공통되는 부분 하나를 찾아 특별한 관계를 맺을 수 있다.

보통 우리사회에서 없어져야 할 것을 꼽으라면 대표적으로 혈연, 지연, 학연을 꼽는다. 공정하고 깨끗한 사회로 나아가는데 걸림돌로 작용한다는 이유에서이다. 나 역시 적극 공감하지만, 특별민원인과의 관계에서는 예외이다. 아니 반드시 활용해야만 한다. 혈연, 지연, 학연이 같으면 이성적 대화를 통하여 어렵지 않게 긴밀한 관계를 맺을 수 있기 때문이다. 생각해 보라. 자기 생각에 빠져 자기주장만을 늘어놓는 상대에게서 얻을 수 있는 것은 갈등뿐이겠지만, 고향, 출신학교, 조상 중 하나만 같아도 관련된 주제로 이끌 수 있어 서로 재밌게 대화할 수 있고 상대에 대한 좋은 감정도 생길 수 있다. 그러니 특별민원인과의 관계 형성에는 민원 내용 대신 혈연, 학연, 지연을 적극 활용해야 한다.

- 억지로라도 3촌 이내 혈연 만들기

혹시 아무리 찾아도 연결점이 없다면, 실망하지 말고, 억지로라도 혈연, 지연, 학연을 만들면 된다. 예를 들어, 앞서 '칭찬은 특별민원인도 춤추게 한다'에서 소개한 것과 같이, 집 나갔던 민원인의 이성이 돌아왔다 싶으면 칭찬을 해주는데 그중 가장 쉽고, 모두가 좋아하는 말은 '젊어 보인다'라는 것이라고 한바 있다.

젊어 보임을 칭찬하며 나이를 알아낸 후, 곧장 내 가족이나 가까운 친척을 기준으로 아버지, 어머니, 삼촌, 이모, 고모, 형님, 누님, 조카 등 3촌 이내 친족으로 만들어 버리면 된다. 물론 특별민원인 중 대학교수나 학교 선생님, 목사, 스님과 같이 일부 특별한 지위나 직위가 있는 경우 예외가 되겠지만, 그 외 대부분은 그냥 3촌 이내 가족이다.

참고로, 내가 가족관계 지위를 부여하는 기준은 이렇다. 어릴 적에 살던 시골집 인근에 이모님의 딸인 42년생 누님이 살고 계셨는데, 내가 65년생이다 보니 겉보기에는 이모와 조카처럼 보이지만 이종사촌 누님이다. (그러다 보니 누님의 큰아들인 조카와 나도 5촌 아저씨 벌이 되지만 나이 차가 없다 보니 조카는 나를 아저씨라고 하지 않고 '형'이라고 부른다. 만약 족보 좀 따지는 어르신이 이와 같은 상황을 보시면 '쌍○의 집안'이라고 흉을 볼 수 있겠지만 어찌 됐든 족보상으로는 왕족인 전주 이가, 경주 김가임에는 변함이 없다. ^^)

하여, 42년생을 기준으로, 41년생까지는 모두 누님, 형님(41년생은 42년생 누나와 한 살밖에 차이가 나지 않아 41년생까지는 모두가 형님이고 누님이다.) 그밖에 90세 이상은 아버지, 어머니 그리고 아버지, 어머니와 형님, 누님 사이의 연령대는 삼촌, 이모, 고모 끝으로 나보다 아래면 동생이나 조카가 된다.

친족의 지위를 부여한 이후 해야 할 것은 서로 반말하는 분위기를 조성하는 것이다. 가까운 가족 관계가 되었으니, 실생활도 친밀한 가족이 되어야 하는 것이다.

"자~ 이제부터 우리는 삼촌과 조카, 누님과 동생 사이가 되었으니, 지금부터는 제게 말씀을 낮추세요." "조카인데, 그리고 동생인데 무슨 존댓말을 쓰세요. 말씀 낮추세요" "그래야 저도 친한 삼촌과 누님처럼 말을 놓을 수가 있죠, 그러니 말씀 낮추세요~"라고 하면 대부분 내게 말을 낮추게 된다. 그러면 나는 상대가 나에게 말을 낮춘 것을 확인하는 즉시, 처음에는 상대가 기분 나쁘지 않을 정도로 가끔 말끝에 '요'나 '까'자를 붙이는 정도의 존칭을 쓰다가. 어느 정도 시간이 지나면 굳이 말끝에 존대의 말을 붙이지 않아도 될 정도로 자연스럽게 대화할 수 있을 시점이 온다. 그렇지만 나는 특별민원인께 호통을 쳐야 할 때를 제외하고는 절대 완전 반말을 하지는 않는다. 최소한 5% 정도는 말끝에 살짝 존대를 섞어 상대에 대한 존중을 표시한다.

- 반드시 반말은 사전 조건을 이행하고 해라!

여기서 그냥 지나쳐서는 절대 안 되는 부분은, 누차 이야기하지만, 특별민원인 등 내가 꼴 보기 싫은 웬수에게는 "깍듯한 존대를 하지 말고 기본예의 즉 어떠한 상황일지라도 욕은 하지 않는다. 반말까지만 한다."라고 했다. 그렇다고 처음부터 무턱대고 반말을 해서는 안 된다는 것이다.

반드시 억지로라도 혈연, 지연, 학연을 만들어 민원 관련 대화가 아닌 쓸데없는 사적인 대화를 웃으며 나눌 수 있을 정도의 친밀한 관계를 맺은 다음에 말을 까더라도 까자.

생각해 보기

- 상대의 나이를 통하여 3촌 이내 가까운 가족관계를 만들 수 있었다. 그렇다면 학연, 지연은 어떠한 방법으로 만들 수 있겠는가?
- 내가 민원인과 친밀한 관계를 맺기 위해 노력했던 경험이 있는가?
- 그 관계 형성이 민원 해결에 어떤 영향을 주었는가?

무엇이건 도움을 준다

특별민원인과 가깝고 친밀한 3촌 관계도 되었으니, 이제부터는 실제 사랑하는 내 가족의 관점에서 특별민원인들의 행복을 위해, 케케묵어 고름 덩어리가 되어있는 특별민원의 근본 문제를 도려내고, 새살을 붙일 차례이다.

문제는 특별민원이란 것이 도저히 행정적으로 관련 규정에 따라 도움을 줄 수 없거나, 터무니없는 황당한 요구가 대부분인지라, 일반 행정 공무원이 소화할 수 있는 업무의 선을 넘어 응대할 엄두조차 낼 수 없는 것들이 많다는 것이다.

내가 도움을 줄 수 없는 것을 가지고 하루가 멀다 하고 찾아와서는 폭언과 욕설로 일관하고 있으니 일반적인 사람들이라면 돌아버릴 일이라 생각할 수도 있다. 아마도 내가 망상장애 공무원이 된 가장 주요한 요인이 '이들을 365일 24시간 응대하면서 생긴 직업병이 아닐까?'라는 생각이 들기도 하는 대목이다.

그런데 나는 민원에 관해서 만큼은 사실 전지전능하다. 이미 첫 번째 장인 '사랑하는 나의 웬수들과의 일상'에서 소개한 것처럼 상상조차 할 수 없을 만큼 다양하고 많은 특별민원을 다 해결하였으니 말이다.

어떻게 다 해결할 수 있었느냐? 그 비결은 바로, 특별민원인 개개인이 요구하는 민원의 본질을 해결하기보다 특별민원인의 마음속 깊이 자리하고 있는 '한'을 푸는데, 집중한 결과이다.

역설적이지만 특별민원 내용 자체를 해결하려고 한다면 답이 없다. 좀 더 민원을 폭넓게 보아야 한다. 그 민원을 확장도 해보고, 축소도 해보고, 분해도 해보면, 그것이 공적인 일이든, 사적인 일이든, 크든 작든 반드시 무엇인가 도움을 줄 수 있는 것이 있다. 내가 할 수 있는 것은 이런 과정을 거쳐 찾아낸 해결 가능한 부분에 관심을 기울여 해결해 주면 된다.

특별민원인의 공통점 중의 하나가, '모든 공무원을 믿지 못한다'라고 안내한 바 있다. 그 이유로 모든 공무원이 서로 짜기라도 한 듯 똑같은 이유를 달아 도와줄 수 없다고 할 뿐만 아니라 오로지 무시와 냉대로 일관하고 있다고 생각하기 때문이다.

그런 공무원에 대한 고정관념이 특별민원의 머릿속에 가득했었는데 이번에 만난 공무원은 전에 만났던 공무원과는 차원이 달랐다. 이미 경청, 공감, 맞장구, 친절과 진정성, 가족관계 만들기 등의 노력을 통하여 이미 친해지고, 신뢰 관계까지 형성되어 있었는데, 거기에다가 비록 일부 어쩌면 아무 것도 아니겠지만 모두가 안 된다고만 했던 민원 해결을 위해 보여준 노력이 눈물겹다. 신뢰가 빠악~ 생긴다. 신뢰가 생기면 내가 하는 모든 말이 곧 진리가 되고 안 되는 민원을 안 된다고 했을 때 "아~ 안 되는 것이구나!" 하고 받아들인다. 민원을 해결하는 또 다른 방법인 셈이다.

예를 들어보자. 한 노인이 면사무소에 찾아와서는 강에 설치된 댐을 없애 달라고 아우성을 친다. 댐 하류 지역에 자신의 논이 있는데 댐이 설치된 이후부터 하류 지역의 물이 줄어들어 양수기로 물을 퍼올려야 할 뿐만 아니라, 댐 상류 지역에 있는 집은 전과 다르게 비가 조금 많이 내렸다 하면 물이 불어 불안해서 못 살겠다는 이유에서이다. 군청, 도청, 국토부, 환경부, 수자원공사, 대통령실 할 것 없이 민원을 제기하고, 전화로 하소연도 해보고, 찾아가 난동도 부려 봤지만 모두 허사다. 그저 기관 간 폭탄 돌리기로 이어질 뿐이다. 만만한 것이 가까운 면사무소다 보니 면 직원들만 욕받이를 해야 했다. 시간이 지나면서 면 직원들은 그가 떴다 하면 서로 앞다투어 출장을 나가다 보니 애꿎은

등초본 담당자가 하염없이 퍼부어 대는 필리버스터 형 하소연을, 양쪽 귀 사이 뻥~ 뚫린 터널을 통해 통과시킬 뿐이다.

이러한 상황이라면 어떤 대안이 있을까? 실제 면사무소에서 국책사업에 대해 할 수 있는 것은 극히 미약하다. 그러나 민원인이 내 가족이라는 생각으로 문제를 확대도 해보고, 축소도 해보고, 분해도 해보면 그것이 공적이든 사적이든, 크든 작든 무엇인가 도울 부분을 찾아낼 수 있다.

지하수 관정을 파는데 지원방안을 검토할 수도 있고, 양수기를 대여할 수도 있고, 거주지 배수로 정비도 할 수 있고, 민원 인근 지역 조사에서 유사하거나 동일한 피해 사례가 확인된다면 중앙이나 지방 차원의 지원을 요구해 볼 수도 있다.

이것도 저것도 안 된다면, 민원인이 울화통으로 가슴이 터져 버리기 전에 비록 도와줄 것은 없지만 면사무소에 와서 버럭 소리라도 치라고 해 줄 수도 있고, 크게 기대할 수는 없겠지만, 밑져야 본전이니 우리나라 민원을 총괄하는 국가기관인 국민권익위원회에 댐을 없애 달라고 정식으로 민원을 제출해 보자고 제언해 볼 수도 있다.

노인이라 민원서류 작성이 어려울 것 같으면, 서류를 대신 작성해 주기라도 하여 민원 신청을 도울 수도 있다.

이 밖에도 마음만 먹으면 무엇인들 하지 못할 것이 있으랴.

민원인에 비하면 그 능력이 전지전능한 공무원인데…

생각해 보기

- 이 세상에는 어렵고 힘든 사람이 얼마나 많은가?
- 내가 그들에게 다소의 도움이라도 줄 수 있다면 그 방법에는 어떠한 것들이 있 겠는가?
- 누군가 또는 어떠한 생명체에건 도움을 줬다면 누가 행복한가?
  - 도움을 받은 사람이며 생명체
  - 도움을 준 나
  - 도움을 준 나와 도움을 받은 생명체 모두

특별민원인과 나는 같은 편

민원인과 민원 담당자와의 관계에서 가장 기본이 되는 중요한 것은 상호 간에 신뢰와 친밀함이라는 것을 여러 차례에 이야기하였고 이 친밀감과 신뢰도는 이 책을 마치는 시점까지 강조하게 될 것이다. 그만큼 민원 해결의 열쇠가 신뢰감, 친밀감이기 때문이다.

그러나 특별민원인과 민원 담당자가 신뢰감, 친밀감을 형성하는 것은 그리 호락호락하지 않다. 민원인의 신뢰는 담당 공무원이 자신이 원하고 바라는 대로 해주면 생기겠지만, 원하는 대로 해주지 않고, 담당자의 주장만을 고집한다면 신뢰는 물 건너간 것이나 다름없다.

민원 담당자는 흔히 민원을 처리하면서 자신이 알고 있는 객관적인 규정과 관계 자료, 지식 등을 활용하는데, 이와 반대로 특별민원인은 관련 규정에 대한 주관적 해석, 주위 사람들의 뜬구름잡기식 동조, 설령 전문가의 의견을 얻었다고 할지라도 민원인이 자신의 불리한 입장을 제외한 유리한 자료만을 제공하며 얻은 한쪽으로 치우친 의견 등을 과신하며 자신의 의견이 곧 진리라고 확신하기 때문이다.

이러한 확신에 찬 특별민원을 수용하지 않게 되면, 대부분 일반적인 민원인과 차별화되는 감정을 표현하며 이의를 제기하게 된다. 이러할 경우 민원 담당자가 할 수 있는 것이라고는 이전에 처리한 민원을 참고하라며 종결하거나, 법원 판결을 받아 보라고 핑퐁하는 것 이외에 달리할 것이 없다고 생각할 수 있다.

그러나 아니다. 추가로 할 수 있는 것은 얼마든지 많다. 내가 특별민원인의 억지 주장을 계기로 큰 효과를 거둔 방법이 있다면 '민원인과 함께 벽돌 깨기 게임'을 하는 것이다. 상대가 막무가내로 주장하는 대표적인 이유를 하나하나 목록으로 작성하여 깨트리기 쉬운 벽돌부터 상대의 참여하에 함께 깨뜨리는 것이다. 현장을 방문하여 사실관계를 직접 확인할 수도 있고, 민원인이 맹신하는 전문가를 함께 찾아가 민원인의 일방적 주장이 아닌 쌍방 모두의 주장을 들려주고 관련 자료를 제시하여 함께 의견을 들어보는 방법을 취할 수도 있다. 외부 기관의 사례나 의견 등을 근거로 주장한다면 정식 공문을 통한 질의를 하여 해당 기관의 명확한 의견이나 사실관계를 확인할 수도 있다.

이와 같이 너와 나만의 실익 없는 팽팽한 갈등에 매몰되어 다투지 말고, 제3의 의견 그것도 안 된다면 제4, 제5의 의견 등 마음만 먹으면 얼마든지 상대의 주장이 억지라는 것을 증명할 수 있다. 더 이상 특별민원인이 제시할 벽돌이 없을 때까지 벽돌 깨기 놀이를 하면 된다. 사실 특별민원인의 벽돌은 1~2개에 불과하니 걱정할 필요가 없다.

이와 같이 벽돌을 깨다 보면, 민원인 스스로 자신의 주장이 잘못된 것임을 알게 돼 민원의 강도가 낮아지거나, 없어질 뿐만 아니라, 민원인 스스로 자신의 억지 주장에 성심을 다하여 자신을 도와주려 노력하는 민원 담당자의 노고에 감동을 받아 같은 편으로 인식하여 민원을 내려놓을 수도 있다. 더 큰 이점은 내가 민원 해결을 위한 노력이 다양하고 깊을수록 나의 민원 처리 역량이 한없이 커진다는 것이다.

한 사례를 들어 보면,

나의 특별민원인 중 80대의 작은어머니가 계셨다. 작은어머니는 1990년경부터 30년 이상의 기간 동안 같은 민원을 제기하고 계셨다. 민원 내용은 아주 단순했다. 1853년 돌아가신 증조부의 제적등본을 떼 달라는 것 하나뿐이었다. 그런데 중요한 것은 당시에는 지금과 같은 호적제도가 없었다. 현재와 같은 호적은 일제강점기인 1923년 조선호적령 제정 이후이다 보니 면사무소에 자료가 있을 리 없다.

작은어머니가 30여 년간 자신의 주장이 옳다는 근거자료로 제시하는 것은 오로지 언제 어디서 오려낸 것인지 알 수 없는, 다 낡아 너덜너덜해진 신문 쪼가리 하나뿐이다. 내용의 골자는 '신라시대, 고려시대에도 호적제도가 있었다'라는 것이다.

작은어머니의 민원은 시간의 흐름과 함께 면사무소에서 시작하여 지방 중앙 가릴 것 없이 우리나라 거의 모든 기관으로 퍼져 나갔고, 그만큼 작은어머니의 감정은 한으로 쌓여가 언제라도 건드리기만 하면 입에 담기조차 힘든 욕설이 사정없이 터져 나왔다.

작은어머니는 우리 위원회를 방문하였다 하면, 월요일부터 금요일까지 매일 9시부터 저녁 6시까지 1주일 내내 현관 앞 도로변 인도 일부분에 자리 잡고 앉아계신다. 자신의 억울함을 큰 종이에 적어 골판지에 붙여 세워 놓고 화장실 가는 시간 등을 제외하고 종일토록 앉아 계시는데, 지나가는 일반 시민 중 간혹 한두 번 말을 건네는 이들도 있지만 작은어머니의 거친 말소리에 금방 입이 닫힌다.

작은어머니와 대화할 수 있는 사람은 사실 나밖에 없다. 워낙에 친하다 보니 다른 공직자에게는 형언할 수 없는 강한 욕설을 퍼부어 대지만 나에 대한 욕은 없다. 자의 반 타의 반 나는 하루 종일 앉아 있는 작은어머니에게 최소 1시간 내외로 내려가 말을 시키고 안전 여부를 확인하여야만 했다. 만에 하나 한겨울 위원회 정문 앞에서 돌아가시기라도 하는 날에는… ㅠㅠ 대책이 없다. 각종 언론에서 '국민권익위원회, 민원인 방치로 1인 시위 중 얼어 죽게 해'와 같은 기사를 대서특필하여 문제를 제기할 것이 뻔하고, 결국 그 책임은 몽땅 내가 져야만 할 것이기에 그렇기도 하다. ㅠㅠ

그리고 또 한편으로는, 앉아 계신 모습이 측은해 보여서이기도 하지만, 작은어머니에 대한 나의 관심과 노력을 확실히 보여줄 수 있는 기회가 되기 때문이기도 하다.

특히, 한겨울이나 한여름에는 더욱 자주 내려가 보고 가끔은 사무실로 모셔와 마실 것을 건네며 팔, 다리, 어깨를 주물러 드리기도 하고 이런저런 대화를 하는데 이때가 작은어머니를 설득할 절호의 기회가 된다.

민원인을 설득할 때는 백날 말로만 해서는 안 된다. 자신의 민원을 해결하기 위해 최선의 노력을 기울였다고 말하지만 그 근거가 없기 때문이다. 이럴 때는 노력의 증거를 보여주어야 한다.

나는 작은어머니를 사무실로 데리고 와 어느 정도 안정이 되면 그다음에는 내가 하는 일을 간략히 소개한다. 캐비닛에서 다른 사람이 제기한 큰 민원, '즉 통일을 시켜달라', '이산가족을 만나게 해 달라' 등등의 민원서류를 보여준다.

"작은엄마! 이것 좀 봐, 내가 하는 업무들인데, 통일을 시켜달라고 하지, 이건 이산가족을 만나게 해달라는 민원이야! 내가 하는 업무는 모두 이렇게 국가적으로 큰 민원들을 처리하는 거야, 알아! 그러니 내가 얼마나 바쁘겠어!"

그런데, "작은엄마 민원은 국가적인 것도 아니고 증조부 제적등본 떼 달라는 작은 민원이잖아, 하지만 이거 봐봐. 나는 작은엄마가 얼마나 억울하면 30년 이상을 이렇게까지 고생을 하나? 생각하고 내가 여기 저기 다 알아봤어~"

"이건 면사무소에서 온 공문인데, 여기 봐~ 작은엄마 민원은 당시 현재와 같은 호적제도가 없어 제적등본을 발급할 수 없다고 쓰여 있잖아, 그리고 이것은 호적을 법원에서도 관리를 하고 있다길래 관할 법원에 물어본 공문이야 여기서도 똑같이 발급할 수 없다고 하잖아~"

"작은엄마가 믿거나 말거나지만 사실 이 공문을 받고, 작은엄마가 보여준 자료에서처럼 '신라시대 고려시대에도 집에 개가 몇 마리 있었다는 것도 알 수 있는데 사람의 자료가 없다는 것은 말도 안 된다'는 생각이 드는 거야. 그래서 불시에 면사무소 호적 고하고 법원 호적 고를 찾아가 다 뒤져봤거든, 그런데 정말 1800년대 살았던 증조부 말고도 모든 사람의 호적이 하나도 없는 거야~ 이게 어떻게 된 일인가 생각되어 다른 면사무소도 여러 군데 돌아봤는데, 아무 데도 없어~"

"그래서 '공무원이 공무원을 못 믿는다'라고 욕만 잔뜩 먹고 돌아 왔어~ 그러니 이제 내려놓고 지금부터라도 행복하게 살자 응~"

(작은엄마! 못 믿겠다는 표정으로,) "없긴 왜 없어! ○○○면장 새○가 면사무소 뒤편 땅을 파고 묻어 숨겼단 말이야."라고 말한다.

그러면 나는"정말? 면장이 땅 파고 묻는 것을 봤어? 좋아 그럼! 찾은 거나 다름없네~ 나랑 면사무소에 가자! 내가 삽 가지고 갈 테니까 작은엄마가 그 파묻은 자리를 찍어 내가 팔 테니까! 자 빨리 가자"하고 손을 잡고 가자고 하면 안 간다고 뿌리치게 되어있다. 있지도 않은 사실을 임기응변으로 말한 것이기에 그렇다.

이와 같이 담당자인 내가, 늘 자신의 이야기를 잘 들어주고, 같이 아파하고, 무엇인가 도움을 주려고 노력하는 것을 실제 증거자료와 함께 보여주면 민원 해결 여부를 떠나 민원인의 신뢰와 감사의 마음을 이끌 수가 있다. 민원인에게는 이 세상 모든 공무원은 믿을 수 없지만 단 한 명 믿을 수 있는 자기편이 생긴 것이다.

생각해 보기

– 모두가 아니라고 할 때, 단 한 사람만이 내 말을 들어주고 함께 고민해준다면…
  나는 그를 어떻게 기억할까?

두려움 없는 당당함(盡人事待天命)

내가 전담하여 응대하는 특별민원인 중에는 상담 중 갑자기 감정에 복받쳐 대형 식칼을 들고 와 "죽여버리겠다"고 위협하는 형님부터, 작은 칼을 꺼내 들고 민원이 해결되지 않는다면 자기 손목을 그어버리겠다고 협박하는 누님, 사업 파산으로 인한 생활고를 호소하며 도와주지 않으면 노모와 어린 자식들의 생계가 막막하다며 가족 모두를 죽이고 자신도 자살하겠다는 동생, 분노조절장애로 이유 없이 큰소리치고 욕을 해대는 누님, 잘못된 금융정책과 감독 소홀로 전 재산을 주식 투자로 잃었다며 국가에서 책임지라며 고래고래 소리쳐 대는 삼촌, 그리고 머리띠를 질끈 동여매고 공공개발 사업에 필사적으로 저항하는 집단민원인 등 다양하고 수많은 이들이 있다.

이들은 행태가 위험하고 위협적이라는 특징 이외에 간과할 수 없는 것이 있다. 그것은 개개인별로 관계되는 기관이나 관계자들이 어마어마하게 많다는 것이다. 입법·사법·행정기관은 말할 것도 없고 공사·공단 등 공공기관에서부터 사기업체나 구멍가게에 이르기까지 관계가 닿지 않은 곳이 없다. 특별민원전문관인 내게 오기까지 거친 기관이 수십여 곳에 이르는 이들도 적지 않다. 그 많은 기관, 단체별로 그들이 만난 담당자는 얼마나 많겠는가!

특별민원인으로 인한 업무 스트레스와 비효율은 사기업은 물론 국가·지방행정 및 공공기관에 이르기까지 심각성을 더해가고 있다. 이에 따라 비이성적 행태를 보이는 고객이나 민원에 대한 관심이 날로 높아져 행정기관별로 수많은 대책이 마련되어 시행되고 있다. 그런데 문제는 이미 언급한 것처럼 대책이 늘어나는 것만큼 특별민원인도 늘어나고, 이를 응대하여야 할 공직자의 스트레스나 업무 부담도 함께 늘어나고 있다는 것이다.

그 이유는 무엇일까? 그중 하나는 민원 담당자가 당당하지 못하고 민원인 앞에서 스스로 작아지고 여려지기 때문이 아닐까 싶다. 왜 도움을 받는 사람이 아닌 도움을 주는 사람이 작아지고 여려지는가? 내성적이라서? 상대가 너무 감정적이라서? 신규자이기에 경험도 없고, 힘도 약해서? 무서워서? 상대가 고객이라서? 가장 큰 이유는 내가 할 수 있는 최선의 노력을 기울이지 않았기 때문이다.

상대에게 도움을 주기 위하여 최선의 노력을 기울였다면 그 결과가 어떻든 당당할 수가 있다. 또한 상대의 안타까운 처지와 심정도 충분히 헤아릴 수 있기에 결과에 따른 그들의 반응에 크게 동요되지 않는다. 특별민원인을 비롯한 누군가와의 관계에서 중요한 것은 상대가 무엇을 요구하든, 어떤 행태를 보이든, 내가 어떻게 보고 받아들이느냐에 따라 그 해결 방안은 무한히 확장된다. 결국 아무 도움도 줄 수 없다는 결론이 도출되더라도 그간의 노력이 있었기에 민원인의 불만에 당당히 대처할 수 있다. 반면 업무를 소홀히 처리했다면 작아지고 여려질 수밖에 없을 것이다.

민원 처리 결과를 통보할 때도 마찬가지다.

도움이 가능한 민원에 대한 회신보다 도움이 불가한 민원에 대한 회신에 좀 더 깊은 관심이 필요하다. 처음 민원 회신을 할 때 보통은 민원인이 요구하는 내용은 어떠한 것이고 검토 결과 어떠한 관련 규정에 따라 도움이 불가하다고 통보하게 된다. 대부분의 국민은 '아! 안 되는 것이구나!' 하고 받아들이는데 일부 국민은 의문점이 있다며 재차 이의를 제기하곤 한다. 그렇게 이의를 제기하는 민원서류가 접수되면 제일 먼저 민원 담당자는 이의가 타당한지를 신중히 검토한다.

검토 결과 전과 동일한 결과가 도출되었을 때 대부분의 민원 처리 담당자는, '이전에 알려드린 것과 마찬가지로 달리 볼만한 것이 없다'라는 이유로 민원 종결을 안내하고 이에 더해 '이후 접수되는 유사하거나 동일한 민원에 대해서는 관련 규정에 따라 종결할 것'임을 안내하게 된다.

이때에도 일반적인 민원인 대부분은 이를 받아들여 포기하거나 스스로 다른 대안 등을 찾아 행하기에 문제가 되지 않는다. 그러나 특별민원인의 경우는 다르다. 정신·심리적 원인에 의해서이든, 확고한 신념에 의해서이든, 자신의 민원이 해결되지 않았을 뿐 아니라 성의 없는 답변과 향후 유사·동일한 민원을 제기할 경우 반복 민원으로 종결하겠다는 엄포성 안내는, 감정을 폭발적으로 올려 담당자를 곤란에 빠뜨리기에 충분하다.

그렇다면, 이의 제기 민원에 대한 회신을 어떻게 작성하여야 할까? 누군가 나에 대해 이의를 신청했다는 것은 나의 의사를 이해하지 못하였거나 나를 신뢰하지 못한다는 의미다. 그러니 이의신청 민원에 대해서는 처음 회신한 민원보다 더욱 정성을 기울여야만 한다. 이러한 경우에도 제일 먼저 해야 할 것은 내가 아닌 민원인의 처지에서 그의 마음을 헤아릴 줄 알아야 한다.

물론 민원 담당자 입장에서 특정 인물이 제기하는 민원 이외에도 수많은 민원이 있고, 민원 처리 이외에도 해야 할 일이 상상을 초월할 만큼 많다. 가뜩이나 어려운 상황에서 이미 처리한 민원에 대한 이의 제기는 민원 처리 담당자에게 부담으로 작용하게 된다.

그러나 민원인의 입장은 다르다. 민원 담당자가 일이 쌓여 바쁜지, 자신의 민원에 대해 신중히 처리했는지 알 수 없다. 그러니 자신이 제기한 민원에 대한 회신 공문을 보고 답변이 빠진 부분이 있다거나, 이해할 수 없는 부분이 있다면 이에 대해 재차 민원을 제기하는 것이 지극히 당연하다. 그렇기에 민원인의 관점에서 업무처리 과정이나 결과를 최우선적으로 점검해 보아야 한다.

두 번째로 해야 할 것은 민원인의 입장과 마음을 충분히 헤아려 알고 있다는 점을 표현해야 한다.

먼저 요구를 들어주지 못한 것에 대한 미안함, 그 마음을 바탕으로 어쩔 수 없는 나의 입장에 대한 충분한 설명, 그리고 위로와 함께 다른 대안을 검토하여 안내한다거나, 다른 대안조차 없다면 정중하면서도 단호하게 더 이상 불필요한 민원 제기 등으로 민원인이 어려움을 겪지 않길 바라는 진솔한 마음을 실어 회신해야 한다. 이와 같은 민원인에 대한 민원 담당자의 이해와 배려가 전달될 때 신뢰를 불러올 수 있고 폭발할 수 있는 감정을 예방할 수도 있다. 그러므로 이의를 신청한 민원에 대해서는 처음 답변보다 더욱 신중히 처리해야 한다.

이처럼 최선의 배려와 노력을 기울였음에도 무작정 자신의 편집된 생각과 주장만을 지속한다면, 제3의 전문가를 활용하는 방법이 유효하다.

특별민원인들은 공직자가 어떤 노력을 기울였든 자신이 원하는 결과가 나오지 않으면, 담당자는 물론 연관된 모든 사람을 불신하는 경향이 있다. 그럴 때는, '공직자를 믿을 수 없다면 민원인께서 신뢰할 만한 공인된 사람 즉 지인 변호사나 공무원에게 의견을 직접 물어보라'고 제언한 후, 그 전문가가 행정기관이 잘못된 것이라 한다면 '전문가의 연락처를 가르쳐 달라. 어떻게 하면 당신을 도울 수 있는지 협의를 해보고 적극 도움이 될 수 있도록 하겠다'라고 하면, 대부분 민원인 스스로 자신의 주장이 무리라는 것을, 제3자를 통하여 간접적으로 알 수 있는 효과가 있어 다툼 없이 요구 강도를 낮추거나 없앨 수도 있다.

다만, '절대 상대에게 착수금 등 돈을 지급해서는 안 되고, 자기주장과 함께 행정기관에서 안 된다는 이유를 알려주고 의견을 물어볼 것'을 반드시 주지시켜야 한다. 돈이 개입되면 안 된다는 것을 알면서도 수입을 목적으로 민원인의 주장에 억지로 꿰맞추는 조언을 하는 경우가 있고, 민원인의 일방적 의견만을 듣게 되면 전문가는 민원인 편만 들 수도 있기 때문이다.

나와 같이 망상장애 등 정신적으로 다소의 문제가 있거나 자신의 힘을 과시하려는 특별민원을 설득하기는 결코 쉬운 일은 아니다. 하지만 특별민원인의 어떠한 비이성적 행태를 보일지라도 상대의 입장과 처지에서, 비록 지금 내가 바쁘고 곤란한 상황일지라도 상대를 위해 할 수 있는 최선의 노력을 지속적으로 기울이고, 그 과정과 결과를 상대방이 느끼고 알 수 있게 한다면 그 어떤 특별민원이 앞에 있더라도 당당할 수 있다.

생각해 보기

- 나는 어느 누구를 대하더라도 당당한가?
- 내가 당당하지 못하다면 어떤 이유 때문이었는가?

꼴도 보기 싫은 사람에게서 얻은 깨우침

세상을 살아가다 보면 수많은 사람들을 만나게 되는데 그중 대부분은 스쳐 지나가는 인연에서 그친다. 하지만 몇몇은 삶을 좌지우지할 만큼 큰 영향력을 끼치는 사람들도 있다.

영향력이 큰 사람들이란, 그렇지 않은 사람들 보다 자주 만나고 더 많은 이해관계를 쌓은 사람들이다. 내 삶의 희로애락이 그들에게 달려있다 해도 과언이 아닌 사람들이다. 그러다 보니 자주 만나고 같이 활동하는 가까운 사람 모두가 나를 응원하고 항상 같은 마음으로 내가 원하는 대로 행동해 주기를 바란다.

특별민원전문관으로 오랫동안 근무하면서 가족이나 직장동료만큼, 아니 어쩌면 더 많은 대화와 깊은 관계를 맺고 생활하는 사람들이 특별민원인이다. 매일매일 자기 생각에 빠져 본인의 생각과 다른 사람과 환경을 반드시 뜯어고치고야 말겠다는 강한 의지로 살아가는 이들이다. 이처럼 편집적이고 비이성적인 삶을 살다 보니 그의 가족은 물론 그들과 관계된 이들에게 특별민원인들은 혐오의 대상이다. 때문에 이들의 삶에는 무시와 냉대, 언제 폭발할지 모르는 불안하고 위험스러운 감정들만이 가득한 것이 현실이다.

비록 처음에는 나의 희망으로 특별민원 응대 업무를 하게 되었지만, 사실 얼마간은 내가 하는 일에 대해 다소간의 회의감도 없지 않았다.

아마도, 특별민원 전담 업무를 하면서 행복이나 기쁨, 즐거움을 얻을 수 있을 것이라고 누구도 상상할 수 없을 것이다. 그러나 나는 놀랍게도 남들이 꼴도 보기 싫어하는 특별민원인들로 인해 삶의 소중한 가치와 선물들을 발견하곤 한다. 그중 하나는 '내가 누군가를 꼴도 보기 싫어한다면 그 사람도 나를 싫어할 가능성이 그만큼 높아진다'는 깨우침이다.

누군가가 꼴도 보기 싫다면 그 사람을 마주칠 때마다 싫은 감정이 올라와 부정적인 에너지로 나의 일상이 채워질 것이다. 설령 그 사람이 없는 자리일 지라도 대화 중 그와 관련된 이야기가 오가게 될 때 또한 마찬가지일 것이다.

심지어 그를 눈앞에서 상대한다면 그 사람의 말에 괜한 꼬투리를 잡고 굳이 잘못된 점을 찾아 지적하거나 무시하는 행태를 보이게 될 것이다. 그리하면 상대방 또한 나의 모든 말과 행동에 부정적으로 응수하게 될 것이고 결국 골이 깊어져 관계가 걷잡을 수 없게 된다.

이처럼 상황이 악화될 때 가장 먼저 해야 할 일은 나를 돌아보는 것이다. 누군가를 조금이라도 싫어하는 마음을 가지고 있다면, 사사건건 그와의 관계에서 크든 작든, 알게 모르게 그의 마음에 상처를 줬을 가능성이 높다. 그러면 그 또한 마음에 상처를 준 내게 최소한 같은 크기의 상처 혹은 그보다 더 큰 상처를 주려고 하지 않을까 싶다.

매일같이 상처받은 마음으로 나를 찾아와 비이성적 행태로 억지를 부리는 특별민원이 있다. 그의 불만스러운 행태는 나에 대한 오해 혹은 국가정책이나 다른 사람에 대한 불만이 원인일 수 있다. 또는 오직 그 사람만의 망상적이고 잘못된 생각에서 비롯된 것일 수도 있을 것이다. 그러하더라도 내 삶이 더 밝고 아름답기 위해서는 나의 일상에 꼴도 보기 싫은 사람이 없어야 하기에, 내가 먼저 스스로를 돌아보는 태도를 가져야만 한다.

되돌아 보니, 나 또한 특별민원과 별반 다르지 않은 나만의 생각을 하고 있고, 그것과 연계되어 자동으로 표출되는 나만의 행태를 갖고 있었다!

생각해 보기

- 나에게 꼴도 보기 싫고 미워하는 사람이 단 한 명이라도 있는가?
- 있다면 그가 왜 싫고 미운가?
- 내가 싫어하고 미워하는 사람이 나를 좋아하는가?
- 내가 상대에 대해서 알고 있는 것이 명확한 진실인가?
- 지금 내 삶의 환경이 맑고 가벼운가?

쌍욕 먹고, 혼내 주기

마음으로 맺어진 3촌 이내 가족으로서 특별민원인의 요구사항에 진정성을 갖고 도움을 주고자 문제를 검토하며 확산에 축소 그리고 분해까지 하는 등 이런저런 노력을 기울여도 도저히 해결할 수 없다는 한계에 부딪힐 경우가 있다. 이때 대부분의 공직자는 지속적인 비이성적 행태에 욱하는 감정이 올라와 맞대응한다거나 뒷일을 생각해 이성의 끈을 놓지 않고 억지로 감정을 눌러대며 스트레스를 받을 수 있다.

이렇게 한계에 부딪혔을 때 나는 이렇게 응대한다.

상대의 주장에는 되도록 말이 아닌 정식 문서를 통해 답변한다. 상대의 입장을 충분히 알고 있다는 전제하에, 불가 사유와 근거를 명확히 설명하면서 도움을 주기 위해 다른 대안까지 충분히 검토했다는 점을 강조한다. 덧붙여 민원이 지속될 경우, 국가 및 지방행정의 비효율로 인한 불특정 국민의 피해를 초래할 뿐만 아니라 민원인 본인의 삶에도 악영향이 우려됨을 밝히고, 이쯤에서 그만둘 것을 정중히 당부한다.

이때, 혹시라도 억울함을 내려놓을 수 없다고 한다면 괜히 다른 곳에 화풀이하지 말고, 특별민원전문관인 내가 국가와 모든 공직자를 대신하여 욕을 먹겠으니, 언제라도 화가 풀릴 때까지 욕이라도 실컷 퍼부으라 하고 사무실 전화번호와 개인 핸드폰 번호를 친절하게 표기하여 회신한다.

실제 "시도 때도 없이 전화를 해대며 욕하면 어떻게 하나?" 반문할 수도 있다. 하지만, 나의 경험상 이렇게 회신하였다고 하여 내게 전화하여 욕설한 대한민국 국민은 아무도 없었다. 아마도 전 세계 모든 사람도 마찬가지가 아닐까 싶다.

이와 같이 민원을 처리하면, 대부분의 경우 추가 민원을 제기하지 않거나 민원을 제기하더라도 강도나 간격이 크게 줄어드는 효과를 얻을 수 있다. 다행히 민원이 종결된다면 더할 나위 없이 좋은 일이겠지만, 시간이 지난 후, 다시 민원을 제기하고, 막무가내 억지 주장과 비이성적 행태로 자신의 삶을 끝없는 어둠 속으로 밀어 넣고 있다고 판단된다면, 호되게 '호통'을 쳐서 일깨워야 한다.

다만, 주의하여야 할 것은, 상대의 행태에 스트레스를 받아 개인 감정을 실어서는 절대 안 된다는 것이다. 오직 상대의 삐뚤어진 생각과 주장을 깨우쳐 어리석은 행태를 바로 잡겠다는 목적의 호통이어야만 한다. 이렇게 진심 어린 호통을 치게 되면, 장담하건대 상대도 '깨갱'하고, 나에게 올라오려 했던 감정적 스트레스도 한꺼번에 없어지는 효과를 얻을 수도 있다. ^^

간단하게 한 가지 사례를 소개해 보면,

나의 특별민원 가족 중에는 검찰에 대한 불만 민원이 다수를 차지한다. 이들은 하나같이 검찰의 편파적이고 부당한 수사로 정작 처벌받아야 할 사람이 처벌받지 않았고, 죄 없는 나만 부당하게 처벌을 받았다고 주장한다.

이들은 사건의 발단이 된 상대자부터 시작하여 사건을 조사한 경찰, 검찰 그리고 판결한 법원 관계자들 그리고 자신의 억울함을 외면하는 언론사, 대통령 등에 이르기까지 수십에서 수백 명익 이르는 관계기관이나 관련자 모두에게 '끝까지 가보자' 유형의 특별민원인들이다.

이들이 제기하는 민원의 내용은 일반 행정청에서 법 집행으로서 행하는 행정처분이 아니라 법원의 판결이나 형의 집행까지도 이미 끝난 사건에 대한 억울함을 호소하는 것이라 내가 직접 개입하여 도움을 주는 데는 한계가 있다.

그렇다고, 이들을 무시하거나 방치해서는 절대 안된다. 만약 감정에 휩쓸려 협박 내용을 그대로 이행한다면 무고한 불특정 다수인의 큰 피해로 이어질 수 있기 때문이다. 그러므로 이들에게는 특별한 관심과 배려, 정성과 노력을 기울여야 한다. 이러한 진정한 노력의 결과, 상대와 친해지고 신뢰도 두터워지게 되는데 설득과 배려도 좋지만, 때에 따라 강한 '호통'을 쳐서 그의 편집된 행태를 일깨우기도 한다.

호통을 치는 이유는 '상대가 내 말을 안 듣고 멋대로 행동하여 화가 나서'가 아니라 '실익 없는 헛된 노력으로 쓸데없는 비용만 낭비하고 감정만 상하여 육체적 정신적 건강만 해치고 있기'때문이다.

상대도 안다! 자신을 위하는 마음으로 호통을 치고 있다는 것을… 다만, 주의가 필요한 것은 호통이 길어지거나 감정이 개입되어서는 절대 안 되고, 호통을 친 후 전화를 일방적으로 강하게 끊어버리거나, 상대를 마주하여 호통을 쳤다면 곧바로 상대의 마음을 달래는 등의 사후관리가 꼭 필요하다.

생각해 보기

– 내가 화날 때 따뜻한 내 편이 되어주는 이에게 욕을 할 수 있는가?
– 친밀하고 신뢰할 수 있는 사람이 나를 염려하는 마음으로 일시적인 호통을 쳤다고 다툴 사람이 있겠는가?

꺼진 불도 다시 보자 – 사후관리(AS)

우리는 살아가면서 전자제품이나 자동차 등 고가의 물건을 구매할 때 품질이나 기능이 유사한 제품들이 있다면 기왕이면 사후관리가 잘되고 친절한 고객 서비스를 보이는 회사의 제품을 선택하는 경향이 높다.

특별민원인과의 관계 역시 마찬가지다. 설령 성심과 성의를 다하여 노력을 기울인 끝에 당장은 비이성적인 행태를 멈추고 자신의 삶을 살아가고는 있지만 오랫동안 억울한 심정으로 생활해 왔던 터인지라 약간의 습성이 남아 있다는 것을 무시해서는 안 된다.

특히, 새로운 정권이 들어섰거나, 특별민원인 개인적 생활 여건이 악화되었을 때 잠재되어 있던 비이성적 행태가 고개를 들게 되는데 '살아나려 하는 불씨에 찬물을 부어 단박에 꺼버리는 것'이 바로 사후관리이다.

특별민원을 제기한 기간이 오래되었을수록, 비이성적 행태가 강했을수록 그리고 나의 노력이 많이 필요했을수록 사후관리를 해주는 것이 좋다. 그렇다고 사후관리가 그리 힘든 것도 아니다.

나의 사후관리 사례를 들어보면,

오늘 어떤 특별민원인이 찾아와 한두 시간 응대하여 돌려보내게 되면, 간혹 유사한 행태를 보였던 형님이나 누님, 삼촌이 생각날 때가 있다. 그러면 그때 바로 그 형님에게 전화한다.

(따르릉~)
형님 : 여보세요~

나 : (격하게 반가운 소리로) 어이쿠 형님~! 안녕하세요~, 잘 계셨어요~

형님 : (다소 놀라는 어투로) 웬일이야?

나 : (반가움을 유지한 목소리로) 웬일은요!, 갑자기 형님 생각이 나서 전화했죠. 요즘은 어떻게 지내세요?

형님 : (뜸 들이며) 글쎄, 그냥저냥 살고 있지.

나 : 사실, 조금 전 어떤 민원인이 찾아와 두 시간 가량 상담실이 난리가 났었거든요. 그런데, 그 민원인을 돌려보내고 나니 갑자기 형님 생각이 나는 거예요. 형님도 옛날에는 매일 찾아오거나 전화해서 난리가 아니었잖아요. 어휴~ 지금 생각해도 끔찍한데, 요즘은 전화도 없고, 찾아오지도 않으니 궁금해서 전화했어요. 아무리 민원이 끝났다고 하더라도 가끔 전화도 하고 그러시지!"

형님 : 네가 전화하면 될 거 아냐~

나 : 내가 그럴 시간이 어디 있어요. 바빠 죽겠는데~ 한가한 형님이 해야지! 그렇다고 아무 때나 하지는 마시고, 한두 달에 한 번 정도만 해요~ 알았죠!

형님 : 알았어! 근데 뭐하나 물어보자! 민원...

나 : 잠깐! 또 민원 이야기하려고 그러죠?! 가족끼리 무슨 민원 이야기를 해요. 그냥 잘 지내는지 그리고 이런저런 살아가는 이야기만 하는 거지. 잘 지내시는 것 알았으니 이만 바빠서 끊을게요~

하고 끊으면 끝이다.

어쩌다 한 번 이렇게 전화하는 효과는 실로 엄청나다. 앞서 특별민원인의 공통점을 설명하면서, "첫째, 이들은 모든 공직자를 안 믿고, 둘째, 확고한 자신의 신념을 가지고 있어, 셋째, 감정의 기복이 심하다는 공통점을 가지고 있어 늘 주의를 기울여야 함"을 소개하였다.

이와 함께 간과할 수 없는 또 다른 공통점으로, "첫째, 장기간에 걸쳐 비이성적 행태로 일관하면서 생산적인 일을 할 수 없어 생활 형편이 극히 곤란하다. 둘째, 자기주장만으로 일관하다 보니 가족, 친지, 이웃, 동료 할 것 없이 모두가 떠나버려 홀로 외롭게 생활하고 있다. 셋째, 이러한 상황이 이어지면서 마음이 황폐해져 따뜻한 구석이라고는 찾아볼 수 없다"라는 것이었다. 그래서 나는 "그들을 살아서 지옥 생활하고 있는 사람들이기에 내가 그들을 지옥에서 구제하여야 한다"라고 소개한 바 있다.

그런 외롭고 황폐해진 사람들에게 가족도 아닌 공무원이, 그것도 매일 찾아가 퍼부어 대는 욕을 온몸으로 먹었던 그 공무원이 자신이 걱정되고 궁금해서 전화했다는 것은 그들에게는 있을 수 없는 일인 것이다. "특별민원인의 가슴에, 나에 대한 신뢰와 친밀감이 확~ 퍼진다!"

상황이 이쯤 되면 정권이 바뀌었다고 하더라도 다시 민원을 제기할 수 없게 된다. 어차피 정권이 바뀌어 민원을 제기해 봤자 결국은 특별민원전문관인 내 동생에게 가게 될 것이 뻔하기 때문이다.

생각해 보기

– 내가 누군가에게 꽁~하여 마음을 닫아두고 있지는 않은가?
– 내 마음이 닫혀있나면 내 세상은 어떻게 되겠는가?

이 세상 모든 사람의 생각은 다르다

세상을 살아가면서 유독 힘들게 살아가는 사람들이 있다, 이들은 똑같은 상황도 남들보다 더 어렵고 힘들게 받아들이고 괴로워한다. 안타까운 것은, 이렇게 힘들게 사는 사람 중에는 자신이 다른 사람보다 지식을 비롯해 돈과 명예, 권력, 인기를 좀 더 가졌다고 생각하는 이들일수록 세상을 살아가기가 호락호락하지 않다고 하는 경우가 더 많다는 점이다.

이유는 주위의 적지 않은 사람들이 그들이 성취한 것을 인정하고, 부러워하며 그가 이룬 성과에 빌붙어 오로지 "네~ 네~"로 일관하며 알아서 앞서 주기 때문이다. 자신도 모르는 사이에 마치 스스로 '천상천하 유아독존'(天上天下 唯我獨尊)인양 착각하여 자신만의 생각과 판단이 곧 '진리'라는 망상에 빠지기가 쉽다.

내 말이 곧 진리이니 세상 모든 사람이 나의 말을 따라주어야 하는데, 어찌된 영문인지 내 주위의 일부 사람이나 특정 집단을 제외한 대다수 무식하고, 가난하고, 제대로 가진 것 하나 없는 사람들이 하나 같이 자기가 잘났다고 떠들며 멋대로 행동하니 온통 화와 짜증뿐이다.

세상이 돌아가는 추세를 가만히 살펴보면 이와 같은 현실을 확인하는 것은 식은 죽 먹기다. 국가, 집단, 개인 할 것 없이 힘 좀 쓴다고 하면 할수록 늘 만족이 아닌 불만으로 가득 차 있다는 것을 어렵지 않게 볼 수 있다. 공직사회 또한 예외일 수 없다. 국민이라면 정당한 행정처분을 당연히 따라야 함에도 지식도 없고, 가진 것도 없고, 사리 판단도 제대로 못 하는 이들이 저마다 잘났다고 딴소리를 해대니 돌아버릴 일이 아닐 수 없다.

한 번쯤, 내 생각, 내 진리를 잠시 내려놓고 이렇게 생각해 보면 어떨까 싶다. 소위 위대한 '신'이라고 하는 "예수님이나 부처님이라면 세상 모든 사람을 마음대로 할 수 있을까?" 아무리 막강한 권능을 가졌다고 해도 그리할 수는 없다는 것을 금방 알 수 있다. 하물며 신도 아닌 평범한 사람이 조금 더 알고 힘이 있다는 이유로 모든 국민이 나의 말을 따를 것으로 생각한다는 것은 어리석은 일이 아닐 수 없다.

공직자들의 가장 큰 착각은 법률 규정이나, 사회적 합의에 따라 시행한 행정처분에 대해서는 모든 국민들이 아무런 저항이나 이견 없이 마땅히 받아들여야 한다는 생각으로 행정을 추진한다는 것이다. 그런데 막상 행정을 추진하다 보니 여기저기서 그리고 이 사람 저 사람마다 각기 다른 반응을 보이며 이의를 제기한다. 내가 기대했던 결과와는 완전 딴판이다.

저마다 다르게 나타내 보이는 저항에 대하여 일일이 증거를 제시하며 설명을 해보기도 하지만 허사인 경우가 적지 않다. 별다른 대책이 없다고 생각하니 모두가 스트레스다.

이와 같이, 사회적 관계에서 오는 모든 스트레스가 나와 다른 생각과 행태를 보이는 상대방 때문이라는 생각이 지배적이다. 그러나 알고 보면 스트레스는 결국 자신으로부터 비롯된 것이다. 즉 내 생각과 다소 다르더라도 무조건 나의 말을 따라야 한다는 고정관념에 매몰되었을 뿐이다.

국민 중에는 지식이 많고 이성적인 사람이 있는가 하면, 배운 것이 없어 자신의 의사를 조리 있게 표현할 수 없는 사람들도 많고, 나이 들어 귀가 잘 들리지 않아 큰소리로 엉뚱한 말만 반복하는 사람도 있다.또한, 나처럼 망상장애로 인해 자기 생각이 곧 진리라고 여기며 멋대로 주장하고 행동하는 사람들도 있으며, 당장 먹고, 자고, 입을 것도 없는 어려운 처지에 놓여 안 될 것을 잘 알면서도 무리수를 두어 막무가내로 도움을 호소하는 이들도 있다. 실로 모든 국민이 처한 상황에 따라 생각과 행태가 모두 다르다.

상황이 이와 같다면 공직자인 나는 어떻게 이들을 응대해야 하는가? 간단하다. 제각기 다른 수많은 국민을 상대함에 있어 상황에 따라 상대의 눈높이에 맞추어 유연하게 대응할 수 있는 '팔색조'가 되면 되는 것이다.

고정화된 생각을 과감히 떨쳐내고 팔색조가 되어 지식이 아닌 지혜를 바탕으로 할 수 있는 일에 최선을 다하면 그만인 것이다.

공직자는 무한한 능력을 가진 존재가 아니다. 할 수 있는 것을 다 해보았음에도, 상대가 비이성적인 행태를 보이며 막무가내로 요구한다면, 문제는 내가 아닌 상대방에게 있는 것이다. 이와 같은 상황이라면 앞서 설명한 것과 같이 내게 화풀이를 다 하고 내려놓으라고 하거나, 사랑하는 마음을 담아 호통을 쳐서 일깨워 주거나, 공감, 경청, 맞장구로 그때그때 놀이 삼아 즐겁게 응대하는 등의 방법으로 일관하면 된다.

언제까지 그렇게 해야 하는가? 상대가 자신의 화나는 감정을 억제하지 못해 스스로 스트레스를 키우다가 건강이 악화 되어 죽거나 혹은 정신병원에 강제 입원 조치 됨으로써 더 이상 민원이 없어질 때까지 하면 된다. 또한 공직자는 인사이동으로 다른 업무를 맡게 되면 더 이상 상대 민원을 처리할 권한과 의무가 사라지게 되니 인사이동 때까지만이라도 스트레스를 받지 말고, 내가할 수 있는 것을 그저 행하면 될 뿐이다. ^^

다시 한번 강조하지만, 특별민원인 등 누군가로 인해 힘들고 괴롭다면 하루 빨리 고정화된 관념을 떨치고 '모든 사람의 생각은 틀린 것이 아니라 단지 다를 뿐'이라는 것을 인지하여야 한다.

"세상을 바꾸는 힘은 내가 옳다는 확신이 아니라, 상대가 다르다는 이해에서 시작된다."

생각해 보기

- 나는 다른 사람의 요구에 그가 원하는 대로 모두 이행하는가?
- 다른 사람의 요구에 내가 응하지 못하는 이유는 무엇 때문인가?
- 내가 도저히 응할 수 없는 것을 강요한다면 누구의 잘못인가?

특별민원 응대 요령의 최소한의 효과

이상의 응대 요령을 통하여 특별민원인과 단지 이름뿐이 아닌 명실상부한 3촌 이내의 친한 가족이 되어 동고동락할 수 있게 된다면 최소한 나에게 어떤 효과가 있겠는가?

나의 사례에 비춰 제일 먼저 나타난 최소한의 효과는 '웬수 같던 특별민원인과 친밀한 관계가 형성된다'는 것이다. 얼굴을 보기 만해도, 목소리만 들어도, 억지로 만남의 약속만 해도 몸서리쳐지고 스트레스를 받던 관계에서 언제든 만나거나 전화해도 부담이 없고 반가운 관계가 된다. 특히 꼴 보기 싫어했던 만큼 반가움이 커진다. 연락이 없어 죽은 줄 알았던 작은 엄마가 소복을 입고 씩씩거리며 방문해도, 기차 화통을 삶아 먹은 작은 아버지가 막노동에 까맣게 그을린 얼굴로 나타나도, 욕설로 시작하여 욕설로 끝내는 형님께서 전화로 입에 담기도 힘든 악한 말을 퍼부어 댄다고 하더라도, 보통사람은 상상도 할 수 없을 정도의 기괴한 이야기를 해대며 억지를 부리는 조카도 그저 나에게는 반가움의 대상일 뿐이다.

두 번째 최소한 효과는 '누가 뭐라고 하더라도 우리 사이엔 신뢰가 넘쳐 흐른다'라는 것이다. 공무원은 물론 가족 등, 이 세상 모든 사람의 말은 믿지 못해도 내 말은 믿는다. 이 정도의 신뢰가 있다면 내게 어려운 것이 무엇이 있겠는가? 아무리 나의 특별민원 가족이 많다고 하더라도 그들을 내 마음대로 할 수 있다면 문제 될 것이 아무것도 없다. 내가 시간을 내기 어려운 시간에 나를 찾거나 전화해도 문제가 되지 않는다.

실례로, 만일 바쁜 시간에 전화한다면 "나 지금 바빠서 전화를 받을 수 없으니 2시간 뒤에 전화해 알았지!"하고 그냥 끊으면 되고, "만나고 싶다"라고 전화를 하면 "내가 다음 주 혹은 나중에 그쪽 방향으로 출장 갈 일이 있으니 기다려!"라고 하면 되며, 만일 사전 약속을 하지 않고 아무 때나 찾아와 만나자고 하면 "나는 전국에서 도움을 요청하는 민원이 많아서 만나려면 최소한 3주 전에 약속을 해야 한다"라고 하고 향후 면담 가능 일정을 지정해 주고 돌려보내거나 "그쪽 방향으로 출장 갈 일이 있어 그때 꼭 연락을 주겠으니 집에 가서 기다리라"라고 말하고 "뒤로~ 돌아! 집을 향하여 앞으로~ 갓!" 하면 된다. 또한, 간혹 폭행 전과가 있는 가족민원이 자신의 행태나 주장이 잘못된 것임을 모르고 강한 감정을 나타내며 억지로 일관할 경우도 있는데, 이때는 작전상 상대의 잘못된 점을 일깨우기 위해 감정을 일부러 건드려 나를 폭행하도록 유도하는 때도 있다. 나는 얼마든지 상대방의 폭행 시점, 폭행 방법이나 주먹의 강도를 내 마음대로 조절할 수도 있기에 실제 상대가 나를 폭행하였다고 하더라도 그것이 나의 피해로 이어지는 경우는 없다.

이와 같이 상호 신뢰가 형성되어 있기에 만남의 시간, 장소, 설득 방법 등 모든 것을 내 마음대로 통제할 수 있다. 설령 담당하는 특별민원인이 많다고 하더라도 효과적으로 업무를 수행할 수 있어 특별민원인의 비이성적 행태는 문제가 되지 않는다.

세 번째 최소한의 효과는, 내 말을 듣지 않고 자신의 생각만을 주장하며 비이성적 행태를 보일 때 상대의 망상을 단박에 깨뜨릴 정도의 '강한 호통'을 칠 수 있다는 것이다. 나의 특별민원 가족 중에는 감정을 자제하지 못해 일반인도 아닌 경찰관을 발로 차거나 머리로 들이받는 등의 폭력을 가하거나 누군가를 죽여 버린다거나 공공시설이나 장소에 불을 지르겠다고 협박을 하며 휘발유가 담긴 통을 가지고 다니는 형님 등이 있다. 이들이 대표적인 내 호통의 대상들이다.

최근 공직자들이 힘들어하는 대표적인 민원은 욕설 등 비이성적 전화이다. 한번 받으면 30분, 1시간씩 일방적인 통화를 이어나가는 민원인들로 인해 스트레스를 참아가며 전전긍긍하는 경우가 많다. 이 역시 있을 수 없는 일이다. 나는 전화를 받으면 우선 상대에게 5분에서 10분 통화가 가능한 시간을 통보하고, 예정된 시간이 다가오면 남은 시간을 알려주어 마무리할 기회를 준다. 그다음에 사전 통보한 시간이 경과되면 가차 없이 전화를 끊어 버린다.

이와 함께 만약 통화 중에 내 말을 듣지 않고 자신의 감정에 치우쳐 비이성적 행태라도 보인다면 누구라 할지라도 상대의 정신적, 신체적 건강을 위하여 호통과 함께 수화기를 꽈광~ 내려놓으며 일방적으로 끊어 버린다. 일반적인 공무원이라면 상상도 못 할 일이겠지만 실제 나는 그렇게 한다. 만일 일반 공무원이 그렇게 수화기를 던져 끊어 버렸다면 아마도 감사실이나 비서실 등은 조용할 리 없을 것이다. "공무원이 민원인의 전화를 일방적으로 끊어 버렸으니 당장 자르라" 난리가 났을 것이기 때문이다. 그러나 지금까지 내가 수화기 던지며 일방적으로 끊어버렸다고 이의를 제기하는 사람은 단 한 사람도 없었다. '내가 화가 났을 때는 기다리는 것이 상책'이라는 것을 이미 그들은 알고 있기 때문이다.

그들은 내가 호통을 친 당일은 다시 전화해 봤자 되려 혼만 날 것이 뻔하니 다음 날 조심스레 전화해서 물어보곤 한다. "아직도 화났어?"라고 믿을 수 없겠지만 사실이다. ^^

이와 같이 아무리 비이성적인 특별민원인이라 할지라도, 언제나 반갑게 그들을 상대할 수 있고, 내 마음대로 상대를 통제할 수 있어 효율적으로 업무를 추진할 수도 있으며, 내 말을 듣지 않고 멋대로 행동하는 민원인에게는 강한 호통을 쳐서 일깨우기도 한다. 이것이 '최소한의 효과'이다.

생각해 보기

- 나의 직무를 내 마음대로 행할 수 있다면 스트레스가 있겠는가?
- 정신질환자나 막무가내 특별민원인을 통제할 수 있는 방법은?
- 대책 없는 비이성적 특별민원인을 마음대로 통제하고 개선할 수 있도록 해준
  중요한 심리적 요인 2가지만 꼽으라면?

역지사지의 힘!

10여 년 전의 일이다. 당시 나는 경기도 화성시의 병점동이란 곳에 거주하고 있었는데 교육 명령에 따라 경기도 과천에 있는 중앙공무원교육원까지 전철을 이용하여 출퇴근하고 있었다. 전철을 이용하여 출근하기 위해서는 1호선 전철 병점역에서 승차하여 4호선 정부과천청사역까지 가야 했기에 중간에 1호선과 4호선이 연결되는 금정역에서 환승을 해야만 했다.

어느 날, 여느 때와 같이 아침 7시가 조금 지난 시간 병점역에서 서울 방향으로 가는 전철을 타려고 늘 타던 칸으로 이동 중에 50대 후반의 휠체어를 탄 남자분이 전철을 기다리고 있는 것이 보였다. 한창 출근 시간이다 보니 이용객들이 너무 많아 건강한 사람도 전철을 이용하기가 좀 버거울 정도이다 보니 나와 같은 칸에 타는 것도 아니었는데 마음속으로 "에이~ 어지간하면 좀 한가한 시간을 이용하지~"라는 불만을 읊조리며 지나쳤다.

그런데 다음 날에는 1호선에서 4호선으로 갈아타는 금정역에서 그분을 또 마주친 것이었다. 아마도 나와 같이 병점역에서 승차하여 금정역에서 4호선으로 갈아타야 하는 같은 경로인 듯싶었다. 당시 금정역은 환승으로 인한 인파가 너무 많아 진행 방향을 향해 서 있으면 자동으로 밀려 종종걸음으로 나아갈 정도였다. 어떻든, 전철은 내가 먼저 타고 그분은 뒤에 타게 되는데, 전철에 승차했으면 아직 못 탄 사람들을 위해 조금이라도 안으로 들어가야 하는데 그분은 문 앞 인근에서 조금도 들어가려 하지 않았다. 그러니 그 뒤에 떠밀린 사람들은 짜증스러운 얼굴로 휠체어를 힘들게 피해 가며 승차해야만 했다.

전철 이동 중에도, 휠체어를 둘러서 있는 사람들의 얼굴에 온통 짜증이 가득한 것을 느낄 수 있었다. 보통은 사람들이 가득해도 이리저리 밀리며 대충 가면 되었는데, 휠체어가 가운데 떡하고 버티고 있으니 승객들은 잡을 곳도, 의지할 곳을 찾지 못하고 상체만 구부정하게 서서 전철이 서고 갈 때마다 온 힘으로 버텨야 했기 때문이었다.

그들의 가득한 마음속 불만의 소리가 나에게까지 전해졌다.

"아! 짜증나 정말"

"아니 휠체어를 타는 사람이 이 바쁜 시간에 이용하면 어떻게 해~"

"아! 힘들어 돌아버리겠네~"

여기저기서 "씩씩~"소리가 들리는 듯했다.

나는 3개 역을 지나 다음 역인 정부과천청사역에서 내리기 위해 출입문 쪽으로 이동해야 했다. 휠체어는 반대편 출입문 근처에 있었지만, 내리기까지 이동조차 수월하지 않았다. 그러한 불편을 겪으면서 문득 어제 병점역에서 이분을 처음 만났을 때 "아니 휠체어를 탄 사람이 왜 한가한 시간이 아니라 이리 복잡한 출근 시간을 이용해 다른 사람들에게 불편을 주는가!"라고 마음속으로 불만을 나타냈던 것이 스치며 그 감정이 확~ 높아져 곱지 못한 눈길로 그 장애인을 보았다.

그런데, 그 순간! 아주 잠시였지만 여러 생각이 순식간에 머리를 스쳤고, 마치 큰 망치로 "꽝~"하고 머리를 맞은 사람처럼 형언할 수 없을 정도의 큰 충격으로 멍해짐을 느낄 수 있었다.

"휠체어를 탄 그 장애인 자신도 다른 사람들에게 너무 미안했던지 고개를 깊이 숙인 채 머리를 들지 못하고 있었던 것이었다."

그 모습을 보고 주마등처럼 여러 생각이 스쳐갔다. '아! 이분도 나처럼 출근하는 분이구나!', '출근 시간을 맞추어야 하니 이렇게 바쁜 시간에 전철을 이용할 수밖에 없었던 것이었구나!', '이분도 다른 사람들에게 불편을 끼치고 있다는 것을 알고, 미안한 마음에 목도 아플 텐데 머리도 들지 못하고 있구나!'라는 생각이었다.

상대방의 처지에서 그런 사실을 알고 나니, 내가 어제 '한가한 시간에 전철을 이용하지…'라고 생각했던 것이나, 조금 전까지 곱지 않은 시선으로 그를 보았던 이기적인 내 모습이 한없이 부끄럽고 초라했다.

지금의 상황을 내가 아닌 휠체어를 탄 장애인의 처지에서 바라볼 수 있었던 것이다. 나야 그까짓 것 7시 전철을 타기 위해서 6시쯤 일어나 서둘러 씻고, 빵과 우유로 대충 아침을 때우고, 전철역까지 1㎞ 정도이니 15분 정도면 충분히 걸어올 수 있었다. 하지만, 휠체어를 탄 그 장애인분은 아침에 일어나기도 곤란하고, 세수를 하기도, 옷을 갈아입기도, 간단하게라도 아침 식사를 하기도 모두 힘들었을 것이다. 내가 15분이면 올 수 있는 거리를 휠체어를 타고 각종 계단과 언덕과 길거리 턱 등 수많은 장애물을 피하려면 1시간 이상은 걸려야 올 수 있었을 것이기에 '최소한 5시 이전에는 일어나 준비를 했어야 나와 같은 전철을 탈 수 있었겠구나!' 하는 생각을 할 수 있었다.

또한, 그 역시 나와 같은 가장으로서, 불편한 몸을 이끌고서라도 처와 자식, 노부모 등 가정을 돌보기 위하여 고단한 일과를 보내야만 했던 것이었다. 만일 이와 같이 가족을 위해 어렵고 힘들게 하루하루를 생활하는 가장의 모습을 그분의 처, 자식, 부모가 안다면 어떤 마음일까? "'내 남편이', '내 아버지가', '내 자식이' 불편한 몸을 이끌고 하루하루 이른 새벽에 일어나 남의 눈치를 보며 어렵게 어렵게 일을 하여 나를 돌보고 있구나!"라고 생각한다면 아마도 '고마움과 미안함에 안타까운 피눈물을 흘리지 않을까?' 싶다.

이 세상 모든 사람은 우리가 모르고, 알 수도 없는 다양한 처지에서 나름대로 최선을 다하며 살아가고 있다. 그런데 나는 상대를, 내가 아닌 그의 처지에서 생각해 보지 않고 마치 내 생각과 판단만이 오직 '진리'라는 착각에 빠져, 이 세상 모든 사람을 내 기준에 맞지 않는다며 열 받고, 혐오하고, 무시하고, 미워하며 어둠 속으로 밀어내고 있었다.

특별민원인이건, 생각만 해도 꼴 보기 싫은 내 주위의 누구이건, 그가 나를 괴롭고 힘들게 할 때 그를 미워하고 밀어내기 이전에, 내가 아닌 상대의 처지에서 그를 그리고 지금의 상황을 생각하고 이해해 보면 어떨까 싶다.

지금까지 앞장들을 통해 특별민원을 응대하는 요령에 대해서 구질구질하게 설명을 늘어놓았다. 물론 세부적인 응대 요령도 때에 따라서는 필요할 수 있겠지만 앞의 요령을 전혀 무시하더라도, 내가 만일 특별민원을 역지사지 즉 상대의 입장에서 생각하거나, 사랑하는 가족 또는 내가 근무하는 직장의 높은 인사권자의 특별한 부탁으로 응대하는 민원이라고 생각한다면 어떠한 상황이 벌어질 것인가?

분명 나는, 상대의 처지에서 진심으로 공감하고, 이해하여 눈높이 대화가 가능할 것이며, 부정적인 마음보다 긍정적인 마음으로 경청할 것이다. 핑퐁으로 다른 곳에 떠넘기지 않을 것이며, 책임감과 진정성을 갖고 어떠한 도움이라도 주려 할 것이다. 그뿐만 아니다. 그럼에도 도저히 도움을 줄 수 없다면 이런저런 대안을 검토해 볼 것이고, 대안조차 없다면 그에게 도움이 불가한 사실을 있는 그대로 알려주고 화내면 나에게 욕이라도 하고 내려놓을 것을 당부할 수도 있지 않을까?

이와 같은 나의 행태는 특별한 교육을 받아서도 아니고 누구에게 배우거나 누가 시켜서 하는 것도 아니다. 그저 특별민원인을 내 가족이라고 바라본 것뿐이다. 이처럼 생각을 하나 바꾸니 자연스레 행태로 이어져 나타난 것이다.

"휠체어 탄 장애인분은 왜 주위 승객들의 눈총에도 불구하고 출입문 인근 자리에 버티고 있어야 했을까? 이해가 간다. 안쪽으로 들어가면 '저, 내립니다'라는 한마디에 성격 속 모세의기적처럼 승객들이 길을 '좌~악' 열어줄 리가 없었기 때문이었다!"

생각해 보기

- 내가 다른 사람을 미워하고 싫어하는 이유는 무엇 때문인가?
- 상대를 미워하고 밀어내기 전에 상대의 처지에서 생각해 보았는가?
- 나는 남들에게 완벽한 사람인가?

제9장

나는 공무원이다

실무 담당 공무원인 나의 무한하고 막강한 권한

일반적으로 공무원은 직급이 높을수록 권한 역시 많을 것이라 생각한다. 대통령이 가장 권한이 많고 총리, 장관, 국장, 과장, 실무자 등의 순으로 그 직위와 직급에 따라 권한이 차등적으로 주어진다고 인식하고 있다. 그런데 국민 개개인이 자신에게 필요한 특정한 행정 목적을 이루고자 할 때 가장 밀접한 공무원은 대통령도, 총리나 장관, 국장, 과장이 아닌 실무 담당 공무원이다. 실무 공무원의 권한 이행에 따라 얼마든지 누군가를 울고 웃고, 기쁘고 슬프고, 즐겁고 화가 나게도 할 수 있기 때문이다. 다만, 오해하지 말아야 할 것은 그렇다고 실무자가 법률 규정에 정해진 범위를 벗어나 마음대로 행정행위를 할 수 있다는 것은 아니라는 점은 분명히 해 둘 필요가 있다.^^

입법, 사법, 행정 등 모든 분야를 막론하고 국정 운영과 관련된 모든 행위에는 상대성이 있고 수많은 이해관계가 얽히고설켜 있다. 그 이해관계 속에서 각자 자신이 처한 상황과 자신의 역량을 발휘하여 원하는 바를 얻어내고자 안간힘을 쓰기도 한다. 도저히 자신의 역량만으로 원하는 것을 얻을 수 없을 때는 일단 살고 보자는 생각에, 그간 살아오면서 굳어진 성격이나 습관, 행동양식 등에 따라 구걸을 하는 사람도 있고, 다짜고짜 욕설이나 협박과 같은 비이성적 행태를 보이는 이도 있으며, '빽', 즉 배후세력을 동원해 실무공무원의 입장을 난처하게 할 수도 있다.

실무 공무원의 권한이 막강하다는 것은, 위와 같은 상황에서 그저 당연히 이행할 수 있는 것을 실행하는 것 때문이 아니다. 안 되는 것을 안 된다고 명확히 전하고, 그에 따른 상대의 실망과 분노 그리고 그 감정을 외부로 표출하는 다양한 행태까지 모두 실무자가 보듬어 안아, 잘못하면 사회문제로까지 확산할 수 있는 불씨를 미연에 방지해야 하는 책임과 의무까지도 수행하기에 그렇다.

최근 공직사회는 물론 일반사회에 이르기까지 자신이 원하는 것을 이룰 수 없다거나 자기 생각과 다르다는 등의 이유만으로, 아무 관계조차도 없는 불특정 다수의 국민들에게 비이성적인 폭언과 욕설, 기물 파손은 물론 묻지 마! 폭행, 살인에 이르기까지 극한 감정을 표출하는 사건이 잦아지고 있다. 그 심각성이 사회문제로까지 확대된 현재 상황에서 제아무리 공무원이라 할지라도 비이성적 행태로 일관하는 민원인에게 시종일관 친절로 응대하기는 쉽지 않다.

그런데, 천차만별 각양각색의 다양하고 수많은 민원인 특히 비이성적인 행태로 일관하여 문제의 심각성을 불러오는 특별민원을 전담 응대하여야 하는 실무 공무원인 나를 다른 동료들이 미쳤다고 생각하는 것이 사실이지만 이상하게도 나는 그런 비이성적 특별민원인일수록 더 친절해지고 애틋해진다.

이유는 간단하다. 상대방의 행태가 비이성적이라면 내 삶의 환경이 좋아질 리 만무하다. 그러니 내 삶의 환경을 아름답고 따뜻하게 만들기 위해서는 상대방의 비이성적 행태를 이성적인 행태로 만들어야만 하는 것은 내가 해야 할 몫이기 때문이다.

실무 공무원인 내게 부여된 역할과 권한은, 나에게 좋고, 기쁘고, 즐겁고, 안전하고, 쉽게 이행할 수 있는 긍정적 업무만 있는 것이 아니다. 나쁘고, 슬프고, 지루하고, 불안하고 이행이 불가한 부정적 업무도 있다. 설령 이러한 부정적인 업무를 한다고 하더라도 나의 마음가짐과 노력에 따라, 그리고 나에게 주어진 무한하고 막강한 권한을 활용하여 그 부정적인 업무를 얼마든지 긍정적인 업무로 바꾸어 놓을 수도 있다.

그게 되나? 왜 그래야 하는데? 왜 그래야 하면 나는 공무원이기 때문이다. 그것도 나의 행태에 따라 직접적으로 상대방을 좋게도 나쁘게도, 기쁘게도 슬프게도, 즐겁게도 지루하게도, 안전하게도 위험하게도 할 수 있는 실무 공무원이기에 그렇다.

실무 공무원은 업무 특성상 수많은 다양한 사람들을 만나게 되고 그들은 하나같이 크든 작든 그것이 무엇이든 도움을 요청하는 것이 대부분이다. 민원 서류 발급을 요청하거나 생계 곤란으로 인한 기초생활 지원 요청에, 단속을 요청하는 사람이 있는가 하면 단속에 대한 불만을 제기하는 사람, 그 밖에도 세금 불만, 인허가 관련 불만, 각종 요구나 신청 등등 헤아릴 수 없다.

때로는 이러한 업무를 수행하면서 기준에 맞지 않는 부당한 요구로 골머리를 앓기도 한다. 위임장도 없이 가족의 인감증명서를 무작정 발급해 달라며 억지를 부리고 고성에 난리를 피운다거나, 먹고 살 게 없다며 쌀 한 포대를 달라고 쌀이 없으면 라면 하나라도 달라고 떼쓰는 민원인 등 기준이나 규정에 맞는 민원이라면 얼마든지 해 줄 수 있지만 그렇지 못한 상황에서 억지 떼쓰기, 폭언, 협박 등으로 일관하니 스트레스를 받고 힘들어한다.

그런데 이렇게 한번 생각해 보면 어떨까? 스트레스의 원인을 가만히 살펴보면 모든 원인은 민원인 때문이 아니라 바로 나 때문일 수 있다는 것이다. 그중 가장 큰 원인은 나의 과대한 기대심에 있다. 그 기대만큼 바라는 것도 많은데 이루어지는 것이 없으니 불만스럽다. 두 번째는 내 삶의 대부분이 외부의 환경에 종속되어 있다는 생각 때문이다. 내 삶은 사랑이 넘치고, 풍요롭고, 정겹고, 아름다워야 하는데 나를 둘러싼 환경이 온통 나와 똑같은 늑대와 여우들뿐이니 불만인 것이다.

실무 공무원은 국가로부터 국민 개개인을 도울 수 있는 무한한 권한과 막강한 권력을 부여받아 세부적인 업무를 수행하고 있다. 그러므로 실무 공무원은 국가를 대신하는 위치에서 당당하게 안 되는 건 안 된다고 말할 수 있어야 하며, 되는 건 된다고, 조금 줄 수 있으면 조금밖에 줄 수 없다는 것을 말할 수 있어야 한다. 무한한 권한이라는 것은 민원인들의 요구를 모두 다 해주는 것이 아니다. 해 줄 수 있는 것은 과감히 해주고, 안 되는 것은 그 이유를 명확히 하여 민원인들이 같은 요구로 인한 불필요한 수고를 덜 수 있도록 하는 것이 진정한 권한 행사인 것이다.

사람마다 생각과 행동이 다르다 보니 간혹 안 되는 명확한 이유를 설명하고 설득하여도 막무가내인 민원인들도 있다. 설령 민원인이 욱하는 심정으로 소리를 치고 비이성적 행동으로 일관하더라도, 무한한 권한과 권력을 가진 실무 공무원은 그 행태에 휘말려 같이 싸울 것이 아니다. 강한 의지를 갖고 '역지사지, 이해, 배려, 눈높이, 사랑, 친절'이라는 강력한 무기로 응대하면 고성과 폭언으로 일관하던 민원인도 결국, 그간의 언행을 내려놓고 생산적이고 긍정적인 삶을 살 수 있도록 할 수도 있다.

국민이 공무원을 찾는 이유는 크든 작든 어떠한 도움이 필요하기 때문이다. 그러니 일반 국민은 실무 공무원을 자신보다 높은 권한과 권력으로 도움을 주는 높은 지위의 사람으로 인식하곤 한다. 높은 지위는 그에 맞는 권한과 권력을 부여받게 되는데, 이를 자신의 이익만을 위하여 휘두른다면 행복과 기쁨을 느낄 수 없다. 어렵고 힘든 사람에게 아무것도 바라지 않고 도움을 주는 권한과 권력이어야 기쁘고 행복할 수 있다. 사회적 약자에게 무엇인가 도움을 주고, 그 사람이 기쁘고 행복해지는 모습을 볼 때 나는 더 큰 보람과 행복을 느낄 수 있다.

"권한은, 그것을 제대로 썼을 때 비로소 자신을 크게 성장하게 한다."

생각해 보기

– 실무 공무원인 나의 업무 한계는 어디까지인가?

자존심이 아닌 자존감으로

우리는 누군가 아무 생각 없이 툭~ 내뱉는 한마디에도 기뻐서 행복하기도 하고 짜증과 화를 내기도 한다. 다행히 나를 칭찬하는 말이거나 인정하여 감사를 표현하는 말이라면 기분 좋은 감정이 올라올 뿐만 아니라 그 사람에 대한 좋은 이미지까지 내 마음에 남게 되지만, 반대로 나를 무시하거나 사실과 다르게 잘 알지도 못하고 착각하여 욕을 한다면 기분이 나빠지고 화가 치밀어 오른다. 마찬가지로 그 사람에 대한 이미지까지 나쁘게 기억된다. 설령 실제 나의 잘못이 명확히 인정된다고 할지라도 어느 정도는 그의 감정을 이해하고 참아낼 수 있는데 그 사람의 감정 표현이 지나칠 정도로 과다하고 길어지게 되면 언제까지라도 나의 잘못을 인정하고 참아 내기는 쉽지 않다.

최근 들어 전과 다르게 정치인은 정치인 대로, 학자는 학자대로, 종교인은 종교인대로, 기업인, 영세상업인, 농어민, 회사원, 학생, 공무원 등 할 것 없이 입에 거품을 물면서까지 자신의 목소리를 키우고 있는 모습을 어렵지 않게 볼 수 있다. 진리나 사실관계가 어떠하든 목소리만 크면 이긴다는 생각에서인지는 몰라도 혼자서 소리치다 안 되면 수단과 방법을 가리지 않고 내 편 만들기를 하여 여럿이 집단을 이루어 함께 몰려다니며 아우성을 치기도 한다.

시간이 경과되면서 감성의 크기기 점점 커지고 목소리도 함께 커지게 되는데 그 원인을 들어보면 하나같은 소리가 "상대방이 자신 또는 지역의, 단체의 자존심을 건드렸다"라는 것이다. "사람이 '자존심'이 있지 말이야!"하고 감정을 실어 소리친다.

어떠한 갈등 관계이든 그 갈등의 구조를 잘 들여다보면 양쪽 모두 똑같은 구조를 가지고 서로 양보 없이 자신만의 지식과 생각, 판단, 주장으로 일관하고 있다는 것을 알 수 있다. '아무리 상대에게 설명하고 설득을 해봐도 자기 견해만을 고집하며 나의 말에 변명과 무시로 일관하고, 끝내 자신의 감정을 이기지 못하고 참기 어려운 욕설과 비하 등을 뱉어 나의 자존심을 상하게 했다며 반드시 목적한 바를 이루어 자존심을 되찾겠다' 라는 구조다.

대체 자존심이 무엇이기에 이토록 민감한 것인가? 자존심이란 국어사전에서 '남에게 굽히지 아니하고 자신의 품위를 스스로 지키는 마음'이라 설명하고 있다. 그렇게 본다면 갈등이란 의견이 다른 쌍방이 서로 자신의 자존심이 손상되었으니, 손상된 자신의 품위를 스스로 지키겠다며 상대와 다투는 것으로 풀어 볼 수 있다.

상황이 이러하다면 어떻게 되겠는가? 다툼을 이어가다가 끝내는 조금이라도 힘센 사람이 이길 것이다. 갈등에서 이긴 사람이야 자존심을 지킬 수 있어 좋겠지만, 패한 사람은 억울함만 더 커지는 결과를 초래하게 되어, 복수를 마음먹는다거나, 자신보다 조금이라도 힘이 약하거나 감히 대들 수 없는 처지에 있는 상대를 찾아 화풀이를 해댄다. 그것마저도 여의치 않다면 세상을 비관한 나머지 자살이나 묻지 마! 폭행, 살인 등의 사건사고로 나타나게 된다. 안타깝지만 지금의 우리사회가 나아가고 있는 방향이고 많은 이들이 우려하는 현실이라는 것을 부정할 수 없다.

그나마 다행한 것은 이러한 자존심 대결 구도로 흘러가는 사회 속에서도 자존심을 지키기 위한 이기적 마음도 물론 있지만, 나보다 못한 사람을 보면 아파하고, 어렵고 힘든 사람을 보면 도와주고 싶어하고, 도움이 안 될 바에는 최소한 피해는 주지 않겠다는 따뜻한 마음을 가지고 있는 적지 않은 선량한 국민들이 있다는 것이다.

마치 바다가 수없이 쏟아져 들어오는 까만 오염원들 속에서도 푸르름을 잃지 않는 것과 같다. 왜 바다가 그토록 오염원이 쏟아져도 푸르름을 지킬 수 있는 걸까? 그 이유는, 아무리 많은 오염원이 들어오더라도 그것들을 정화하고도 남을 만큼의 맑고 청정한 작은 빗방울들과 샘물들이 계속 흘러들고 오염원을 없애려는 노력이 있기 때문이다.

너무 작아서 보이지도 않는 작은 빗방울들과 샘물들은, 큰소리로 자신이 하는 일을 과시하지 않는다. 그저 보이지 않는 곳에서 자신의 역할을 묵묵히 수행하고 있을 뿐이다. 아직 우리 사회가 살만한 가치가 있다는 것은 빗방울과 샘물 역할을 하는 작지만 큰마음을 가진 사람들이 사회 곳곳에 무수히 존재하기 때문이다.

그러한 큰마음을 가진 사람들의 공통점이 있다면 그것은 '자존감'을 가지고 있다는 것이다. 겉으로만 강한 사람들이 공통으로 가진 '자존심'이 아닌 '자존감'이다. 고작 한 글자 차이인데 얼마나 영향이 있겠느냐 의문을 가질 수 있겠지만 그 차이는 하늘과 땅만큼이나 크다.

자존심이란 것이 바닥난 자신의 품위나 존중을 스스로 지켜내려고 남에게 굽히지 않는 속 좁고 가난한 마음이라면, 자존감은 스스로 자신에 대한 존중이나 품위가 넘쳐, 자존심을 찾는 마음 가난한 이들에게 기꺼이 양보하고 굽혀줄 수 있는 크고 풍요로운 마음이며, 나아가 양보하고 굽힐수록 더 많이 늘어나고 커지는 것이다.

우리나라 자살률이 세계 최고라는 불명예는 어제오늘 일이 아니다. 자살자 대부분이 부모와 자식, 남편과 아내, 돈·명예·권력·인기가 있는 사람과 없는 사람 간의 갈등, 민원인과 공무원 간의 갈등 등 수많은 대립 속에서 상대에게 굽히지 않고 마지막 남은 품위를 지켜내기 위해 벌인 자존심 싸움에서 패해

극단적인 선택을 한 사람들이다.

이는 곧 우리 사회에 자존심이 아닌 자존감이 필요한 이유이다. 세상이 아무리 어렵고 힘들다 할지라도 적어도 내가 이 세상에 있는 한 완전한 어둠은 없을 것이다. 지금 이 순간 나부터, 자존심만 내세우다가 한없이 작고 초라해지는 사람이 아닌, 세상을 맑게 하는 샘물 같은 '자존감'으로 작지만 크게 살아가는 것이 중요하다. 특히, 세상을 이끌어 나가는 공직자들이 가져야 할 마음가짐이 아닐까? 생각해 본다.

 생각해 보기

- 구겨진 자존심을 회복하겠다며 비이성적인 행태로 일관하는 특별민원인을 상대해야만 하는 공무원인 나는 어떤 자세와 입장, 어떤 마음이 필요할까?

나는 왜 사는가?

"나는 왜 사는가?" 생각할 수 있는 능력을 갖춘 존재라면, 누구라도 한 번쯤은 자신에게 던져본 질문이 아닐까 싶다. 이 질문에 대한 정답은 명확하지는 않지만, 자신에게 물어본 사람과 그렇지 않은 사람은 삶을 살아가는 태도와 질에 큰 차이가 있지 않을까 싶다.

혹시라도 이 책을 읽고 계시는 분들 중에 아직 "나는 왜 사는가?"라는 질문을 해보지 않았다면 이번 기회에 꼭 한 번 스스로에게 질문을 던져보길 소망한다.

나도 이에 대하여 생각해 본 적이 있다. "나는 왜 사는가? 어떻게 사는 것이 가장 가치 있고 보람 있는 삶인가?"라고. 기왕이면, 만물의 영장이라는 사람이니 최소한 개나, 고양이 등 동물들과 조금 차별화될 필요가 있지 않을까? 라는 기반으로 하여 생각해 보았다.

그러다 보니 자연스레 사람과 동물의 근본적 차이가 무엇인가를 생각해보게 되었는데, 가장 큰 차이점은 아마도, '나 아닌 다른 누군가를 위해 자신을 희생하고 양보하고 도와줄 수 있냐?'라는 것이었다. 동물들의 공통점은 모든 것이 자기 위주라는 것이다. 나만 배부르고, 나만 안전하면 그만이다. 그러나 사람은 그렇지 않다. 내가 사랑하고 소중하게 생각하는 누군가를 위해 굶주린 배를 움켜잡고서라도 기꺼이 콩 반쪽이라도 나눠주고, 순국선열이나 의사상자[3]와 같이 잘 알지도 못하는 사람이나, 국가와 민족을 위해 생명까지도 내던질 수 있다.

그래서 내가 내린 삶의 이유와 의미는 '나 아닌 다른 누군가를 위하여 희생하고 양보하고 도움을 주는 것!'이었다. 나름 이와 같은 답은, 인간 개인으로서 또한 공직자로서의 위치에서도 더할 나위 없는 완벽한 삶의 이유라 생각되었다.

하지만 이와 같은 생각으로 내 삶을, 특히 공직 생활을 이어감에도 늘 10% 정도 무엇인가 부족하다는 느낌을 떨칠 수 없었다. 여러 이유가 있겠지만, 가장 큰 스트레스는 '나의 몸은 하나뿐인데 도와줘야 할 민원인들이 너무 많다' 라는 것이었다.

국민권익위원회 고충민원의 처리 기한은 공휴일을 빼고 60일이다. 얼핏 보기에 바쁠 것이 있겠느냐 생각할 수 있다. 그러나 아니다. 보통 고충민원 조사관 한 명이 하루에 배정받는 민원은 3건에서 7건 정도이다. 이미 소개한 것처럼 고충민원은 다른 행정기관을 돌고 돌다 해결할 수 없어 최종적으로 도착한 민원이기에 민원인의 감정도 이미 고조되어 있고, 주관 행정기관에서 도움이 불가하다는 결론을 낸 것들이다 보니, 민원 검토 또한 관련 행정기관 자료조사와 현장 조사, 법률 검토에 이르기까지 신중하고 깊이 있게 하여야만 한다.

특히, 조사관은 민원을 조사하고 갈등 당사 간 의견을 조정, 중재하는 중간 역할뿐이고, 최종 판단과 결정은 우리나라에서 법조계, 학계, 종교계, 공직사회 등에서 내로라하는 전문가로 구성된 위원회 회의를 통하여 이루어진다. 그렇다 보니 위원회에 조사 안건이 상정되기까지의 노력은 물론 내부적 결재 과정을 통해 위원회 상정 이후에도, 위원들의 모든 질문에 답하고 설명해야 했기에, 각 건마다 최선의 노력을 기울여야만 한다. 물론 이것이 끝은 아니다. 이후 민원 회신, 불만 민원 응대 등으로 이어지는 일련의 절차에 따라 사실 배정받아 진행 중인 민원이 30건만 넘어가도 제정신으로 근무하기에 벅차다. 늘 쫓기듯 생활해야 한다.

내가 진행 중인 민원이 50건을 넘어갔을 때의 어느 날이었다. 진행 중인 민원이 너무 많다 보니 매일 늦게까지 야근하고, 퇴근 후에는 아무리 잠을 자려 해도 도저히 잠을 이룰 수 없었다. 이 민원 생각하다 머리를 흔들면 이내 저 민원이 생각나고… 그러다 겨우 잠이 들곤 하였는데, 한번은 꿈속에서도 밤새 민원 처리를 하다 깨어난 일이 있었다.

당시 너무나 사실적으로 꿈을 꾼 것이 황당하기도 하고, 우습기도 하고, 안타깝기도 하여 사무실 출근 후 동료 직원에게 하소연하듯 꿈 이야기를 한 적이 있었다.

며칠 후, 하소연을 들어주었던 직원으로부터 책 한 권을 선물로 받았다. 서두에서도 소개하였지만 나는 태어나면서부터 책하고 공부와는 인연이 깊지 않다. 그런데 책을 선물받은 것이다. 그것도 내가 제일 꺼리는 종교 서적이었다. 그 두께도 600쪽이나 되는 어마어마한 내용의 불경 책이었다. 이 정도의 두께라면 도저히 내가 읽을 수는 없고 단지 베고 자는 용도라면 딱 안성맞춤이겠다는 생각까지 했었다.

그래도 나를 생각하여 선물을 한 것인데 거들떠보지도 않는 것은 예의가 아니라는 생각에 아무런 기대 없이 잡히는 대로 책을 펼쳐 읽어 내려갔다. 그런데 세상에 이런 책이! 내가 책에서 이런 가슴 벅찬 느낌을 받으리라는 것은 상상할 수조차 없었는데…

읽자마자 나의 마음에 새겨진 것은 "무주상 보시 복덕 불가사량(無住相 布施 福德 不可思量)"이라는 글이었다. 여기서 "보시"란 힘들고 어려운 사람에게 물질적 정신적 도움을 주는 것을 말하고, "무주상"이란 '내가 누군가를 도와줬다는 생각조차 없이 그저 아무런 바람 없이 마음에서 우러난 것'을 말하는 것이었다. 즉 "무주상 보시"는 '아무런 바람 없이 내가 했는지조차도 모를 정도의 남을 위한 도움'을 말하는데, '그와 같이 행한 보시로 인하여 내가 얻을 수 있는 복덕은 너무 크고 많아 이루 헤아릴 수조차 없다'라는 뜻이었다.

이 글을 읽는 순간 나도 모르게 가슴 벅찬 감동과 환희가 밀려드는 것이 느껴졌다. 이유는 특별민원인 때문이었다. 하나 같이 기초생활수급자 수준이고 자신의 의사를 조리 있게 말이나 글로써 표현하기도 곤란한 그들에게 내가 기대할 수 있는 것은 아무것도 없다. 그뿐만 아니라 이들은 억울함과 한으로 마음이 황폐해져 따뜻함이라고는 찾아볼 수 없는, 지옥 같은 일상을 살고 있는 분들이었다. 그런데 그런 분들의 얼굴에 하나, 둘 웃음꽃이 피고 생산적인 일을 하는 그들의 모습이 눈앞에 파노라마처럼 좌~악 펼쳐지며 내 가슴으로 전해졌기 때문이었다.

벅찬 감동을 느낀 후, 그 책을 밑줄까지 쳐가면서 몇 번을 읽은 기억이 생생하다. 이후 나는 사상적이든 종교적이든 편견에 빠지면 안 된다는 생각에 불경을 읽었으니, 이번엔 성경도 읽어봐야겠다고 생각하게 되었다. 다만, 오래전 학창 시절 선생님께서 누구나 한 번쯤은 꼭 '성경'을 읽어 보아야 한다는 말씀에 성경을 읽다가 끝내 포기한 경험이 있었다. 이유는 창세기에서부터 과학적이지도, 근거도 없는 내용에, 누가 누구를 낳고 또 누가 누구를 낳고, 또 누가 누구를 낳았다는 내용 투성이다 보니 '우리 족보도 안 읽는데 왜 남의 족보를 읽어야 하나'라는 생각 때문이었다.

이처럼 좋지 않은 기억으로 주저하던 차에, 우연히 길가 책꽂이에 다양한 종교 서적을 꼽아 놓고 3명이 아무 말 없이 서 있는 모습이 눈에 띄었다. 가까이 다가가 나의 과거사를 이야기하고, "간단히 성경에 관한 내용을 읽을 수 있는 것을 추천해 달라"고 했더니 여러 책 가운데 한 권을 건네주었다. 고맙다는 인사를 하고 전철에 몸을 실은 채 아무 생각 없이 손 가는 대로 펼쳐 읽어 내려가는데, 갑자기 온몸에 소름이 좌~악 끼치는 것을 느낄 수 있었다. '마태복음'의 일부 내용이 불경에서 읽은 내용과 판에 박은 듯이 똑같았기 때문이었다.

그 내용은 "사람에게 보이기 위하여 너희 의를 행하지 말라" "구제할 때에 오른손의 하는 것을 왼손이 모르게 하라" "아무도 모르게 은밀한 중에 한 '보시'는 너의 아버지가 갚으시리라"라는 말씀이었다. 글을 쓰고 있는 지금도 그때의 기억이 되살아나 소름이 돋는 듯하다.

사실 이와 같은 불경, 성경 말씀을 대하기 전의 나는 완전 무신론자였다. 아니 '아무리 지은 죄가 크다 하더라도 신을 믿으면 천국 간다'라는 말을 하고 다니는 종교인들은 모두 '사기꾼'이라 생각했을 정도로 종교에 대하여 '혐오감'마저 가지고 있었다.

그런데 지금은 아니다! 기독교, 불교, 유교, 천주교, 천도교, 이슬람교… 할 것 없이 다 믿는다. 예수님이고 부처님이고, 공자님, 알라신, 단군왕검… 모든 분이 하나 같이 하신 말씀은 "힘들고 괴롭고 어렵게 살아가는 네 이웃과 생명을 가진 모든 것들을 '아무런 바람 없이' 사랑하고 자비를 베풀고 이롭게 하라"는 것이었고, "이와 같은 신의 뜻을 믿고 따라 행하게 되면 반드시 죽어서 뿐만이 아니라 지금 즉시, 이 순간부터 천국 생활을 할 수 있다"라는 말씀임을 명확히 알았기 때문이다.

그래서 지금은 '내가 왜 사는지? 어떻게 사는 것이 가장 가치 있고 보람이 있는 것인지?'에 대한 100% 명확한 답을 얻었다.

그것은 "내가 아닌 다른 사람, 모든 생명체를 위하여 '아무런 바람 없이' 희생하고, 양보하고, 도움을 주는 것"이다. 그간 10% 부족했던 나의 삶의 의미가 채워졌다.

내가 정말 좋은 마음가짐을 가지고 있더라도, 삶의 과정이나 결과에 무엇인가 원하고 바라는 것이 있다면 그 빛은 바래진다. 설령 그것이 좋은 의미 즉 더 많은 민원인에게 도움을 주고 싶은데, 몸은 하나고 시간도 없다고 해서 스트레스를 받는다면 내 삶은 자유로울 수 없다. 원하고 바라는 마음은 반드시 '욕심'으로 변하고, 그 욕심은 반드시 '더 큰 실망과 배신, 스트레스'로 변해 나타나기 때문이다.

그러니, 민원인에게 최선의 노력으로 도움을 주되, 모든 사람을 만족시키기를, 그래서 만족도 100점 주기를, 감사 편지 보내주기를 구걸하거나 바라지 말고, 그냥 누군가에게 도움을 주니 상대가 기뻐하는 모습이 보이고, 그저 그 모습에 보람을 느껴 함께 기뻐하는 내가 그리고 공직자가 되어 보면 어떨까? 싶다. ^^

생각해 보기

- 나의 삶에 스트레스가 있는가?
- 그 스트레스의 원인은 무엇인가?

공무원은 공복?

일반적으로 공무원! 하면 연상되는 단어들이 있다. 그중 가장 먼저 떠오르는 단어는 "공복"이다. '국민의 종으로 천한 일을 도맡아 하더라도 묵묵히 자기의 일을 해내는 사람'이라는 뜻의 공복이란 단어는 공직, 특히 고위 공직자일수록 많이 언급하는 것을 어렵지 않게 보고 들을 수 있다. 세상이 참 빠르게 변한다고 하는데, 공복은 내가 공직에 들어온 1990년 말 시장, 구청장 등으로부터 처음 듣기 시작하여 30년이 훨씬 지나 정년퇴직을 한 지금까지도 변치 않고 사용되고 있다. 지금도 가끔 TV에서 높디높은 공무원들 특히 선출직으로 처음 공직에 몸을 담은 분들일수록 공무원은 공복이니 국민에게 복종하고 희생하여야 한다고 소리 높여 부르짖고 있다.

그런데 나는 34년 이상 공무원 생활을 하고 정년퇴직할 때까지 스스로 공복이라고 생각했던 시절은 그리 길지 않다. 처음 이러저러한 피할 수 없는 이유와 함께 그저 겉으로 보이는 공무원의 허울만 보고 나의 길이라 생각하여 멋모르고 공직에 들어와, 높은 분들이 공무원은 공복이라고 하니 그저 그런 줄 알고 생활하던 최말단 9급 때뿐이다.

그렇다고 하여 8급 7급, 6급 때는 공복이 아니라고 생각했느냐? 궁금해할 수 있다. 그런 건 아니다. 사실 그때는 실무 공직자로서 담당업무도 어마어마하게 많았을 뿐만 아니라, 틈나는 시간마다 한 가족의 가장으로서, 노부모의 장남으로서 등등 1인 다수의 역할까지 해야 하다 보니 한가하게 공복이니 봉사자이니 생각해 볼 겨를이 사실 없었다.

그나마 내가 '공복'에서 확실히 벗어날 수 있었던 것은 10여 년 전 특별민원인들을 전담하면서부터이다. 처음에는 오직 비이성적 행태로 일관하던 분들이 시간이 지나면서 하나둘 피어나는 밝고 따뜻한 모습에서 한없는 행복과 보람, 긍지와 즐거움을 느낀 바로 그때, 비로소 "아! 나는 공복이 아닌 '봉사자'이구나"라는 확고한 나의 정체성을 발견할 수 있었다.

공복과 봉사자가 뭐가 그리 대단한 차이가 있겠느냐 생각할 수 있다. 그러나 아니다, 공복과 봉사자는 그야말로 하늘과 땅의 차이다.

공복 즉 종의 근성과 봉사자의 근성을 비교만 해봐도 간단히 다름을 알 수 있다. 종의 근성은 이렇다. 내가 월급을 100원 받는다고 할 때 노예는 어떻게 하든 50원, 70원 만큼만 일한다. 그리고 나머지 30은 다 이득이라고 생각한다. 반대로 110만큼 혹은 그 이상 일을 하였다고 생각한다면, 반드시 월급보다 많이 한 일만큼 반대급부를 기대하거나, 기대하는 만큼 반대급부가 주어지지 않을 경우 세상에 대한 불만과 피해의식에 휩싸여 다투거나 스스로 힘들어 비관하며 괴롭게 생활하는 하는 것이 종의 근성이다.

그러나 봉사자는 다르다. 똑같은 100원의 급여를 받으면 최소한 100만큼 110만큼 열심히 도움을 줄 뿐만 아니라, 부족하면 자신의 급여를 투입해서라도 나보다 힘들고 어려운 사람들에게 더 많은 도움을 주어 상대가 기쁘고 행복할 때 자신도 행복한 사람이 바로 '봉사자'인 것이다. 그러다 보니 봉사자는 설령 자신이 한 일보다 급여를 적게 주고, 자신이 한 일에 대해서 알아주지 않는다고 하더라도 세상을 비관하거나 괴로워하지 않고 부족한 반대급부만큼 더 큰 보람과 기쁨을 얻는다. 그러니 힘이 드는 일일수록 즐거움이 크다.

대한민국헌법 제7조 제1항에 "공무원은 국민 전체에 대한 **봉사자**이며, 국민에 대하여 책임을 진다"라고 하고 있다.

우리나라 헌법에서 공무원을 명확하게 '국민 전체' 즉 '공무원인 내 말을 잘 듣고 내가 시키고 알려주는 대로 그대로 행하는 국민만이 아니라, 때로는 아무 잘못 없는 나에게 와서 행정처분이 잘못되었다느니, 왜 내가 낸 세금으로 월급을 받아 처먹으면서 고객이며 주인인 국민의 말을 듣지 않느냐며 비이성적 행태로 일관하는 국민까지도 모두 포함한 국민 전체'에 대한 '공복'이 아닌 '봉사자'라고 정하고 있다.

여기서 공무원이란, 보통은 국가나 자치단체에 채용되어 공무원증을 소지한 사람으로 볼 수도 있겠지만 나는 그렇게 생각하지 않는다,

돈, 명예, 지식, 인기 등이 꽤 있어 어찌어찌하여 일시적으로 높은 공직에 선출이 되었든, 공개경쟁으로 말단으로 채용되어 평생을 공직에 몸을 담고 있든, 공사·공단 직원이든, 통반장 이장, 남녀 새마을지도자, 청소부, 버스 기사, 아파트 경비원, 콜센터 상담사 등 모두가 공무원일 수 있다. 내가 지금 하고 있는 수고로운 일이 비록 나와 가족의 생계를 위해 어쩔 수 없이 선택한 직업이라 할지라도, 내 수고의 결과가 작은 반대급부뿐만 아니라 공공의 편의와 안정을 위해 조금이라도 기여하고 있다고 생각하여 스스로 만족하고 기꺼운 마음으로 헌신한다면 이들이 바로 봉사자 즉 진정한 공무원인 것이다.

그렇게 본다면 더 나아가 일반 회사원이나 공장 조립공정의 한 로봇과 같이 매일 똑같은 단순 작업만 하는 직원도 또한 예외 일 수 없다. 내가 하는 일이 월급을 받고 있으니 어쩔 수 없이 사장의 이익 창출을 위해 시키는 일만 하는 사람이 아니라 불량제품 없이 더 좋은 제품을 더 지렴한 가격으로 더 많은 사람들에게 제공하여 그들에게 만족과 편의를 제공하겠다는 마음으로 일한다면 이 또한 봉사자의 예외가 될 수 없다.

이와 같이, 공무 사인을 포함한 누구일지라도, 비록 지금의 내가 풍요롭거나, 어렵고 힘든 시간을 보내고 있거나 할지라도 나 아닌 작은 누군가를 보고

그를 위해 따뜻이 배려하고 도움을 준다면, 도움을 줄 여력이 없어 기원이라도 해 줄 수 있다면 그가 바로 봉사자 즉 공무원이라고 본다.

이런 의미에서 나는, 이세상 모든 봉사자 즉 공무원은 기독교에서 말하는 '천사'요, 불교의 '관세음보살'이요, 과거의 나처럼 철저히 종교를 배척하는 사람이라면 '허준과 같은 의사'이다.

예수님의 큰 사랑을 세상 모든 사람, 특히 춥고, 어둡고, 아프게 생활하는 모든 사람들에게 골고루 나누어 주는 '천사' 그리고 천 개의 손과 천 개의 눈을 가지고 아무리 세상 어두운 곳에서 신음하는 어려운 사람들일지라도 모두 보고 들어 따뜻한 손길을 내밀어 보호해 주는 천수천안의 관세음보살, 그리고 아무리 어려운 여건일지라도 나의 이익보다 어린 백성의 아픔을 먼저 생각하여 수고를 아끼지 않았던 허준과 같은 '의사'

참고로, 허준은 서자이다. 조선시대 대법전인 경국대전에 서자가 관직에 올라갈 수 있는 최고 단계는 정삼품도 아닌 종삼품까지로 정해져 있었다. 그런데 허준은 종일품 숭록대부까지 올랐으니, 말 많은 양반들의 배가 얼마나 아팠겠는가! 마침, 선조가 죽자, 그 책임을 물어 의주로 1년 8개월 유배를 보냈는데, 나 같았으면 그 유배 기간 내내 양반네들 원수 갚을 생각만 했을 텐데 허준은 달랐다. 오직 수많은 백성을 위해 「동의보감」 저술에 전념하여 유배 기간 중 절반 이상을 집필하여 마무리 했다. 결국 사후 그 공로가 인정되어 정일품의 관직인 보국숭록대부까지 오르게 되었다. 아무런 바람 없이 그저 어린 백성만을 생각하는 마음 하나뿐이었기에 그럴 수 있었다.

이와 같은 이유에서 나는 누가 뭐라 해도 봉사자인 공무원을 천사요, 관세음보살이요, 허준과 같은 의사라 생각한다.

봉사자이고 공무원인 나는 천사이고 관세음보살이고 의사인데, 하지 못

할 것이 무엇이 있겠는가! 만일 내가 천사라면, 관세음보살이라면 어떤 특별 민원인이 찾아와 더 많은 것을 달라고 욕하고 억지를 부린다고 하여 상대와 똑같이 맞서 대응하여 다투고, 더 이상 스트레스 받아 못 해 먹겠다고 천사를, 관세음보살을 때려치우겠는가? 신경정신과 의사가 정신질환자가 찾아와 알아들을 수 없는 괴이하고 엉뚱한 말을 늘어놓으며 비이성적 행태를 이어간다고 스트레스를 받아 의사를 때려치우겠는가? 그렇지 않다. 시간이 오래 걸려도 어떻게든 반드시 상대를 바른 사람으로 만들고 치유해 준다.

나는 정신건강의학과나 신경정신과 의사면허증이 있는 것도 아니고, 의학 서적을 연구하지도 않았다. 그러나 내 고객 중에는 '세상에 이런 일이', '특종 세상', '그것이 알고 싶다'와 같은 TV 프로그램에 출연할 정도로, 망상장애로부터 조현병에 이르는 다양한 정신질환자들도 있다. 하지만 그들이 나와 대화할 때는 그저 밝은 웃음 가득하고 가슴 따뜻한 보통의 국민일 뿐이다.

"내가 봉사자인 '넓은 의미의 공무원'이라면, 공복이 아니라 천사요, 관세음보살이요, 허준과 같은 의사라는 것을 잊지 말자!"

내 뒤에는 예수님, 부처님 등 든든한 '빽'이 있는데 하지 못할 것이 무엇이고, 두렵고 걱정할 것이 무엇이 있고, 즐겁지 않은 일이 무엇이 있겠는가!

생각해 보기

– 나는 무엇을 하는 사람인가?
– 나는 나의 이익만큼 어렵고 힘든 이들의 이익도 생각하는가?
– 내가 하는 일이 숭고하다면 당당하지 못할 이유가 무엇인가?

물에 빠진 사람이 잡을 수 있는 지푸라기

한 특별민원이 있다. 이 사람은 오로지 남들한테 스트레스를 주는 것이 삶의 이유라 생각할 정도로 타인과 감정적 대립각을 세우고 살아간다. 각종 공공기관이며 회사, 영업소, 센터, 단체는 물론 개인적 지인들에 이르기까지 가릴 것 없다. 상대의 행태나 언행, 이해관계 등과 관련한 그 어떤 꼬투리를 잡아내고서는 방문하거나 전화하는 방법으로 거의 매일매일을 종일토록 자신의 억울함을 호소하고 불만을 쏟아낸다.

처음 동사무소 한 실무 직원의 작은 행태를 꼬투리 잡아 민원을 제기하다, 실무자와의 감정 대립이 극으로 치달아 결국 개인적 원수 관계로까지 확산이 된 후에는 마치 들불처럼 팀장·동장 나아가 구청 관계부서와 감사부서의 담당자·팀장·과장·구청장, 시청 민원센터, 관계부서와 감사부서의 담당자·팀장·과장·시장, 도청의 민원센터, 관계부서와 감사부서의 담당자·팀장·과장·도지사, 더 나아가 중앙행정기관, 국민권익위원회, 감사원 국가인권위원회 총리실, 경찰, 검찰, 법원, 헌법재판소, 대통령실 민원담당자, 부서장, 수석실, 대통령에 이르기까지… 심지어 UN까지 들먹이며 끝도 없이 불만이 확산하고 이어진다. 참 고단한 하루하루이다.

어제 나를 방문 또는 전화하여 한없는 억울함을 토해내었던 그들이 오늘 또다시 '물에 빠진 사람 지푸라기라도 잡으려는 심정'으로 나를 찾을 텐데, 그래! 오늘은 그들 모두의 고단함을 조금은 덜어줄 수 있는 작은 지푸라기로서의 내가 되어봐야겠다.

설령, 어떤 이는 개인적으로 기분이 상한 아주 작고 하찮은 문제로, 어떤

242

이는 자신의 생사와 관련되거나 국가, 지구의 운명과 걸린 큰 문제로 또 어떤
이는 너무 오래 다투다 보니 취지가 바래져 원하는 것이 무엇인지도 모를 문제
로 나를 찾아와 소리칠지라도…

맑은 웃음 가득한 폭행 전과자

"어우~! 당신이 너무 보고 싶어 정말!"

얼마 전까지 거의 매일 구청, 시청, 경찰서, 검찰청, 법원, 대통령실 그리고 여러 방송사와 국민권익위원회를 방문하여 언제 끝날지 모를 폭언 욕설로 삶의 전부를 쏟아내던 내 작은아버지(?)의 입에서 나온 말이다.

작은아버지의 애초 민원 내용은, 2012년 작은아버지의 주택과 연접한 토지에 이웃 주민이 상가 건물을 신축하면서 작은아버지의 토지를 침범하여 건축하였는데 관할 구청에서 확인도 하지 않고 부당하게 준공 승인을 하여 피해를 주었으니, 구청에서 상가를 철거토록 해달라는 것이다.

작은아버지는 자신의 억울함을 해소하기 위하여 구청은 물론, 시청, 경찰서, 검찰, 법원, 언론사에 이르기까지 관련된 모든 기관을 방문하여 강한 행태로 일관하던 분이었는데 끝내 우리 위원회까지 오게 되었다.

작은아버지의 민원을 접수한 당초의 담당 조사관은, 고층 민원에 관한 적법한 절차와 규정을 거쳐 최종적으로 민원을 도와줄 수 없다는 위원회 심의 결과를 통보하였는데, 작은아버지는 담당 조사관이 경찰, 검찰과 짜고 민원을 처리했다며 수시로 위원회를 방문해 갖은 폭언과 욕설로 재조사를 요구하자 담당 부서에서는 더 이상 민원을 처리할 수 없다고 판단하고는 특별조사팀으로 민원을 인계하여 특별 관리하게 된 분이다.

작은아버지는 애초의 민원 이외에도, 또 다른 피해를 이유로 인접 상가 건축주를 고소하였는데 경찰이 피고소인과 짜고 허위 진술서를 만들어 무혐의 처분을 받도록 하였다며 담당 경찰관과 경찰서장 담당 검사 등을 모두 처벌해 달라는 민원을, 그리고 늦은 겨울밤 만취되어 전철 역사 계단에 앉아 있던 작은아버지를 공익근무요원이 귀가토록 하는 과정에서 공익근무요원을 폭행하여 집행유예 선고를 받아 투표를 할 수 없게 되자 억울하게 국민의 기본권이 침해되었다는 민원을, 이외에도 구청에서 추진하고 있는 주거환경개선사업과 관련해 잘못된 도시계획으로 자신의 토지를 부당하게 도로에 편입시켰으니, 도시계획을 취소해 달라는 등의 민원까지 있어 다수의 기관, 다수의 공무원과 다툼을 이어가고 있었다.

작은아버지는 이 모든 억울한 일들이 구청과 경찰, 검찰이 짜고 한 일이니, 특별조사관이 모두 조사하여 해결해 주고, 언론과 방송사에 반드시 터트려달라며 하루가 멀다고 찾아와서 격앙된 목소리로 소리를 질러대곤 했다.

지금은 비록 민원인이 모두 해소되어 그저 시간의 흐름 속에 잊혀가는 다른 수많은 특별민원인과 별반 다르지 않지만, 이렇듯 생생하게 마음속 깊이 자리하고 있는 것은 작은아버지가 내게 준 '보람'이란 큰 선물 때문이다.

- 작은아버지와의 첫 만남

처음 작은아버지를 만났을 때 작은아버지는 약 160cm의 작은 키에 햇볕에 까맣게 그린 얼굴과 검은 머리카락이라고는 찾아볼 수 없는 말 그대로 백발의 노인이었고, 목소리는 기차 화통을 삶아 먹었는지 작은 체구에서 나오는 소리라고 믿기 어려울 정도로 컸으며, 작은 등에는 커다란 검은색 가방을 메고 있었다.

당시 많은 민원인들로 북새통을 이루고 있던 상담실 한편 창구에 자리를 틀고 앉아 있던 작은아버지는, 오늘 반드시 자신의 민원을 부당하게 처리한 담당 조사관을 박살 내고야 말겠다며 큰 소리를 지르고 있었다.

그때 나는 격앙된 감정으로 일관하는 작은아버지의 감정을 낮추는 것이 급선무였던 관계로 좀 더 세심하고 따뜻한 자세로 경청하고 공감해 주었고, 한편으로는 주눅이 들지 않게 좀 더 밝고, 씩씩하게 작은아버지에게 다가갔던 기억이 생생하다.

>나 : 아이고! 어르신, 안녕하세요? 화가 많이 나셨네요.
>저는 권익위원회에 특별민원조사관인데요. 무엇 때문에 이렇게 화가 많이 나셨나요?
>민원인 : (가방 안에서 수많은 서류를 꺼내 책상 위에 한가득 펼쳐 놓고 그중 일부를 한 손으로 집어 들며) ○○과 조사관 ○○○이 경찰과 짜고 나한테 문서를 보내고 도망쳤어.
>나 : 에이 어르신 역정 내지 마시고 차근차근 말씀해 보세요. 제가 들어보고 도움을 드릴 수 있으면 도와드릴 테니
>민원인 : 특별조사관 당신은 뭐 하는 사람이야!
>나 : 네~ 저는 민원 부서 조사관이 처리한 민원에 대하여 어르신처럼 강하게 이의를 제기하시는 분들이 있으면 민원을 다시 한번 특별하게 검토해서 잘못된 것이 있는지 확인하고, 잘못된 것이 있으면 그것을 직접 처리하는 조사관이에요.
>민원인 : 그래! 그럼, 한번 들어봐! 우리 땅 경계를 침범하여 상가를 지은 사람을 경찰에 신고했거든. 신고할 때 건축주의 이름을 몰라서 분명히 건축주 이름을 쓰지 않았는데, 경찰에서 조사를 받는데 딱 하니 건축주 이름이 있고, 나중에 검찰에서 무혐의 판정이 나서, 진술조서를 확인해 보니 내가 진술한 내용과 다르고 내가 서명하지도 않았는데 어디서 내 서명을 알아서 컴퓨터로 조작을 해놓았어. 그리고 구청에서는 남의 땅을 침범해서 지은 상가 건물을 측량도 하지 않고 건축주한테 뇌물을 받아 처먹고

준공검사를 해준 거야. 나쁜 놈들, 그래서 관련 구청 공무원, 경찰, 검사를 모두 처벌해 주고 내 땅을 침범하여 준공된. 상가 건물을 철거해달라고 위원회에 민원을 냈더니만 ○○과 조사관 ○○○놈도 경찰 검찰과 짜고 검찰이 무혐의 처분 통보일과 같은 날에 도움을 줄 수 없다고 내게 공문을 보내왔어! 짜지 않았으면 어떻게 똑같은 결과를 같은 날에 보낼 수 있어. 이건 분명 서로 짠 거야. 나쁜 놈들 이○끼들 노인이라고 우습게 보이나 본데 나한테 잘 걸렸어. 내가 정의가 살아있다는 것을 보여주고야 말 거야.

내가 이래 봬도 얼마 전 법원 판사가 내 민사사건 판결을 잘못하기에 판사한테 잘못된 것을 지적하고 '정의는 살아있기 때문에 반드시 내가 이기고야 말겠다'고 크게 소리쳤더니 판사도 정의는 살아있다고 했어! 두고 봐.(작은아버지는 콧잔등까지 내려온 두툼한 돋보기안경을 치켜세우며 강한 의지를 보였다.)

작은아버지는 오래간만에 자신의 말을 잘 들어주고 맞장구도 쳐주는 상대를 만나서인지 신이 나서 1시간, 2시간이 지나도록 했던 말을 또 하고 또 했다. 어언 저녁 6시가 되어 작은아버지 외에 상담을 받고 있던 다른 민원인들은 모두 돌아가고 상담실 문을 닫아야 하는 시간이 되었다.

나 : 어르신 말씀을 많이 하셔서 배고프시겠어요? 이제 상담실 문을 닫아야 할 시간인데 저녁 드실 시간도 되고 했으니, 옆에 감자탕 잘하는 집이 있는데 저녁 드시면서 말씀하시고 이제 나가시죠.

집에 가서 저녁을 먹겠다는 작은아버지를 겨우 설득해 위원회 옆 감자탕 집으로 자리를 옮겨 식사하면서 대화하는 동안 '민원인 1회 만남 삼촌 이내 친족화'라는 나의 방침에 따라 자연스럽게 작은아버지와 조카 관계가 되었고, 불신과 거리감은 이미 사라진 지 오래였다. (작은아버지로 부른 이유는 민원인이 78세로 특별조사관의 아버지 나이보다 적었기 때문이었다.)

> 나 : 작은아버지 오늘 오랜 시간 동안 말씀하시느냐 고생하셨는데 이제 집에 가셔서 좀 쉬세요. 그리고 제가 이른 시일 안에 작은아버지 집을 방문하겠으니 구청, 시청, 경찰서, 검찰 등을 찾아다니지 마시고 집에 계세요. 알았죠!
>
> 민원인 : 알았어, 고마워. 오랜 시간 이야기 잘 들어주고 맛있는 감자탕도 사줘서

- 민원인 가족의 고통

그 후 약속대로 작은아버지 집을 방문해 사실을 확인하고 허심탄회하게 대화를 나누고 여러 차례 만나면서 작은아버지는 물론 함께 사는 작은어머니와 자식들까지 친밀함과 신뢰감이 형성되었다.

작은아버지야 자신이 원해서 하는 일이니 그렇다 쳐도 작은아버지보다 더 힘든 사람은 사실 작은어머니와 그 가족들이었다.

가족들이 작은아버지에게 바라는 것은 단순했다. '날 선 눈길과 냉랭한 마음보다 따뜻하고 풍요로운 마음으로 감사하며 생활했으면', '좀 더 생산적이고 건전한 생활을 했으면', '짜증과 큰소리보다 사랑하는 가족과 오순도순 정겨운 대화를 나누었으면' 하는 정도의 바램뿐이었다.

타고난 천성이 있을까? "천성은 타고났기 때문에 바꿀 수 없다"라는 말이 있다. 처음 특별 민원을 담당하면서 "특별 민원인들의 행태는 바꿀 수 없다"라

는 것이 주의 대부분의 중론이었고 그것이 사실인 줄 알았다. 그런데 그렇지 않을 수 있다는 것을 많은 특별민원인들을 대하며 알게 되었다. 겉으로 드러난 행태에 비해 마음은 여리고 순수한 분들 특히 작은아버지가 얼마나 소박하고 따뜻한 사람인지를 알게 되기까지는 그리긴 시간이 필요하지 않았다.

작은아버지가 얼마나 지독한 짠돌이인지는 작은어머니의 불만 가득한 하소연을 통해 이미 알고 있었다. 아무리 추운 겨울이어도 절대 보일러를 켜는 일이 없다. 작은어머니는 작은아버지보다 건강이 좋지 않아 좀 더 따뜻하게 지내야 하는데도 말이다.

어느 추운 겨울날 작은아버지가 살고 있는 지역 인근으로 출장 갈 일이 있었는데, 일을 마치고 돌아오는 길에 작은아버지와 작은어머니 생각이 나서 사전 연락 없이 불쑥 집으로 찾아간 적이 있었다.

집에 들어서는 순간 추운 날씨에도 보일러를 켜지 않아 방이며 거실이며 온통 냉랭한 기운이 가득했고, 두 노인은 오직 두꺼운 겨울옷을 겹겹이 껴입고 두툼한 이불을 몸에 둘러 체온을 빼앗기지 않기 위해 안간힘을 쓰고 있었다.

"작은어머니 몸도 불편하신데 보일러 좀 켜고 살지." 나는 차가운 방바닥에 앉아 이불을 끌어 덮으며 작은아버지에게 말하고는, 지금은 생각조차 나지 않는 일상적인 대화를 나누다가 나도 모르게 그 자리에서 잠이 들었던 적이 있었다.

얼마나 지났을까? 잠에서 깨어보니 방에는 나 이외에 아무도 없었고, 머릿밑에는 베개, 두툼한 이불 옆에는 전기스토브가 빨갛게 달아 후끈한 열기를 내뿜고 있었다. 그리고 방문 밖 거실에서 작은아버지와 작은어머니의 작은 말소리가 방문 틈을 통해 흘러 들어왔다.

"왜 추운데 나와 계세요?" 문은 열고 나오면서 묻자, "이 양반이 조사관 깬다고…" 작은어머니가 웃으시며 말씀하셨다.

우리나라 최고 악성·고질 민원인 우리 작은아버지는 이런 사람이었다.

이렇게 저렇게 시간이 지나면서 작은아버지가 위원회를 방문하는 주기가 매일매일에서 일주일에 한두 번으로, 한 달에 한두 번으로 줄어들었고, 방문 이유도 민원 해결 요구가 아닌 그간 구청, 시청, 경찰서, 검찰청 등을 방문한 사실과 활동 성과를 보고하는 정도로 그 성격이 달라져 있었다.

- 내 가족인데 무엇인들 도와주지 못하랴

그러던 어느 날 작은아버지가 전화를 걸어 □□지방법원에서 준비 서면을 제출하라고 통보가 왔다며 폭발 직전의 높아진 감정으로 하소연이다.

작은아버지는 젊은 시절부터 대형 빌딩 등 건물 페인트칠과 방수공사, 미장 등의 일을 했고, 현재도 같은 일을 소규모로 하고 있다. 그런데 2년 전 이웃 주민의 요청으로 상가 건물 방수공사를 맡아 공사를 완료하고 대금을 청구하자, 건물주가 방수 공사 비용이 과다하게 청구되었다며 공사 비용 일부만 지급한 것이었다. 그래서 배신감과 억울한 마음으로 나 홀로 공사대금 청구 소송을 진행한 끝에 승소하여 미수금 300만 원을 받고, 괘씸한 건물주에게 약 2년여 간 소송을 진행하면서 지급한 소송 비용과 시간적·정신적 피해 보상을 받아내야겠다는 생각에 방수 공사한 상가를 가압류하고 강제 집행 절차를 이어갔던 것이다. 이에 따라 건물주는 상가 임대가 되지 않게 되자 작은아버지를 상대로 가압류 해제 및 강제 집행 정지를 위한 소송을 제기했던 것이다.

작은아버지의 이야기를 듣고 작은아버지와 건물주는 자기의 생각에 몰입되어 서로를 불신하고 원한 관계로 나아가고 있다는 생각이 들어, 비록 행정과는 아무런 관계가 없는 사인 간의 문제이지만 중재의 필요성이 있다고 판단하였다.

작은아버지와 건물주를 중재하기 위해 작은아버지로부터 건물주의 연락처를 알아내 전화하자 건물주는 위원회에서 왜 개입했느냐고 강한 어조로 불만을 표시하였다. 건물주의 불만 섞인 이야기를 모두 듣고 현재 상황에서 시간이 지연되면 양측 모두 손해만 커지니 서로 화해하는 것이 좋겠다고 한 다음 작은아버지가 워낙 황소고집이라 어느 사람의 말도 안 듣는데 다행히 조사관과 말이 통하니 원하는 것이 있으면 이야기하라고 하자 건물주는 "빨리 상가에 대한 가압류를 해제하고 강제 집행 절차를 중지해 임대업을 할 수 있도록 해달라"고 말했다.

이에 나는 "작은아버지가 그간의 소송 비용과 시간적·정신적 피해에 대한 보상을 받고 싶어 하는데 이웃 간 화합과 미래를 생각해서 최소한 사과와 함께 얼마간의 성의를 표시하는 것이 어떻겠냐?"라고 중재안을 제시하자. 건물주는 "자신이 더 큰 피해를 보았는데 무슨 소송 비용이냐?"라며 끝까지 가보자고 강경한 어조로 거절하였다.

어쩔 수 없이 건물주와는 소송비용이나 정신적 피해보상 없이 작은아버지께서 법원에 가압류를 해제 신청을 하면, 이후 본사건과 관련하여 어떤 이의도 제기하지 않고 다투지 않겠다는 약속을 받는 선에서 분쟁을 해결하기로 했다.

이후 작은아버지에게 향후 소송의 실익을 따져가며 설득한 후, 빨리 법원에 가서 빌라 가압류 해제를 신청토록 하고, 건물주에게 즉시 전화하여 작은아버지가 법원에 가압류 해제를 신청하였음을 전하자. 건물주는 어떻게 노인을 설득했느냐고 놀라워했고, 약속대로 작은아버지와 건물주 간의 화해로 수년간 진행되던 법원 분쟁도 완전히 끝이 났다.

- 조카 말이라면 뭐든지 믿지!

작은아버지가 걱정했던 이번 사인 간의 분쟁이 원만한 해결되자 작은아버지는 조카(조사관) 말이라면 '팥으로 메주를 쑨다'라고 해도 믿을 정도로 더욱 신뢰가 공고히 다져지게 되었고, 그간 피해의식이 쌓여 진행하였던 구청, 시청, 경찰서, 검찰청, 법원, 대통령실, 각종 언론사, 위원회 등과 관련된 모든 민원 또한 종료되었다.

- 특별 민원인은 행복을 주는 전도사!

얼마 전 생각지도 않았던 작은아버지로부터 전화가 왔다. 너무 보고 싶단다. 세종시로 찾아오시겠단다. "노인네가 어떻게 이 멀리 찾아오느냐. 복잡해서 길을 잃을 수 있으니, 집에 잠자코 계시면 제가 서울 출장 갈 때 한 번 들리겠다. 기다려라." 이야기한 후 전화를 끊었는데 다음 날 아침 일찍 또 전화다. 강남에서 버스를 타고 세종시로 가고 있으니 어디 가지 말고 기다리란다.

우리 작은아버지는 그간 가족에게도 이웃에게도 수많은 행정기관의 모든 관련 공직자들에게도 그저 쳐내기 바빴던 폭력 전과자였고, 황소고집의 기차화통 할아버지였다. 내가 작은아버지의 복잡한 민원을 처리하면서 행정적인 도움을 제공한 것은 하나도 없다. 그렇지만 작은아버지가 10년 이상 삶의 전부를 걸고 제기해 온 모든 민원이 종료되었다.

작은 키에 새까맣게 그을린 얼굴, 민원서류로 가득 찬 큰 가방을 작은 등에 메고 환하게 미소 짓는 폭행 전과자 작은아버지 얼굴이 그립다.

"작은아버지가 누구를 만나건, 큰소리를 치는 것은, 화가 나서가 아니라 고령으로 상대방의 소리가 잘 들리지 않기 때문이라는 것을 나는 안다!"

생각해 보기

– 작은아버지 민원 해결을 위해 내가 한 것이 무엇이 있나?

– 그리고 비결은 무엇이었는가?

어느 망상장애 공무원의 사랑 이야기

- 특별(악성,고질)민원이 주는 행복 -

맺음말

제2의 새로운 삶을 주신 하늘에 대한 감사와 보답의 마음으로 지방 행정직 9급으로 공직에 발을 들인 지 어언 34년 이상이 시간이 지나고, 이제 막 정년 퇴직을 하였다. 대학 졸업을 앞두고 생계유지를 위한 직장을 선택하면서, 나 아닌 국가와 어렵고 힘든 불특정 다수의 국민을 돕는 공무원이 참 좋아 보였던 기억이 새롭다.

하지만 공직사회 또한 일정한 성과가 있어야 하고 직급에 따라 보수나 권한, 대우가 달라지는 구조이다 보니, 일반 기업과 같이 승진이나 성과급 등 사적 이익을 전혀 무시할 수 없다. 문제는 공무원의 가장 큰 가치인 국가와 국민을 위한 마음이, 부서 간 그리고 개인 간 경쟁에서 이기기 위해 상급자나 인사권자의 눈에 들기 위한 절실한 몸부림에 가려져 퇴색되는 것이 현실이고, 나 또한 예외는 아니었다.

그런데, 퇴직을 하고 보니, 내가 공직 생활을 통하여 진정으로 얻은 것은 직급이나 금전적 수입이나 상장 몇 개가 다가 아니었다. 이와 같은 것들은 퇴직하고 나면 아무런 쓸모가 없다. 그저 그것들을 바라보고 지나간 과거의 영화를 회상하며 마치 환상처럼 기분 좋은 느낌으로 그 순간에 잠시 머물러 있을 수는 있겠지만, 현실적 도움은 하나도 안 된다.

퇴직을 한 지금까지도, 또한 앞으로도 언제까지나 쭈~욱 나의 가슴 속에서 꺼지지 않는 불꽃처럼 활활 타오르며, 벅찬 감동과 영광을 줄 것으로 믿어 의심치 않는 것이 있는데 그것은 직급도, 상도 아닌, 오로지 내가 '공직자'였다는 그것 하나뿐이다.

공직자는 나도 물론 중요하겠지만, 불특정 다수 국민의 행복과 안위를 위해 일을 한다. 우리 국민 중 공직자를 찾은 분들은 어떠한 이유에서이건 무엇인가 도움이 필요하여 손길을 내밀고, 공직자는 비록 작더라도 그 요청에 따라 도움을 주는 그런 사람이다.

앞서 '나는 왜 사는가?'라는 글을 통하여 소개한 것과 같이 "어떻게 사는 것이 가장 가치 있고 보람 있는 삶인가?"라는 질문에 나는 "나 아닌 다른 사람을 위하여 '아무런 바람 없이' 희생, 양보, 도움을 주는 것"이라고 답을 한 바 있다. 나는 내가 내린 이러한 내 삶의 의미 앞에서 그리고 퇴직 후 그간 걸어온 나의 길을 회고하면서, 나름 내가 내린 삶의 의미에 충실했던 '공직자'였다는 생각 하나가 나의 가슴을 충만으로 벅차게 한다.

특히 국민 중에서도 오직 혼자만의 생각과 주장만을 이뤄내기 위해 비이성적 행태로 일관하여 자신은 물론 국가, 사회를 어둡고 힘들게 했던 특별민원인들, 거의 모든 이들로부터 우리 사회에서 퇴치해야 할 '악의 축'으로까지 불리면서까지 자신을 희생하며 나를 찾아와준 특별민원인들이 내 삶의 의미 앞에서 진한 감동과 영광을 주며 그 무엇보다 나를 당당하게 한다.

우스갯소리지만, 나는 그간 특별민원 응대 요령과 노하우를 공직자들과 공유하고자 강의나 컨설팅 등 노력을 기울인 바 있다. 그 결과 멋모르는 신규 공직자나 민원 담당자들은 나의 노하우 전수에 그래도 자신감에 차서 눈이 반짝이는 것을 느낄 수 있었다. 그런데 어찌 된 영문인지 짬밥 좀 먹었다는 특히 사무관 승진자와 같이 경력이 많은 공직자일수록, 농담 반 진담 반 "에이~ 나는 안 돼!" "저건 특별민원전문관이나 할 수 있는 거야!"라는 소리를 듣곤 했다.

그렇지 않다. 공직자는 물론 일반인 누구라도 하나 같이 다~ 할 수 있다. 이유는 간단하다 그것은 내가 살아가는 이 세상은 나의 것이고 바로 내가 주인이기 때문이다.

내가 없으면 이 세상 모든 사람, 동식물, 자연환경 등 아무것도 없다. 내가 있으므로 비로소 세상이 있는 것이다. 이 세상은 내 세상인데 내가 신이고, 주인

공인데 누가 나를 괴롭힐 수 있고, 누구에게 내 세상을 대신 맡긴단 말인가! 모든 것은 나 하기에 달린 것이다. 세상을 밝고 아름답게 혹은 무겁고 어둡게 할 수 있는 것은 오직 나뿐이다. 내가 신이고 주인공인 세상이니 나를 제외한 모든 사람들, 주위 환경은 모두 내 삶의 엑스트라이고 무대장치에 불과한 것이다.

세상의 욕심 많고 심술꾸러기에 싸움 좋아하는 권력자들일지라도, '누가 더 재물이 많은가?' 경쟁에서 이기려고 무작정 높이만 쌓아 놓고, 쥐라도 나타나 갈아 먹을까 노심초사하는 부자들도, 명예와 인기에 우쭐하여 제멋에 살아가는 이들도, 부모를 잘못 만나 배운 것도 가진 것도, 몸이 아파 일을 할 여력조차 없다며 세상을 한탄하며 도움만을 요청하는 이들도, 모두 나의 엑스트라일 뿐이다.

엑스트라끼리 서로 싸우고 빼앗고, 자랑하고 구걸을 하여 내 세상을 무겁고 어둡게 한다면 신이고, 주인공인 내가 할 수 있는 만큼 최선을 다해 내 세상을 가볍고 밝게 만들기 위해 노력하면 된다. 그렇다고 내가 아무리 신이고 주인공일지라도 모든 것을 내 마음대로 할 수 있는 것은 아니다. 내가 할 수 있는 것은 분명 한계가 있다.

중요한 것은 내가 노력을 기울인 만큼 내 세상은 분명 밝고 아름다워진다는 것이다. 엑스트라들은 오직 자기 생각에 빠져 사느라고 정신이 없어 나를 인정하고, 고마워할 여유도 없다. 그러니 아무런 기대하지 말고, 그냥 내 세상을 위해 할 수 있는 만큼만 하면서 살아가면 된다.

내 세상에 누가 더러운 똥을 싸놓고 그냥 갔다면, 불평하며 남이 치워주길 바라지 말고, 내가 치우면 된다. 잠시 돈이나 권력, 인기나 명예가 있다고 뻐기며 나를 무시하고 하찮게 여기는 내 삶의 엑스트라들이 있다면 주인공인 내가 그들을 불쌍히 생각하여 큰마음으로 용서하면 된다. 그러면 내 세상은 금방

깨끗해지고 맑아진다. 내 세상이 밝고 가벼워지면 엑스트라들도 주인인 나도 행복하다. 보람이 생기고, 자존감과 자긍심이 넘쳐나고, 무엇을 하든 즐거움 뿐이다. 이러한 나의 세상에 불평하고 괴로워할 것이 무엇이 있겠는가!

퇴직을 하고 보니 매일 아침 특히, 월요일 아침 출근길, 내딛는 걸음만큼 내 가까이로 다가오는 멀리 태극기를 보며 "오늘도 어김없이 수많은 특별민 원인들이 욕설로 나를 반기겠지만 적어도 한 명 이상은 반드시 웃음이라도 주 어 지옥에서 구제해 주리라." 다짐하며 혼자만의 망상에 가벼워했던 그때가 참 그립기도 하다.

그리고 무엇보다, 나의 고객인 "악성민원, 고질민원, 특이민원, 비이성적 민원, 블랙민원을 '특별민원'으로 본 것은 아무리 생각해 봐도 참 잘한 판단인 듯싶다." ^^

어느 망상장애 공무원의 사랑 이야기

- 특별(악성,고질)민원이 주는 행복 -

참고

Tip

주관의 객관화 화법 및 객관의 주관화 화법

특별민원인들은 일반민원인과 달리 근거도 없는 자신만의 생각을 '진리'로 인식하고 편집적 행태를 보인다. 자신의 말 이외에 다른 사람들의 말은 일절 수용하지 않는 것이 그들의 특징이다.

그런 사람들은 자기 생각이 맞다는 것을 입증하기 위해 관련 규정, 사례집, 판례 등을 밤새 찾고 연구하는 등, 자신에게 유리한 근거를 수집하기 위해 온 힘을 다한다. 사실 그 많은 노력으로 얻을 수 있는 것은 대부분 자신의 주장이 잘못된 것이라는 것을 알 수 있음에도 불리한 건 철저히 무시하고 조금이라도 유리한 걸 찾으면 마치 대법원 판례와 같은 확실한 근거를 찾아내기라도 한 듯 흥분하여 이를 확대하고 편집하여 자신의 주장을 강화시킨다.

이와 같은 특별민원인에게 사실관계를 설명하고 이해시키는 것은 '소귀에 경 읽기'이다. 이들은 자신이 옳다고 생각하는 이유만을 고집할 뿐, 누구의 말도 듣지 않는다. 자신의 주장에 조금이라도 반대하거나 이의를 제기하면 민감하게 반응하며, 급격한 감정 폭발로 이어져 큰소리를 치는 등 비이성적인 행태를 보인다. 그러니 냉철한 이성을 가진 공직자가 이들과의 대화로 얻을 수 있는 것은 스트레스 하나뿐이다.

그렇다면 특별민원인과는 어떠한 방법으로 대화해야 할까? 물론 어떠한 유형의 비이성적 행태라 할지라도 앞 장에서 소개한 응대 요령대로 한다면, 공직자에 대한 신뢰가 회복되었기에 최소한 특별민원의 공통적 특징[4] 중 첫 번째 특징인 불신을 해소하거나 낮출 수 있다. 하지만 두 번째 공통점인 확고한 신념을 허물기에는 다소 부족한 면이 없지 않다. 누구라도 자신의 확고한 신념에 계속하여 반기를 드는데 이를 좋아할 사람은 없기 때문이다.

특별민원의 확고한 신념을 공략하려면, 먼저 앞서 소개한 응대 요령 중 칭찬과 인정을 통해 높아진 감정을 낮춘 후 상대의 주장에 직설적으로 반대하거나 이의를 제기하기보다는, '주관의 객관화 화법'과 '객관의 주관화 화법'을 적절히 활용하여 간접적으로 접근해야 한다.

여기서 '주관의 객관화 화법'이란 상대방이 자신에게 유리한 새로운 정보나 특별한 근거 없이 희망에 찬 기대 심리로 신이 나서 주장을 할 경우, 그 자리에서 단칼에 잘라버리거나 이의를 제기하지 말고 공감과 경청 그리고 상대의 입장에서는 일리가 있음을 인정해 주며, 일단 검토할 가치가 있다고 수용해주는 것이다.

이후 2~3일 여유를 두고 전화를 걸어 "민원 담당자로서 당신의 주장에 일리가 있다는 생각이 들어 바쁜 가운데, 도움을 주기 위하여 주변 전문가와 관계자 자문은 물론 '외부 전문가'까지 다방면에 걸쳐 가능 여부를 확인해 보았으나, 모두 이런저런 기준과 이유에서 불가하다는 의견이 지배적이었음"을 상세히 안내하는 방법으로 대화한다. 이것이 바로 '주관의 객관화 화법'이다. 특별민원의 주관적 생각을 외부 전문가의 입장을 빌려 객관화시키는 방법인데, 결과를 떠나 민원인의 의견에 대한 공간과 이를 현실화하기 위한 나의 노력이 돋보이게 해 감사와 신뢰를 일으켜 큰 저항 없이 상대의 신념을 공략할 수 있다.

한편, '객관의 주관화 화법'은 처음 민원인의 주장을 듣고 충분히 일리 있다고 생각되어 도움을 주기 위해 주변 전문가나 관계자와 적극 협의해 보았으나, 전문가들이 주장하는 다양한 부분과 그에 따른 이런저런 사실을 종합해 보니 민원인의 주장이 일리 있다고 생각한 내 생각이 확실히 잘못된 것이었음을 알게 되었다는 것을 알리고 상대의 확고한 신념을 내려놓도록 설득하는 방법이다.

이와 같이, 일단 상대의 특성을 고려하여 그의 주장에 직설적으로 "이러이러한 이유로 안 됩니다"라고 단칼에 잘라버리는 것이 아니라, 상대가 자신의 주장을 객관적인 시각으로 바라볼 수 있도록 제3자를 완충 장치로 활용하여 절차적으로 접근하는 것이다.

먼저, 일단 상대의 확고한 주관적 신념에 대하여 상대의 관점에서 충분히 공감할 수 있음을 표시하여 상대의 감정이나 흥분을 낮춘다.

2차적으로, 민원이 해결될 수 있도록 최선의 노력을 기울일 것을 약속하며 일정 기간 시간을 확보한다.

3차로, (민원인의 주장을 수용하고 도와주기 위해 바쁜 중에도 다방면으로 확인하는 등 그간의 노력을 알린 후) 모든 전문가나 관계자의 통일된 의견은 현행 규정과 유사 사례를 근거로 도움이 불가하다는 의견이었다는 것을 세부적으로 설명하고 전달한다. 이때 다시 한번 담당자로서 민원인의 확고한 신념에 일리가 있다고 생각했으나 그것이 잘못이었음을 명확히 알게 되었다는 사실을 안타까운 마음으로 설명한다.

끝으로, 민원인의 주장을 수용한다면 국가나 사회적 질서 그리고 담당자가 입을 위험성이나 피해가 너무 크기에 미안하지만, 이 정도에서 과감하게 내려놓는 것이 건강이나 향후 발생하게 될 부작용을 예방하는 길이라 생각됨을 설득하는 방법이 '주관의 객관화 화법', '객관의 주관화 화법'이고 큰 저항 없이 상대의 신념을 공략할 수 있었기에 참고로 소개해 본다.

무의식적으로 올라올 수 있는 감정 예방법

누구라도 내 생각이나 주장에 토를 달며 무시한 채 자신의 주장만 일관하는 사람과, 밝은 모습으로 대화하기는 쉽지 않을 것이다. 그러나 그런 사람들과 감정을 소모하지 않고 평정심을 유지할 수 있는 아주 쉬운 방법이 있다.

앞서 조금 언급한 적이 있는데 그것은 꼴 보기 싫은 사람일수록 상대를 만날 때 꼴 보기 싫은 만큼 격하게 반가움을 표시하는 것이다.

내 가족 고객 중 대구 작은 엄마의 사례를 간단히 들어보면, 작은 엄마는 한 번 위원회를 방문하면 한겨울이든 한여름이든 소복을 차려입고 정문 앞에 일주일 내내 자리 잡고 앉아 있다가 관계되는 누구든 만나면 욕설을 퍼부어 대는 스타일이었다. 이렇다 보니, 응대하는 사람은 나밖에 없었는데 작은 엄마와 내가 단박에 친해진 방법이 바로 격한 반가움이다.

작은 엄마가 위원회에 뜨면 정문에서 내게 통보한다. 통보를 받으면 나는 버선발로 뛰어나가, 멀리 정문을 통과해 구부정한 허리를 하고 걸어오는 작은 엄마에게 두 손을 흔들며 크게 소리친다! "작은 엄마~"라고. 그러면 작은 엄마는 구부러진 허리를 펴 반갑게 손을 흔드는 나를 보고 손가락질을 하는데, 이렇게 나를 본 것을 확인한 나는 달려가 작은 엄마를 와락 안아주며 이야기한다.

"이 웬수덩어리 살아있었네~"

"한동안 연락이 없어 죽었는지 알았잖아!"

"내가 얘기했지! 일주일에 한 번은 내게 꼭 전화하라고!"

"작은 엄마는 가족이 없어 죽으면 송장 처리할 사람이 나밖에 없는데 송장이 이리저리 굴러다니면 어떻게 하나 걱정을 많이 했잖아!"

"어떻든 살아있으니 됐다, 밥은 먹었어?"라고 격하게 반겨준다.

이와 같이 격하게 반겨주면 멀리 대구에서 감정이 있어 씩씩거리며 오더라도 단박에 그 감정이 녹아 버리게 되어있다. 자신을 이리 반겨주는 사람이 어디 있는가! 어떻게 소리치고 욕할 수 있겠는가!

만남 이후 대화를 하는 과정에서도 그 효과는 지속된다. 격한 반가움을 표시했으니, 상대와의 대화에서도 상대를 자극할 수 있는 언행을 자제하게 되고 설령 상대가 감정에 휘말려 비이성적인 행태를 보인다고 하더라도 나는 상대와 같이 감정이 올라오지 않는다. 이유는 내가 상대에게 격한 반가움을 표시했기에 상대가 비이성적 행태를 보인다고 곧바로 나의 감정이 올라오지 않는다.

그러니 혹시라도 정말 꼴 보기 싫은 사람이 찾아오면 격하게 반갑게 맞이해 보라.

어제 방문하여 된통 다투다가 오늘 또 찾아왔다고 한다면 어떻게 반갑게 맞이할 수 있느냐? 의문이 생길 수도 있다. 어제 싸웠더라도 반갑게 맞이할 수 있다.

어제 싸웠던 웬수일지라도 오늘 처음 만날 때 일단은 무조건 반갑게 웃으며 소리치면 된다.

"어이쿠 선생님! 오늘도 또 오셨군요, 어서 오세요!"

(이렇게 반갑게 맞아주면 상대는 깜짝 놀라며 '이것이 뒈질 때가 되었나?' 하고 의아하게 생각한다. ^^)

"어제는 정말 죄송했어요! 근데 선생님 오늘은 좀 놀라셨죠"

"사실 어제 선생님과 싸우고 사무실로 돌아가 제 자리에 앉는데 갑자기 이런 생각이 들었어요. 선생님은 어떻든 무엇인가 억울한 마음으로 일부러 시간을 내 오셔서 말씀하시는데, 선생님을 도와드려야 할 공무원인 제가 같이 소리치며 말다툼했다는 것이 잘한 일인가? 생각이 드는 거예요. 저 자신이 한심

하더라고요. 한마디로 쪽팔렸었거든요."

"근데 오늘 선생님을 보니 갑자기 어제 반성의 마음이 반가움으로 표시가 되었네요."

"놀라셨죠! 어제는 죄송했고요. 오늘은 시간이 걸리더라도 말씀 잘 들어 볼 테니 여기 앉으세요! 커피 드릴까요? 녹차 드릴까요?"라고 하면 된다.

그 효과는 일단 해 보면 안다!

그러니 꼴 보기 싫은 민원인이나 이웃, 동료, 직장 상사, 처나 남편, 말 안 듣는 자식, 시어머니 등 시댁 식구가 보이면 미친 척하고 격하게 반가움을 표시해 보자. ^^

전화 받는 자세의 중요성

욕설이나 억지로 일관하는 전화민원일 경우, 이미 가족처럼 친해진 관계라면 상대의 건강을 생각하여 시간을 제한한다거나, 주의를 당부한 후 선을 넘으면 혼을 내며 끊을 수 있지만, 처음 상대하는 민원인이거나, 상황에 따라 작전상 상대의 이야기를 들어줘야 할 경우라면 시간이 다소 길어지더라도 들어주어야 한다.

그러나, 전화가 길어지게 되면, 업무가 그만큼 지연되어 쌓이게 되고 이에 따라 스트레스가 유발할 수도 있다. 이럴 때는 모든 것을 내려놓고 쉬는 것이 좋다.

상대의 억지 전화가 지속되는데 어떻게 쉬느냐? 의문이 들 수 있다.

그럴 땐, 이렇게 하면 된다.

첫째, 의자를 최대한 뒤로 젖힌다.

둘째, 두 발을 책상 위에 올린다.

셋째, 불쌍한 환자 치료해 주겠다는 마음으로 들어 준다.

넷째, 바쁜 업무에서 벗어나 재충전의 시간으로 생각한다.

이와 같은 자세는 상대가 아무리 고함을 치고 욕한다고 하여도 나에게 와닿지 않는다. 그래서 감정이 올라오려 해도 올라올 수가 없다.

믿거나 말거나지만, 5분이 지나면 손으로 들고 있던 수화기를 귀와 어깨를 이용하여 전화를 받게 되고, 10분 지나면 거의 졸려서 수화기를 땅에 떨어뜨릴 확률이 99%가 될 정도로 상대의 비이성적 감정에 신경이 쓰이지 않는다.

제언: 각각의 행정기관에서는, 민원 담당 직원의 의자는 최대한 편하고 반드시 뒤로 젖혀지는 의자를 보급하여야 한다. 그리고 만일 민원 담당 직원이 두 다리를 책상 위에 올리고, 몸을 뒤로 젖힌 채 수화기를 귀와 어깨를 이용하여 전화를 받고 있다면, 자세를 지적하며 감사나 조사하여 또 다른 스트레스를 주지 말고 "아! 저 직원은 특별민원을 응대하고 있구나!" 하고 이해하고 넘어가 주어야 한다.^^

〔 특별민원의 장기 전화 응대 자세 시범 사진 〕

★ 공직생활 등 삶에 어려움이 있으면, 쓸데없는 생각하기 전에 꼭 무엇이든 물어보고 다른 생각을 해도 하세요. (완전 무료임 ^^)

이용범 특별(악성, 고질)민원 연구원
010-8756-6249, dldydqja0505@naver.com

어느 망상장애 공무원의 사랑이야기

특별 [악성 · 고질] 민원이 주는 행복

발 행 일 2025년 10월 30일

저　　자 이용범

발 행 처 초이스디자인

주　　소 서울특별시 중구 퇴계로 187, 9층 907호(필동1가, 국제빌딩)

대표전화 02-2275-2633

이 메 일 choicedn71@daum.net

값 18,000원

ISBN 979-11-965574-5-4
